Basiswissen Sozialwirtschaft und Sozialmanagement

Reihe herausgegeben von

Klaus Grunwald, Duale Hochschule BW Stuttgart, Stuttgart, Deutschland

Ludger Kolhoff, Fakultät Soziale Arbeit, Ostfalia Hochschule Wolfenbüttel, Deutschland

Die Lehrbuchreihe „Basiswissen Sozialwirtschaft und Sozialmanagement" vermittelt zentrale Inhalte zum Themenfeld Sozialwirtschaft und Sozialmanagement in verständlicher, didaktisch sorgfältig aufbereiteter und kompakter Form. In sich abgeschlossene, thematisch fokussierte Lehrbücher stellen die verschiedenen Themen theoretisch fundiert und kritisch reflektiert dar. Vermittelt werden sowohl Grundlagen aus relevanten wissenschaftlichen (Teil-)Disziplinen als auch methodische Zugänge zu Herausforderungen der Sozialwirtschaft im Allgemeinen und sozialwirtschaftlicher Unternehmen im Besonderen. Die Bände richten sich an Studierende und Fachkräfte der Sozialen Arbeit, der Sozialwirtschaft und des Sozialmanagements. Sie sollen nicht nur in der Lehre (insbesondere der Vor- und Nachbereitung von Seminarveranstaltungen), sondern auch in der individuellen bzw. selbstständigen Beschäftigung mit relevanten sozialwirtschaftlichen Fragestellungen eine gute Unterstützung im Lernprozess von Studierenden sowie in der Weiterbildung von Fach- und Führungskräften bieten.

Beiratsmitglieder

Holger Backhaus-Maul, Philosophische Fakultät III, Universität Halle-Wittenberg, Halle (Saale), Sachsen-Anhalt, Deutschland

Marlies Fröse, Evangelische Hochschule Dresden, Dresden, Sachsen, Deutschland

Waltraud Grillitsch, Fachhochschule Kärnten, Feldkirchen, Österreich

Andreas Laib, Fachbereich Soziale Arbeit, Fachhochschule St. Gallen, St. Gallen, Schweiz

Andreas Langer, Department Soziale Arbeit, HAW Hamburg, Hamburg, Deutschland

Wolf-Rainer Wendt, Stuttgart, Baden-Württemberg, Deutschland

Peter Zängl, Hochschule für Soziale Arbeit, Fachhochschule Nordwestschweiz, Olten, Schweiz

Günter Rieger

Lobbying in der Sozialwirtschaft

Eine Einführung

Günter Rieger
Duale Hochschule Baden-Württemberg
Stuttgart, Deutschland

ISSN 2569-6009   ISSN 2569-6017 (electronic)
Basiswissen Sozialwirtschaft und Sozialmanagement
ISBN 978-3-658-34260-9   ISBN 978-3-658-34261-6 (eBook)
https://doi.org/10.1007/978-3-658-34261-6

Die Deutsche Nationalbibliothek verzeichnet diese Publikation in der Deutschen Nationalbibliografie; detaillierte bibliografische Daten sind im Internet über https://portal.dnb.de abrufbar.

© Der/die Herausgeber bzw. der/die Autor(en), exklusiv lizenziert an Springer Fachmedien Wiesbaden GmbH, ein Teil von Springer Nature 2024
Das Werk einschließlich aller seiner Teile ist urheberrechtlich geschützt. Jede Verwertung, die nicht ausdrücklich vom Urheberrechtsgesetz zugelassen ist, bedarf der vorherigen Zustimmung des Verlags. Das gilt insbesondere für Vervielfältigungen, Bearbeitungen, Übersetzungen, Mikroverfilmungen und die Einspeicherung und Verarbeitung in elektronischen Systemen.
Die Wiedergabe von allgemein beschreibenden Bezeichnungen, Marken, Unternehmensnamen etc. in diesem Werk bedeutet nicht, dass diese frei durch jedermann benutzt werden dürfen. Die Berechtigung zur Benutzung unterliegt, auch ohne gesonderten Hinweis hierzu, den Regeln des Markenrechts. Die Rechte des jeweiligen Zeicheninhabers sind zu beachten.
Der Verlag, die Autoren und die Herausgeber gehen davon aus, dass die Angaben und Informationen in diesem Werk zum Zeitpunkt der Veröffentlichung vollständig und korrekt sind. Weder der Verlag noch die Autoren oder die Herausgeber übernehmen, ausdrücklich oder implizit, Gewähr für den Inhalt des Werkes, etwaige Fehler oder Äußerungen. Der Verlag bleibt im Hinblick auf geografische Zuordnungen und Gebietsbezeichnungen in veröffentlichten Karten und Institutionsadressen neutral.

Planung/Lektorat: Katrin Emmerich
Springer VS ist ein Imprint der eingetragenen Gesellschaft Springer Fachmedien Wiesbaden GmbH und ist ein Teil von Springer Nature.
Die Anschrift der Gesellschaft ist: Abraham-Lincoln-Str. 46, 65189 Wiesbaden, Germany

Wenn Sie dieses Produkt entsorgen, geben Sie das Papier bitte zum Recycling.

Inhaltsverzeichnis

1 Einleitung 1

Teil I Soziallobbying im Kontext

2 **Lobbying: Grundlagen und Kontexte** 5
   2.1 Definition und Begrifflichkeiten im Überblick 5
   2.2 Von Korporatismus und Lobbyismus 8
   2.3 Lobbying in der Kritik 11
   2.4 Lobbying als legitimes Mittel der Interessenvertretung 12
   2.5 Rahmenbedingungen eines legitimen, demokratisch gezähmten Lobbyismus 15

3 **Soziallobbying: Das Lobbying der Organisationen Sozialer Arbeit** 21
   3.1 Die politische Gestaltung Sozialer Arbeit als Herausforderung des Soziallobbyings 22
   3.2 Lobbying in den Arenen der Sozialarbeitspolitik 25
   3.3 Lobbying im Politikfeld Gesundheitspolitik 40
   3.4 Vom Lobbydilemma der freien Wohlfahrtspflege zum Sozialarbeitslobbyismus 52

Teil II Soziallobbying auf den unterschiedlichen Ebenen des Politischen Systems

4 Lobbyarbeit im Staat 67
   4.1   Die Bedeutung des Bundes für die Sozialpolitik 67
   4.2   Das Gesetzgebungsverfahren 70
   4.3   Einflusschancen für Gesetzeslobbying 72

5 Interessenvertretung auf kommunaler Ebene: Kommunales Lobbying? 81
   5.1   Die Kommune als Politikgestalterin 81
   5.2   Kommunale Selbstverwaltung 84
   5.3   Interessenvertretung in kommunalen Governanceprozessen 89

6 Soziallobbying in der Europäischen Union 97
   6.1   Die zunehmende Lobbyattraktivität der EU: „Shoot where the ducks are" 97
   6.2   Lobbying im supranationalen politischen System EU 102
   6.3   Sozialarbeitspolitische Lobbyakteure in der EU................114

Teil III Soziallobbying in der Praxis

7 Soziallobbying: Lobbying im Modus der Politikberatung 125
   7.1   Soziallobbying als interessengeleitete Politikberatung: Rat gegen Einfluss..125
   7.2   Wie lernt die Politik? 132
       7.2.1   Der Policy Cycle 132
       7.2.2   Der Multiple-Streams-Ansatz.......................136
       7.2.3   Das Advocacy Coalition Framework (ACF) 140
       7.2.4   Evidence-based Policy Making (EBPM)...............146

8 Professionelles Soziallobbying: Wie wird's gemacht?...............153
   8.1   Die organisationale Fähigkeit zum Soziallobbying entwickeln...154
   8.2   Lobbykompetenzen der Lobbyakteur*innen 161
   8.3   Professionelles Soziallobbying als methodisches Politikmachen...163
       8.3.1   Politikanalyse...................................164
       8.3.2   Positionsentwicklung 166

	8.3.3	Strategieentwicklung/-planung...................167
	8.3.4	Implementation.................................169
	8.3.5	Evaluation.....................................170
	8.3.6	Die Politikempfehlung..........................170

Literatur 179

Abbildungsverzeichnis

Abb. 2.1 Interessenvertretung in der Bundesrepublik Deutschland. (Eigene Darstellung)....................................15
Abb. 3.1 Politikfeldfamilien Sozialpolitik und Sozialarbeitspolitik. (Eigene Darstellung)....................................27
Abb. 3.2 Gemeinsamer Bundesausschuss (G-BA). (G-BA 2018, S. 21)......43
Abb. 3.3 Lobbyadressaten in der Gesundheitspolitik. (Eigene Darstellung) 46
Abb. 3.4 Einrichtungen und Dienste der Freien Wohlfahrtspflege 2016 nach Arbeitsbereichen. (BAGFW 2018: Gesamtstatistik, S. 7)..........53
Abb. 4.1 Einflusschancen im Gesetzgebungsprozess. (Eigene Darstellung)....73
Abb. 5.1 Organigramm der Stadt Augsburg ((Stand 01.05.2023) mit Kennzeichnung der für die kommunale Sozialpolitikgestaltung besonders relevanten Ausschüsse und Referate. (https://www.augsburg.de/fileadmin/user_upload/buergerservice_rathaus/stadtregierung/organisation/230508-Organigramm_Stand_01.05.2023_-_Referatsgesch%C3%A4ftsverteilung_-_gesamt_-_offiziell.PDF))..........87
Abb. 5.2 Einflussnahme sozialer Dienstleistungsinteressen im Rahmen kommunaler Implementationspolitik. (Eigene Darstellung).......91
Abb. 6.1 Lobbying im politischen System EU. (Eigene Darstellung (zu den Institutionen und Abkürzungen vgl. Tab. 6.2))..........108
Abb. 6.2 Generaldirektion (GD) Beschäftigung, Soziales und Integration. (https://commission.europa.eu/system/files/2023-10/Organigramme_Oct_2_2023_0.pdf; aufgerufen: 01.12.2023).....110

Abb. 6.3	Eintragungen im europäischen Transparenzregister nach Kategorien (2011–2021). (https://ec.europa.eu/transparencyregister/public/consultation/statistics.do?locale=de&action=prepareView; aufgerufen: 01.03.2022)	112
Abb. 6.4	Anzahl der Interessenorganisationen nach Interessengruppen 2007/2008. (Eigene Darstellung; Daten Plehwe 2015, S. 133)	113
Abb. 6.5	Die Wohlfahrtsverbände im Netzwerk europäischen Soziallobbyings (eigene Darstellung)	117
Abb. 7.1	Lobbying als Tauschgeschäft. (Eigene Darstellung)	126
Abb. 7.2	Der Policy Cycle: Politik als problemlösendes rationales Handeln und der Beitrag des Lobbyings. (Eigene Darstellung in Anlehnung an Blum und Schubert 2009, S. 102)	133
Abb. 7.3	Der Multiple-Streams-Ansatz: Mögliche Beiträge von Lobbying und Politikberatung zur Initiierung politischen Wandels. (Eigene Darstellung nach Rüb 2009, S. 366)	137
Abb. 7.4	Policy-Subsystem Drogenpolitik (Schweiz). (Wenger et al. 2014, S. 39)	142
Abb. 7.5	Lernfördernde Bedingungen nach dem Advocacy Coalition Framework (ACF). (Eigene Darstellung nach Bandelow 2015, S. 313)	143
Abb. 7.6	Belief Systems politischer Überzeugungen. (Eigene Darstellung nach Bandelow 2015, S. 309)	144
Abb. 8.1	Dimensionen der Lobbyfähigkeit einer Organisation. (Eigene Darstellung)	155
Abb. 8.2	Der idealtypische Prozess professionellen Lobbyings. (Eigene Darstellung)	163
Abb. 8.3	Checkliste Policy Brief (Diese Checkliste ist dem Essential Guide to Policy Brief Writing des International Centre for Policy Advocacy (2017) entnommen und wird mit Erlaubnis des ICPA veröffentlicht. (ICPA 2017, S. 21))	175

Kasten

Kasten 1: Der Begriff Interesse.   6
Kasten 2: Grundrechte als Rahmenbedingung des Lobbyings 13
Kasten 3: Typologie der Interessentransformation 39
Kasten 4: Politikfeld Pflegepolitik 49
Kasten 5: Formen der Politikberatung 128
Kasten 6: Idealtypen von Politikberatung. 129
Kasten 7: Transferlernen. 146
Kasten 8: Grassroots-Lobbying 160
Kasten 9: Storytelling und Framing 171

Einleitung 1

Das Buch begreift Lobbying als professionelle Herausforderung für die Sozialwirtschaft – bzw. enger und zugleich genauer, als professionelle Herausforderung für die Verbände, Einrichtungen und Mitarbeitenden Sozialer Arbeit. Während die Professionalisierung Sozialer Arbeit mit Blick auf ihr methodisches Handeln und das Management sozialer Organisationen weit fortgeschritten ist, lässt sich das für ihr politisches Handeln nicht feststellen. Politisches Handeln von Führungskräften wird weiterhin eher nebenbei erledigt. In Stellenbeschreibungen und Aufgabenprofilen ist es kaum oder nur am Rande zu finden. Es gilt als selbstverständlich, wird aber wenig thematisiert. Politische Einmischung erfolgt mehr erfahrungs- denn evidenzbasiert. In den Masterstudiengängen zum Sozialmanagement bzw. zur Sozialwirtschaft wird Politikmachen eher stiefmütterlich behandelt. Eigene Masterstudiengänge zum Soziallobbying gibt es nicht. Fortbildungen sind rar.

Gleichzeitig gilt jedoch, Soziale Dienste stehen in extremer Abhängigkeit zur Politik. Ihre Ressourcenausstattung und ihr Handlungsspielraum sind wesentlich das Ergebnis politischer Entscheidungen. Wer Soziale Arbeit gestalten will, muss politisch Einfluss nehmen. Problemwahrnehmungen zu beeinflussen, Themen auf die Tagesordnung zu setzen, Maßnahmen durchzusetzen und weiterzuentwickeln, Projekte finanziert zu bekommen und Politik zu evaluieren, gehören zur Praxis der Sozialen Arbeit und sind Teil ihres Auftrags. Die Praxis Sozialer Arbeit ist auf vielfältige Weise in Politik involviert, und mit zunehmender Führungsverantwortung und Leitungsfunktion wächst das politische Aufgabenfeld. Längst beschäftigen Verbände der freien Wohlfahrtspflege und öffentliche Träger Referent*innen und Planer*innen, zu deren Hauptaufgaben Politikberatung und Lobbying zählen.

Das vorliegende Buch arbeitet vorhandenes Wissen zum Lobbying auf und macht es für die professionelle Praxis des Soziallobbyings zugänglich. Es leistet

© Der/die Autor(en), exklusiv lizenziert an Springer Fachmedien Wiesbaden GmbH, ein Teil von Springer Nature 2024
G. Rieger, *Lobbying in der Sozialwirtschaft*, Basiswissen Sozialwirtschaft und Sozialmanagement, https://doi.org/10.1007/978-3-658-34261-6_1

einen Beitrag zur Professionalisierung des politischen Handelns Sozialer Arbeit. Der Text ist dazu in drei Teile geteilt. Teil I, **Soziallobbying im Kontext**, beschäftigt sich mit Bedeutung und Legitimation des Lobbyings und arbeitet die Spezifika des Soziallobbyings heraus. Teil II, **Soziallobbying auf den unterschiedlichen Ebenen des politischen Systems**, untersucht die Rahmenbedingungen für erfolgreiches Lobbying im Staat, in den Kommunen und auf der Ebene der Europäischen Union. Schließlich geht es in Teil III, **Soziallobbying in der Praxis**, um die systematische, methodische Gestaltung erfolgreicher Lobbyingprozesse.

Das Buch versteht sich als Plädoyer für mehr Professionalität im Politikmachen Sozialer Arbeit. Dabei ist sich der Autor bewusst, dass erfolgreiche politische Einmischung mehr bedarf als Wissen. Politische Einmischung beruht auch auf der Überzeugung, dass sich politische Arbeit lohnt (Motivation), und politisches Handeln ist ein Können, das man nur im politischen Tun erwirbt. Wer aber in der Sozialen Arbeit politisch handeln will oder muss, der findet im Buch vielfältige Anregungen, um sein politisches Handeln zu reflektieren und die persönliche wie organisationale Politikfähigkeit zu steigern. Entsprechend reicht die inhaltliche Spannbreite des Buches von sozialarbeitswissenschaftlich geleiteten Reflexionen zu den spezifischen Herausforderungen des Lobbyings im sozialarbeitspolitischen Kontext über politikwissenschaftlich gesättigte Erörterungen zur Lernfähigkeit von Politik bis zu praxisorientierten Ratschlägen zur Entwicklung von Lobbystrategien. Das Buch versucht die Balance zwischen Theoriebasierung, Wissenschaftsorientierung und Praxis des Soziallobbyings. Es liefert jenen, die die dringend notwendige Forschung im Bereich des Politikmachens Sozialer Arbeit vorantreiben wollen, eine Basis für Qualifikations- und Forschungsarbeiten und bietet vielfältige Anregungen für die kritische Reflexion und Weiterentwicklung des im eigenen Tätigkeitsbereich geforderten politischen Handelns.

Liebe Leser*in, mischen Sie sich ein! Mehren Sie Ihr politisches Wissen und steigern Sie Ihre Politikfähigkeit. Es lohnt sich – für Sie, die Soziale Arbeit und Ihre Klient*innen.

Ich wünsche Durchhaltevermögen bei der Erarbeitung des Wissens wie im politischen Engagement, denn

„Politik bedeutet ein starkes langsames Bohren von harten Brettern mit Leidenschaft und Augenmaß zugleich" (Weber 1919, S. 66).

Teil I
Soziallobbying im Kontext

Lobbying: Grundlagen und Kontexte 2

Zusammenfassung

In diesem Kapitel wird Lobbying als spezifisches politisches Handeln definiert, erklärt und kritisiert. Unterschiedliche Definitionen und Formen des Lobbyings werden vorgestellt. Auf den historischen Wandel im Rollenverständnis der politischen Beteiligung organisierter Interessen wird mit der Abgrenzung der Konzepte des Lobbyismus und des Neokorporatismus aufmerksam gemacht. Schließlich wird Lobbying als legitime Form politischer Einflussnahme in modernen Demokratien begründet, aber auch mit seinen Schattenseiten in Frage gestellt, um Regeln und Beschränkungen herausarbeiten, denen Lobbying unterworfen werden muss, damit es demokratieverträglich bleibt und im Idealfall demokratiefördernd wirkt.

2.1 Definition und Begrifflichkeiten im Überblick

Lobbying (Lobbyarbeit) bezeichnet systematische Aktivitäten zur Beeinflussung von Politik durch gesellschaftliche Gruppen.

Das aus dem Englischen stammende Wort Lobby ist mit Vor- bzw. Empfangshalle zu übersetzen. Es erlangte politische Bedeutung, weil auch die Wandelgänge vor den Plenarsälen des britischen Unterhauses bzw. des US-amerikanischen Kongresses als Lobby bezeichnet werden. Dort konnten Vertreter (damals noch fast ausschließlich männlichen Geschlechts)[1] unterschiedlicher gesellschaftlicher Gruppen (Wirtschaft, Kirchen, zivilgesellschaftliche Initiativen) auf Abgeordnete treffen und versuchen, deren Abstimmungsverhalten im Sinne der eigenen Positionen zu beeinflussen. Hier wurde antichambriert und Druck ausgeübt, wurden Vor- und Nachteile eines bestimmten Stimmverhaltens in Erinnerung gerufen oder im Falle fehlender Kooperationsbereitschaft gleich die mögliche Wiederwahl in Frage gestellt.

In dieser Tradition meint Lobbying heute eine längst nicht mehr an einen bestimmten Ort und den engen Personenkreis der Parlamentarier*innen gebundene, bedeutende Form der Interessenvertretung in modernen Demokratien. Lobbying ist ein politisches Handeln, durch das Interessengruppen (Lobbys) ihre wirtschaftlichen, sozialen, religiösen oder weltanschaulichen **Interessen** (vgl. Kasten 1) in Gesetzgebungsprozessen und bei Verwaltungsentscheidungen zur Geltung bringen. Stets geht es darum, politische Entscheidungen inhaltlich im Sinne der eigenen Vorstellungen zu beeinflussen bzw. den Gang der Entscheidungen zu beschleunigen, zu verzögern oder eine Entscheidung ganz zu verhindern. Dabei bezieht sich Lobbying heute auf alle **Phasen** (Problemdefinition, Agenda-Setting, Politikformulierung, Politikimplementierung, Politikevaluation), **Ebenen** (Kommune, Land, Bund, EU, UNO) und **Akteur*innen** (in Parlamenten, Regierungen und Administrationen) des politischen Prozesses.

> **Kasten 1: Der Begriff Interesse**
> **Interesse** ist ein zentraler Begriff der Politikwissenschaften. Politisches Interesse meint eine Motivation zum (gemeinsamen) politischen Handeln. Politische Interessen erzeugen Aufmerksamkeit für politische Zusammenhänge und Belange sowie Handlungsbereitschaft. Sie bilden sich auf der Basis sozialer Lagen und ihrer wertorientierten, ideologiebasierten Interpretation. Die eigene Situation oder die Lage der jeweiligen gesellschaftlichen Gruppe wird als veränderungsbedürftig wahrgenommen, mangelnde Bedürfnisbefriedigung und Veränderungsnotwendigkeiten werden erkannt

---

[1] Der Autor des Textes bemüht sich um eine gendergerechte Sprache. Überall dort, wo eindeutig von individuellen Akteur*innen die Rede ist, werden diese auch als solche ausgewiesen. Wo eindeutig von kollektiven Akteuren die Rede ist, wird nicht gegendert. Das generische Maskulinum wird darüber hinaus dort eingesetzt, wo es dem Autor aus stilistischen Gründen unvermeidlich erschien. Ebenso wurden Zitate nicht im Sinne gendergerechter Sprache angepasst.

> (Interessenbewusstsein), die Aufmerksamkeit für politische Angelegenheiten steigt, Reformforderungen werden laut und der Wunsch, Politik entsprechend zu beeinflussen, wächst. In diesem Sinne haben Individuen, aber auch Gruppen in ähnlicher Lage Interessen. Interessen können manifest oder latent, subjektiv oder objektiv, partikular oder gemeinwohlorientiert sein (von Winter 1997, S. 29–46).

Die „Arbeit der Interessengruppen und ihrer Lobbyisten (besteht) vor allem aus Aufbau und Pflege von Kontakten und Kommunikationsbeziehungen sowie der Beobachtung und Auswertung von Politikprozessen" (Kleinfeld et al. 2007, S. 12 f.). Politiker*innen und Bürokrat*innen sollen informiert, beraten, überzeugt, durch (Partei-)Spenden und andere Wohltaten gewonnen und ggf. auch unter Druck gesetzt werden, ohne dass dabei die Grenze zu den illegalen Praktiken der Bestechung (§ 108e StGB (Bestechlichkeit und Bestechung von Mandatsträgern)) oder Erpressung (§ 253 StGB) überschritten wird. Dabei ist Lobbying stets als Tauschbeziehung angelegt. Vereinfacht gesagt, die Politik benötigt Informationen, Rat und Rückhalt und bietet dafür Einfluss.

Der Begriff des Lobbyings steht damit „für sämtliche Formen der direkten, informellen, überwiegend öffentlich nicht direkt beobachtbaren Versuche von Vertretern gesellschaftlicher Interessen, auf die Akteure des politischen Entscheidungsprozesses einzuwirken, um kurz-, mittel- und langfristig Politikergebnisse in ihrem Sinne zu verändern" (Wehrmann 2007, S. 40). Er „bezeichnet direkte und indirekte Versuche von Vertretern gesellschaftlicher Akteure, auf politische Entscheidungsträger in Legislative und Exekutive sowie andere am politischen Willensbildungsprozess beteiligte Stakeholder durch Information, argumentative Überzeugung oder die Ausübung von Druck einzuwirken, um mehr oder weniger partikulare Interessen in Gesetzen oder staatlichem Handeln zu verankern" (Schwaneck 2019, S. 25).

Zu unterscheiden ist einerseits zwischen „Beschaffungs-" und „Gesetzes-Lobbyismus" (Wehrmann 2007, S. 38). **Beschaffungs-Lobbyismus** zielt auf das Akquirieren öffentlicher Mittel (Projektgelder, Forschungsmittel, Zuschüsse oder Entgelte usw.). Dem **Gesetzes-Lobbyismus** geht es dagegen um die inhaltliche Gestaltung rechtlicher Rahmenbedingungen. Zu unterscheiden ist weiter zwischen direktem und indirektem Lobbying (vgl. ebd., S. 45 f.). **Direktes Lobbying** sucht den unmittelbaren Kontakt zu den Entscheider*innen in der Politik und den Entscheidungsvorbereiter*innen (Vorentscheider*innen) in den Ministerien und Verwaltungen. Dabei sind sowohl formale (Anhörung, Mitarbeiterentsendung etc.) als auch informelle Lobbykontakte (Gespräch, Telefonat etc.) (ebd., S. 50 ff.) möglich. Direktes Lobbying wird allgemein als die wichtigere, weil erfolgversprechendere Variante angesehen. **Indirektes Lobbying** versucht dagegen über dritte Personen oder die Medien, Einfluss auf Entscheidungen zu nehmen. Gerade in den USA ist das „Grassroots-Lobbying" (ebd., S. 46) zu einer wichtigen Ergänzung traditioneller Lobbystrategien geworden.

2.2 Von Korporatismus und Lobbyismus

Lobbyismus als ein Konzept, um die Rolle organisierter Interessen im Politikbetrieb der Bundesrepublik Deutschland zu verstehen, gewinnt seit der Jahrtausendwende an Bedeutung. Selbstverständlich wurde Lobbying als Form der Interessenvertretung auch in der Bonner Republik praktiziert. Lobbying ist Teil jeder modernen Demokratie. Aber die Auffassung, dass Organisationen (Großunternehmen, Verbände etc.) aus unterschiedlichen gesellschaftlichen Bereichen sozusagen von außen in Konkurrenz zueinander an die Politik herantreten, um ihre jeweiligen Interessen zur Geltung zu bringen, wird erst in der Berliner Republik in medialen und fachwissenschaftlichen Diskursen prominent.

Die politikwissenschaftliche Verbändeforschung verstand die Einflussnahme organisierter Interessen lange Zeit anders. Sie beleuchtete seit den 1970er-Jahren insbesondere die enge Verflechtung zwischen Staat und Verbänden. Ihr Korporatismuskonzept versteht die Vertretung gesellschaftlicher Interessen weniger als von außen einwirkende Lobbys denn als zu integrierenden Teil der Problemlösung. Der sogenannte **Neokorporatismus** – in Abgrenzung zum älteren Begriff des Korporatismus, der sich auf eine ständisch gegliederte Gesellschaft bezieht – erkannte die für das bundesrepublikanische Modell der sozialen Marktwirtschaft typische, institutionelle **Inkorporierung der Spitzenverbände** in alle Phasen des politischen Prozesses, um gesellschaftliche Interessen einzubinden, über Verhandlungen einvernehmliche Ergebnisse zu erzielen, die dann von den Verbänden auch mitgetragen und umgesetzt werden. Kennzeichnend für das neokorporatistische Politikmuster ist

- die starke Stellung zentral organisierter Verbände und ihre Monopolstellung für bestimmte Themen,
- die institutionell verankerte Einbeziehung der Verbände in politische Entscheidungsprozesse,
- Aushandlung als grundlegender Beziehungsmodus,

2.2 Von Korporatismus und Lobbyismus

- die Entlastung des Staates durch die von den Verbänden mitgetragenen und umgesetzten Maßnahmen und schließlich
- die enge personelle Verflechtung zwischen Verbandsfunktionär*innen und Mandatsträger*innen.

Beispielhaft dafür steht zunächst das Politikfeld der Arbeitsmarkt- bzw. Wirtschaftspolitik, wo mit Hilfe der **konzertierten Aktion**, der **sozialen Dialoge** oder des **Bündnisses für Arbeit** zeitweise durchaus erfolgreich versucht wurde, Wirtschaftskrisen und hohe Arbeitslosenzahlen in enger Abstimmung zwischen Arbeitgeberverbänden, Gewerkschaften und Staat zu bewältigen. Ähnliches – wenn auch mäßig erfolgreich – gilt für die **konzertierte Aktion im Gesundheitswesen** und die dort verfolgten Kostendämpfungsbemühungen im Konzert der Spitzenverbände der Krankenversicherungsträger, der Ärzte und Apotheker, der pharmazeutischen Industrie sowie der Arbeitgeber und Gewerkschaften. Schließlich „übertrugen Rolf G. Heinze und Thomas Olk das Korporatismuskonzept auf die … Wohlfahrtsverbändeforschung" (Backhaus-Maul 2000, S. 22) (vgl. Abschn. 3.3.).

Bestimmte Entwicklungen seit den 1990er-Jahren, aber insbesondere seit der Jahrtausendwende führen jedoch dazu, dass die Politikstrategie des (Neo-)Korporatismus zunehmend in Frage gestellt wird. Stattdessen gewinnt in der Politikwissenschaft wie in der politischen Praxis das Konzept des Lobbyismus zur Beschreibung der Beziehung zwischen Staat und Verbänden an Bedeutung. Lobbyismus entspricht mehr dem in angelsächsischen Politiksystemen vorherrschenden Politikverständnis sowie den demokratietheoretischen Annahmen der Pluralismustheorie (Schubert 1995): In einer liberalen, pluralistischen Demokratie konkurriert eine Vielzahl organisierter Interessen (Arbeitgeberverbände, Gewerkschaften, Kirchen, karitative Organisationen, Bürgerinitiativen etc.) um politischen Einfluss. Im Idealfall führt dieser Wettbewerb autonomer, ihre je eigenen Interessen vertretender Verbände dann dazu, dass alle gesellschaftlichen Interessen repräsentiert werden, diese sich in ihrem Einfluss wechselseitig begrenzen und sich der politische Prozess im freien Spiel der Kräfte gemeinwohlorientiert gestaltet.

Die Lobbyarbeit der Verbände und Organisationen gilt hier als ebenso legitime wie notwendige Art der Einflussnahme und Interessenvertretung. Angesichts des realen Machtungleichgewichts zwischen unterschiedlichen Interessengruppen (finanzstarke Wirtschaftsinteressen vs. soziale oder Umweltinteressen) bedarf es allerdings spezifischer institutioneller Vorkehrungen des politischen Systems, um Machtasymmetrien auszugleichen und die Repräsentation möglichst aller gesellschaftlichen Interessen zu gewährleisten (vgl. Abschn. 2.5.).

Die Veränderungen im System der Interessenvertretung erklären sich durch folgende Entwicklungen:

- **Europäisierung:** Im Zuge der Erweiterung und Vertiefung der europäischen Integration steigt die Komplexität und der Einfluss europäischer Richtlinien, Regelungen und Fonds auf nationale und lokale Politiken. Auf europäischer Ebene gibt es aber die für das deutsche System charakteristische enge Verflechtung von Staat und Verbänden nicht und die Stellung des Europaparlaments gegenüber der Bürokratie der Europäischen Kommission ist schwach.
- **Ökonomisierung:** Im Zuge neoliberal-konservativer (Neokonservatismus, Neoliberalismus) und neoliberal-sozialdemokratischer Politikkonzepte (Dritter Weg (Third Way), Aktivierender Staat (Social Investment State)) setzt staatliche Steuerung stärker auf die wirtschaftlichen Prinzipien von Wettbewerb und Konkurrenz (Ausschreibungen, Qualitätsmanagement zum Nachweis von Effektivität und Effizienz usw.). Dadurch werden korporatistische Aushandlungsprozesse delegitimiert. Das korporatistische Konzept der gemeinwohlorientierten Aushandlung verliert gegenüber nutzenmaximierendem, konkurrenzgetriebenem Wettbewerb an Boden.
- **Pluralisierung der Verbändelandschaft:** Gleichzeitig führen Ökonomisierung und Wertewandel einerseits dazu, dass Großorganisationen an Bindekraft verlieren. Interne Interessengegensätze treten stärker hervor. Die Verankerung von Verbänden in spezifischen Milieus (Gewerkschaften/Arbeitermilieu, Wohlfahrtsverbände/Kirchengemeinde usw.) löst sich. Andererseits vervielfältigt sich die Verbändelandschaft, indem sich neue Interessengruppen entlang neuer gesellschaftlicher Konfliktlinien und der Megatrends Digitalisierung, Individualisierung oder demografischer Wandel formieren. Eine pluralisierte Verbändelandschaft aber untergräbt eine wichtige Voraussetzung des korporatistischen Systems: die Monopolstellung der Spitzenverbände.
- **Professionalisierung der Politik:** Der gesellschaftliche Trend zur Professionalisierung führt gerade in der Politik dazu, dass die personale Verflechtung (Personalunion) zwischen der Führungsebene der Verbände und Parteien sowie Mandatsträger*innen rückläufig ist.
- **Mediatisierung:** Die öffentliche Meinung wird in der Mediengesellschaft zur veröffentlichten Meinung durch die Massenmedien. „Je mehr die Milieubindungen erodieren und Verbandsmedien ihre Funktion verlieren oder eingestellt werden, desto mehr gewinnen die Massenmedien an Bedeutung bei der Mobilisierung von Unterstützung, der Legitimationsgewinnung und der Themensetzung" (Speth 2010, S. 13). Das korporatistische System büßt in der Mediengesellschaft spezifische Vorteile ein.

Diese Entwicklungen prägen ein Klima der Interessenvermittlung, in dem die lobbyistische Interessendurchsetzung zur Maximierung der je eigenen Partikularinteressen als das rationalere und angemessenere System für postindustrielle, plurale Gesellschaften erscheint.

2.3 Lobbying in der Kritik

Lobbying aber genießt einen schlechten Ruf. In der Kritik steht seine Vorgehensweise. Seine Methoden erregen Misstrauen. Die „stille Macht" (Leif und Speth 2003) operiere nicht-öffentlich, verdeckt und intransparent. Es scheint geradezu ein Wesensmerkmal des Lobbyismus, sich der öffentlichen Wahrnehmung zu entziehen, um in vertrauten Gesprächen und exklusiven Runden, im sprichwörtlichen Hinterzimmer, zu informieren, zu beraten und eben zu beeinflussen. Der Verdacht von Mauschelei, Klüngel oder gar Korruption liegt hier nahe. Lobbyisten erscheinen als Einflüster*innen oder Strippenzieher*innen – Politiker*innen als ihre Marionetten.

Damit gefährde der Lobbyismus die Unabhängigkeit der Politiker*innen, das demokratische Gleichheitsprinzip und die Gemeinwohlorientierung von Politik. Immer stärker würden insbesondere finanzstarke Partikularinteressen die Politikprozesse lenken und Ergebnisse kontrollieren. Auf diese Weise entstünde eine „fünfte Gewalt" (Leif und Speth 2006) jenseits der klassischen Gewaltenteilung zwischen Legislative, Exekutive und Judikative, die auch der demokratischen Öffentlichkeit (als vierte Gewalt werden die Medien bezeichnet) weitgehend verborgen bleibt.

Thomas Leif – einer der heftigsten Kritiker der Auswüchse des Lobbyismus in der Berliner Republik seit der Jahrtausendwende – erkennt im Anschluss an den ehemaligen Verfassungsrichter Hans-Jürgen Papier im Lobbyismus gar eine Gefahr für Rechtsstaat und Demokratie (Leif 2010, S. 3). Er identifiziert mehrere, „sich wechselseitig verstärkende Tendenzen und Vorkommnisse" (ebd., S. 3 f.), welche die Dominanz von Partikularinteressen im Berliner Politikbetrieb offenlegen und das „unkontrollierte Macht- und Gefahrenpotential des Lobbyismus" (ebd., S. 4) zeigen:

- „Die Formulierung von Gesetzen, Verordnungen oder Textbausteinen für Gesetze durch externe Anwaltskanzleien",
- „Die Platzierung von sogenannten ‚Leihbeamten' in Ministerien",
- „Der Wechsel von mehreren Spitzenlobbyisten aus der Atomindustrie, der privaten Krankenversicherungen und der Finanzwirtschaft in Leitungsebenen verschiedener Ministerien",

- „Fragwürdige Praktiken der Politikfinanzierung über Sponsoring, Spenden, bezahlte Reden",
- „Der direkte Wechsel von Ministerpräsidenten, Ministern, Staatssekretären und Spitzenpolitikern als Berater und Lobbyisten in die Industrie" (ebd., S. 4): die sogenannten „Drehtür-Politiker" (ebd., S. 7).

Es verdichtet sich so der Eindruck einer immer enger werdenden Kooperation zwischen Lobbyist*innen und Politikern*innen, in der insbesondere finanzstarke Branchen (genannt werden hier regelmäßig die Automobilindustrie, die Energiewirtschaft, die Finanzwirtschaft, die Pharmaindustrie) und Großkonzerne den Ton angeben. Sie verfügen über die entsprechenden personellen und materiellen Ressourcen, um eigene Lobbyabteilungen aufzubauen und entsprechende Repräsentanzen in Berlin und Brüssel zu unterhalten, um wissenschaftliche Gutachten in Auftrag zu geben, externe Anwaltskanzleien und Agenturen für die professionelle Lobbyarbeit zu engagieren und wohlwollend Parteispenden zu verteilen. Nicht zuletzt aber können sie ihre wirtschaftliche Bedeutung (Systemrelevanz) einsetzen, um Kooperationsanreize zu schaffen und politischen Druck aufzubauen. Der hier zu beobachtende „Verschmelzungsprozess" (Leif 2010, S. 5) zwischen den Aufgaben und Zielen der Politiker*innen und denen ihrer Ratgeber*innen aus der Wirtschaft lässt Zweifel an der vom Grundgesetz geforderten Unabhängigkeit von Mandatsträger*innen (Art. 38 Abs. 1 Satz 2 GG „freies Mandat") und Spitzenpolitiker*innen aufkommen und stellt die – den hergebrachten Grundsätzen des Berufsbeamtentums (Art. 33 Abs. 5 GG) entsprechende – Neutralitätspflicht von Spitzenbeamt*innen auf die Probe. Anzuklagen wäre das „gekaufte Parlament" (Schwarz 1999) bzw. der „gekaufte Staat" (Adamek und Otto 2013). Spezifische wirtschaftspolitische Interessen hätten damit eine ungleich größere Chance, sich im politischen Wettbewerb durchzusetzen. Das demokratische Gleichheitsprinzip und eine alle Interessen gleichermaßen berücksichtigende Gemeinwohlorientierung gerieten in Gefahr.

2.4 Lobbying als legitimes Mittel der Interessenvertretung

Zweifellos ist eine kritische Wachsamkeit gegenüber Gefahren und Auswüchsen des Lobbyismus angebracht. Dies sollte aber nicht dazu führen, „dass die Vertretung von Interessen in der Demokratie insgesamt unter Generalverdacht gerät" (Kleinfeld et al. 2007, S. 11). Denn: „Demokratie braucht Lobbying" (Lösche 2006a). In modernen funktional differenzierten Gesellschaften bedarf es neben der über allgemeine und gleiche Wahlen vermittelten, **territorialen Interessenvertretung,** die jede*r Bürger*in eine gleiche Stimme zur Vertretung ihrer jeweiligen Interessen einräumt, einer **funktionalen Interessenvertretung** (vgl. Kleinfeld et al. 2007, S. 7) über organisierte Interessen.

Interessenvertretung von und durch Organisationen hat in modernen Gesellschaften ihre Berechtigung, denn moderne Gesellschaften sind „organisierte Gesellschaften" (Kühl 2015). **Vereinigungsfreiheit** (Art. 9 GG) ist ein Bürgerrecht (vgl. Kasten 2). Organisationen bestimmen alle Bereiche unseres gesellschaftlichen Zusammenlebens und prägen unsere sozialen Beziehungen. Sie erfüllen wichtige gesellschaftliche Funktionen: Als Organisationen der Zivilgesellschaft schaffen sie soziales Kapital, gestalten Freizeit, Kultur, religiöses Leben und Wohlfahrt der Bürger*innen. Als Wirtschaftsorganisationen (Unternehmen) organisieren sie Arbeit und produzieren und verteilen Güter und Dienstleistungen. Bürger*innen vertreten ihre Interessen, indem sie sich in Initiativen, Vereinen usw. organisieren, und umgekehrt werden ihre Interessen durch ihre Mitgliedschaft oder Teilhabe in Organisationen (als Arbeitnehmer*in, Arbeitgeber*in, Sozialversicherte, Religionsangehörige, Sportler*in oder Umweltaktivist*in) geformt. Organisationen gestalten die Lebenslagen der Menschen in modernen Gesellschaften und formen ihre Interessen. Die aufgezeigte Notwendigkeit **funktionaler Interessenvertretung** ist ein wichtiger (demokratietheoretischer) Legitimationsgrund für die Beteiligung organisierter Interessen in demokratischen Politikprozessen.

> **Kasten 2: Grundrechte als Rahmenbedingung des Lobbyings**
> Art. 5 (1) GG (Meinungsfreiheit): „Jeder hat das Recht, seine Meinung in Wort, Schrift und Bild frei zu äußern und zu verbreiten und sich aus allgemeinen Quellen ungehindert zu unterrichten."
> Art. 8 (1) GG (Versammlungsfreiheit): „Alle Deutschen haben das Recht, sich ohne Anmeldung und oder Erlaubnis friedlich und ohne Waffen zu versammeln."
> Art. 9 (1 und 3) (Vereinigungsfreiheit): „Alle Deutschen haben das Recht, Vereine und Gesellschaften zu bilden." Und: „Das Recht, zur Wahrung und Förderung der Arbeits- und Wirtschaftsbedingungen Vereinigungen zu bilden, ist für jedermann und für alle Berufe gewährleistet."
> Art. 17 (Petitionsrecht): „Jedermann hat das Recht, sich einzeln oder in Gemeinschaft mit anderen schriftlich mit Bitten oder Beschwerden an die zuständigen Stellen und an die Volksvertretung zu wenden."

Es gibt aber auch eine ganze Reihe pragmatischer Gründe, warum das politische System auf Input durch organisierte Interessen angewiesen ist. Zunächst wäre hier die Informationsabhängigkeit der Politik zu nennen. Gerade in modernen, hochkomplexen wie individualisierten Gesellschaften ist Politik immer stärker wissens- und informationsabhängig. Denn demokratische Politik bedarf einer doppelten Legitimation. Sie braucht einerseits die über Wahlen und Abstimmungen herzustellenden Mehrheiten und muss andererseits nach der auf bestmöglichem Wissen beruhenden Rationalität ihrer Entscheidungen streben. In politischen Prozessen geht es deshalb meist zugleich um Machterwerb wie Machterhalt und rationales Problemlösen. Das notwendige Wissen kann Politik aber nicht oder nur eingeschränkt selbst herstellen. Sie muss für Entscheidungen Wissen und Informationen aus unterschiedlichen gesellschaftlichen Sektoren erhalten. Politik braucht Beratung. Politische Problembewältigung erfordert die Einbeziehung organisierter Interessen.

Ebenso sehr braucht jede demokratische Politik entgegenkommende gesellschaftliche Verhältnisse. Diese entstehen mit, in und über Organisationen. Organisierte Interessen schaffen Vertrauen und Zusammenhalt. Dort, wo Bürger*innen ihr Zusammenleben und ihre Bedürfnisbefriedigung gemeinsam gestalten, entsteht soziales Kapital. Schließlich ist die Politik auf die Bereitschaft von Bürger*innen wie Organisationen angewiesen, politischen Entscheidungen zu folgen und sie umzusetzen. Organisationen regulieren das Zusammenleben. Dabei geht es nicht allein um die technisch-administrative Durchsetzung von Entscheidungen, sondern auch um die Bereitschaft, diese Entscheidungen anzuerkennen und sich mit ihnen zu identifizieren. Organisationen stiften auch Identität. Es geht um den organisierten Souverän (Honneth 2023).

Politik und Staat in modernen funktional differenzierten Gesellschaften sind auf zivilgesellschaftliche und wirtschaftliche Organisationen verwiesen, um Politik zu gestalten. Organisierte Interessen erfüllen Integrations-, Transformations- und Steuerungsleistungen. Sie schaffen Vertrauen und Zusammenhalt (soziales Kapital), ergänzen individualisierte Partizipationsformen (Wahlen, Abstimmungen, alternative Partizipationsformen, Klage etc. (vgl. Abb. 2.1)) und sind für die Implementation von Politik unverzichtbar. Organisierte Interessen sollten in politischen Prozessen Gehör finden. Ihr Lobbying erfüllt eine wichtige Funktion für die Stabilität und Funktionsfähigkeit moderner Demokratien.

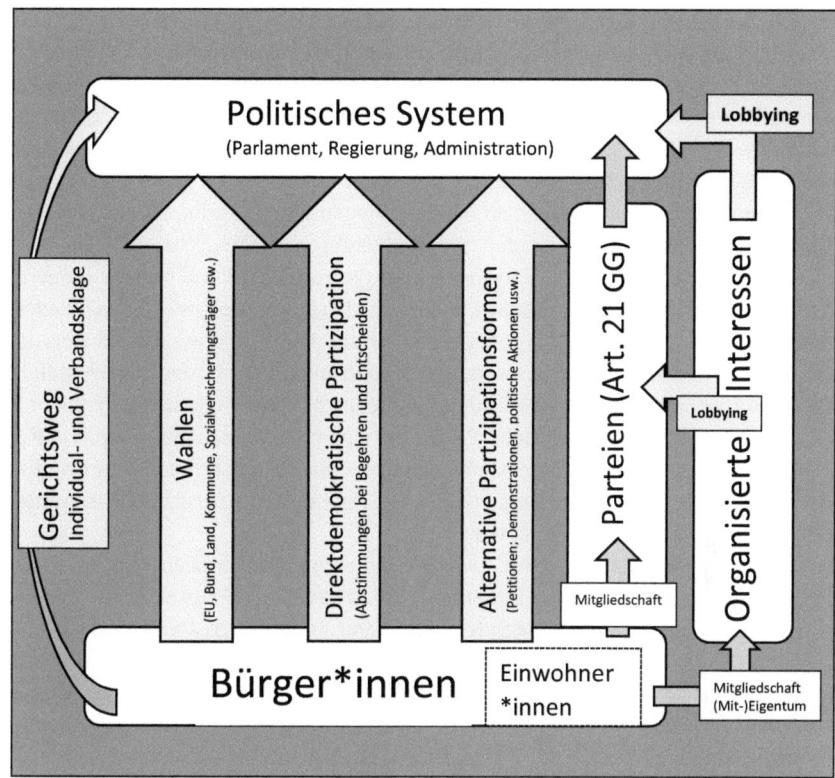

Abb. 2.1 Interessenvertretung in der Bundesrepublik Deutschland. (Eigene Darstellung)

2.5 Rahmenbedingungen eines legitimen, demokratisch gezähmten Lobbyismus

Lobbying als eine Form der Interessenvertretung ist für moderne Demokratien ebenso unverzichtbar wie legitim. Wie stets in einer Demokratie ist aber auch beim Lobbying darauf zu achten, dass keine und keiner absolute oder zu viel Macht erlangt. Moderne liberale Demokratien brauchen Regierung **und** Opposition, beruhen traditionell auf dem Prinzip der Gewaltenteilung zwischen Legislative, Exekutive und Judikative und begrenzen Macht in einem komplexen System der

Checks and Balances. Zentrale politische Ämter werden auf Zeit vergeben und selbst das mit allgemeinen und gleichen Wahlen und Abstimmungen verknüpfte Mehrheitsprinzip gilt nicht absolut. Auch Mehrheiten dürfen in einer liberalen Demokratie nicht alles. Nur wenn Mehrheitsentscheidungen durch unbedingte, individuelle Grundrechte und Gesetze zum Schutz von Minderheiten begrenzt werden, ist zu vermeiden, dass Demokratien zu einer „Tyrannei der Mehrheit" (Alexis de Tocqueville) entarten. Setzt man das Mehrheitsprinzip absolut, gerät die individuelle Freiheit in Gefahr, werden die Interessen von Minderheiten nicht ausreichend berücksichtigt und Entscheidungen getroffen, die zukünftige (andere) Mehrheiten nicht mehr revidieren können. In diesem Sinne bedarf es selbstverständlich auch einer Einhegung des Lobbyismus. Denn Lobbying wird stets im Spannungsfeld zwischen der notwendigen Repräsentanz von Gruppeninteressen in einer pluralistischen Demokratie und der drohenden Gefährdung des Gemeinwohls durch Partikularinteressen betrieben. Die am Prinzip der Gleichheit orientierte Repräsentation der Bürger*innen über Wahlen (one man one vote) bleibt im Konflikt mit der auf ungleicher Ressourcen- und Machtverteilung beruhenden Einflussnahme durch organisierte Interessen.

Welche Regeln müssen gelten, welche Vorkehrungen getroffen werden, damit Lobbying seine demokratische Funktion erfüllen kann, ohne dass es zu einer unangemessenen, demokratiegefährdenden Dominanz starker Interessen kommt?

- **Verhaltenscodizes für Lobbyisten:** Demokratiekonformes Lobbying braucht Verhaltensregeln. Entsprechende Verhaltenscodizes legen fest, welchen (demokratischen) Werten sich die Lobbyist*in verpflichtet fühlt und welchen Prinzipien sie in ihrer Lobbyarbeit folgt. Ein Verhaltenscodex kann im Sinne der Selbstverpflichtung durch die Lobbyorganisation selbst erstellt werden und/oder von den Adressaten des Lobbyings (Parlamenten sowie Regierungen und ihre nachgeordneten Verwaltungen) erlassen werden. Entsprechende Verhaltenscodizes finden sich auf der Ebene der Europäischen Union (für das Europäische Parlament wie die Europäische Kommission), aber auch auf der Ebene der Bundesländer. Schließlich hat nun auch der Bundestag mit seinem **Lobbyregistergesetz** (LobbyRG vom 16.04.2021; 01.01.2022 in Kraft getreten) in § 5 Grundsätze integrer Interessenvertretung festgelegt (Fischer und Hörmann 2022). Dort heißt es insbesondere, dass „Interessenvertretung im Sinne des Gesetzes … nur auf Basis von Offenheit, Transparenz, Ehrlichkeit und Integrität erfolgen" darf (§ 5 Abs. 1 LobbyRG).
- **Transparenz:** Verantwortungsvolles Lobbying braucht Transparenz. Es muss jederzeit einsehbar sein, welche Organisationen, mit welchen Interessen, in welchem Umfang Einfluss auf Gesetzgebungsprozesse nehmen. Parlamente

richten hierfür sogenannte Lobbyregister ein (vgl. LobbyRG des deutschen Bundestages). Kritiker*innen gegenwärtiger Lobbypraktiken ist das nicht genug. Über die Registrierung und Offenlegung bestimmter Daten in Transparenzregistern hinaus fordern sie den **legislativen Fußabdruck**. Hier geht es darum, bei allen Gesetzgebungsverfahren in allen Phasen im Detail zu dokumentieren und einsehbar zu machen, welche Interessenorganisationen wie und in welchem Umfang an der Entstehung des Gesetzes mitgewirkt haben.

- **Aktive Zivilgesellschaft:** Lobby braucht eine aktive Zivilgesellschaft. Mit der zunehmenden Abkehr vom neo-korporatistischen Verhandlungssystemen hin zu verstärkten Lobbyaktivitäten insbesondere der Wirtschaftsverbände haben auch zivilgesellschaftliche Initiativen und Organisationen ihre Lobbyaktivitäten verstärkt und professionalisiert (Umweltverbände, Verbraucherverbände, Sozialverbände etc.). Vor allem aber haben sich – sozusagen als Gegenbewegung – zivilgesellschaftliche Initiativen gebildet, die sich die Kritik und Überwachung des Lobbyismus zur Aufgabe gemacht haben. Gemeinnützige Organisationen wie Transperancy International Deutschland e.V (www.transparency.de), LobbyControl (www.lobbycontrol.de) oder Abgeordnetenwatch (www.abgeordnetenwatch.de) (ein Portal betrieben von Parlamentwatch e. V.) beobachten und kritisieren als unabhängige zivilgesellschaftliche Initiativen das Lobbygeschehen, stellen Transparenz her, klären auf und lobbyieren selbst für schärfere Lobbyregister- und Transparenzgesetze.
- **Förderung schwacher Interessen:** Demokratieförderndes Lobbying braucht starke ‚schwache Interessen'. Legitimes Lobbying lebt von Wettbewerb und Konkurrenz unterschiedlichster gesellschaftlicher Interessen. Allzu leicht aber gewinnen ressourcenstarke wirtschaftliche Interessen eine Dominanz gegenüber anderen, schwer zu organisierenden Interessen (Umweltinteressen, Verbraucherinteressen, sozialpolitische Interessen (von Winter 1992 und 1997) (von Rentner*innen, Patient*innen, Alleinerziehenden, Arbeitslosen, Wohnsitzlosen usw.)). Hier muss der Staat Ausgleich schaffen, indem er die Selbstorganisation von Betroffenen fördert oder ihre Vertretung durch advokatorische Initiativen und Organisationen (steuerrechtlich, durch Zuschüsse usw.) unterstützt, indem er ihnen einen privilegierten Zugang zu Beratungen und Gesetzgebungsverfahren sichert und indem er für bestimmte Themen Ombudsstellen einrichtet (Gleichstellungsbeauftragte, Kinder- und Jugendbeauftragte, Bürgerbeauftragte in den Bundesländern, Ombudsperson für den Strafvollzug (NRW) etc.).
- **Wirtschaftsdemokratie** (Demirović 2018): Die Dominanz wirtschaftlicher Lobbyorganisationen kann auch dadurch abgemildert werden, dass in der Wirtschaft selbst demokratische Prinzipien der Mitbestimmung implementiert wer-

den. Hier geht es insbesondere um die Beteiligung und Mitbestimmung der Arbeitnehmer*innen (Betriebsräte, paritätische Mitbestimmung an Personalentscheidungen, Unternehmensprozessen und Unternehmenspolitik). Die Implementierung demokratischer Prinzipien ist aber auch für andere Großorganisationen mit erheblichem politischen Einfluss, wie bspw. die Kirchen (Thielking 2005), zu diskutieren.

Lobbying ist eine legitime Form der politischen Einflussnahme in einer pluralistischen Demokratie. Eine demokratiegefährdende Dominanz ressourcenstarker Wirtschaftsunternehmen und Verbände ist aber nur zu vermeiden, wenn Transparenz hergestellt, Grenzen gezogen und Ausgleiche wie Gegengewichte geschaffen werden.

Aufgaben und Fragen zur Kontrolle des Lernerfolgs
1. Benennen und erörtern Sie Unterschiede zwischen Lobbying und anderen Formen der Interessenvertretung in Demokratien.
2. Welche Gefahren des Lobbyismus können Sie erkennen und wie lassen sich diese Gefahren bannen?
3. Wie wird Lobbying demokratietheoretisch gerechtfertigt?
4. Versuchen Sie eine eigene Position zum Lobbyismus zu formulieren und argumentativ zu vertreten.

Weiterführende Literatur

Kleinfeld, Ralf, Zimmer, Annette & Willems, Ulrich (Hrsg.) (2007). *Lobbying.* Strukturen, Akteure, Strategien. Wiesbaden: VS Verlag.
Leif, Thoms & Speth, Rudolf (Hrsg.) (2006). *Die fünfte Gewalt.* Lobbyismus in Deutschland. Wiesbaden: VS Verlag.
Lösche, Peter (2007). *Verbände und Lobbyismus in Deutschland.* Stuttgart: Kohlhammer.
Spohr, Florian (2023). *Lobbyismus.* Klare Antworten aus erster Hand. München: UVK (utb).

Webseiten zur Vertiefung

Dossier Lobbyismus der Bundeszentrale für politische Bildung (https://www.bpb.de/themen/wirtschaft/lobbyismus/)
Lobbypedia (https://lobbypedia.de)
Lobbyregister beim deutschen Bundestag (https://www.lobbyregister.bundestag.de/)

Verwendete Literatur

Adamek, Sascha & Otto, Kim (2013). *Der gekaufte Staat.* Wie Konzernvertreter in deutschen Ministerien sich ihre Gesetze selbst schreiben. Köln: Kiepenheuer & Witsch.

Backhaus-Maul, Holger (2000/2002). *Wohlfahrtsverbände als korporative Akteure.* Über eine traditionsreiche sozialpolitische Institution und ihre Zukunftschancen. *APuZ* (S. 22–30), B 26–27. Bonn: Bundeszentrale für Politische Bildung (download 2002: https://www.bpb.de/shop/zeitschriften/apuz/25545/wohlfahrtsverbaende-als-korporative-akteure/).

Demirović, Alex (Hrsg.) (2018). *Wirtschaftsdemokratie neu denken.* Münster: Westfälisches Dampfboot (https://www.rosalux.de/fileadmin/rls_uploads/pdfs/sonst_publikationen/Wirtschaftsdemokratie_Demirovic.pdf).

Fischer, Patrick & Hörmann, Rafael (2022). *Lobbyregister.* socialnet Lexikon. Bonn: socialnet (https://www.socialnet.de/lexikon/Lobbyregister).

Honneth, Axel (2023). *Der arbeitende Souverän.* Berlin: Suhrkamp.

Kleinfeld, Ralf, Zimmer, Annette & Willems, Ulrich (Hrsg.) (2007). *Lobbying.* Strukturen, Akteure, Strategien. Wiesbaden: VS-Verlag.

Kühl, Stefan (2015). *Gesellschaft der Organisationen, organisierte Gesellschaft, Organisationsgesellschaft.* In Maja Apelt & Uwe Willkesmann (Hrsg.), *Zur Zukunft der Organisationssoziologie* (S. 73–91). Wiesbaden: Springer VS.

Leif, Thomas (2010). *Von der Symbiose zur Systemkrise.* APuZ (S. 3–9), 19. Bonn: Bundeszentrale für politische Bildung.

Leif, Thomas & Speth, Rudolf (Hrsg.) (2006). *Die fünfte Gewalt.* Lobbyismus in Deutschland. Wiesbaden: VS Verlag.

Leif, Thomas & Speth, Rudolf (Hrsg.) (2003). *Die stille Macht.* Lobbyismus in Deutschland. Wiesbaden: Westdeutscher Verlag.

Lösche, Peter (2007). *Verbände und Lobbyismus in Deutschland.* Stuttgart: Kohlhammer.

Lösche, Peter (2006a). *Demokratie braucht Lobbying.* In Thomas Leif & Rudolf Speth (Hrsg.), *Die fünfte Gewalt.* Lobbyismus in Deutschland (S. 53–68). Wiesbaden: VS Verlag.

Lösche, Peter (2006b). *Lobbyismus als spezifische Form der Politikberatung.* In Falk, Svenja et al. (Hrsg.), *Handbuch Politikberatung* (S. 334–342). Wiesbaden: VS Verlag.

Schubert, Klaus (1995). *Pluralismus versus Korporatismus.* In Dieter Nohlen & Rainer-Olaf Schultze (Hrsg.), *Lexikon der Politik.* Band 1. Politische Theorien (S. 407–423). München: C. H. Beck.

Speth, Rudolf (2010). *Das Bezugssystem Politik – Lobby – Öffentlichkeit.* In APuZ (S. 9–15), 19. Bonn: Bundeszentrale für politische Bildung.

Schwaneck, Stefan (2019). *Lobbyismus und Transparenz.* Eine vergleichende Studie einer komplexen Beziehung. Wiesbaden: Springer VS.

Schwarz, Friedhelm (1999). *Das gekaufte Parlament.* Die Lobby und ihr Bundestag. München: Piper.

Spohr, Florian (2023). *Lobbyismus.* Klare Antworten aus erster Hand. München: UVK (utb).

Thielking, Kai O. (2005). *Die Kirche als politischer Akteur.* Kirchlicher Einfluss auf die Schul- und Bildungspolitik in Deutschland. Baden-Baden: Nomos.

Wehrmann, Iris (2007). *Lobbying in Deutschland – Begriff und Trends*. In Ralf Kleinfeld, Annette Zimmer & Ulrich Willems (Hrsg.), *Lobbying. Strukturen, Akteure, Strategien*. (S. 36–64). Wiesbaden: VS Verlag.

Winter, Thomas von (1997). *Sozialpolitische Interessen*. Konstituierung, politische Repräsentation und Beteiligung an Entscheidungsprozessen. Baden-Baden: Nomos.

Winter, Thomas von (1992). *Die Sozialpolitik als Interessenssphäre. Politische Vierteljahresschrift* (PVS) (S. 399–426), Jg. 33, Nr. 3.

Soziallobbying: Das Lobbying der Organisationen Sozialer Arbeit

3

Zusammenfassung

In diesem Kapitel werden die besonderen Herausforderungen des Soziallobbyings erörtert. Unter Rückgriff auf Erkenntnisse der Politikfeldanalyse wird am Beispiel der **Gesundheitspolitik** und der **Sozialarbeitspolitik** die Unterschiedlichkeit der Lobbybedingungen herausgearbeitet. Die Besonderheiten der Handlungsbedingungen sind eine Folge der jeweils verhandelten politischen Inhalte. Welche Lobbyoptionen offenstehen, wie Lobbying einzusetzen ist, wer sich in einem Thema überhaupt engagiert und wie die Auseinandersetzung geführt wird, ist wesentlich davon abhängig, welche Erwartungen, Hoffnungen und Befürchtungen die Handelnden mit Blick auf die zu verhandelnden und zu entscheidenden Politikinhalte hegen. Was für wen auf dem Spiel steht, welche Ressourcen es zu verteilen und welche Sachverhalte zu regulieren sind, erzeugt je eigene **Lobbywelten**. Gerade im Metapolitikfeld der Sozialarbeitspolitik, also in jenem von anderen Feldern der Sozialpolitik deutlich zu unterscheidenden Politikbereich, wo es um die politische Gestaltung Sozialer Arbeit geht, zeigen sich die besonderen Handlungschancen, Handlungsrestriktionen und Dilemmata des Soziallobbyings. Diesem Bereich wird das Lobbyfeld der Gesundheitspolitik vergleichend gegenübergestellt. Einerseits weil hier die Wohlfahrtsverbände in der Bereitstellung gesundheitlicher Dienstleistungen engagiert sind. Andererseits weil im Kontrast zum Politikfeld Gesundheitspolitik die Besonderheiten der Handlungsbedingungen in der Sozialarbeitspolitik besonders deutlich hervortreten.

© Der/die Autor(en), exklusiv lizenziert an Springer Fachmedien Wiesbaden GmbH, ein Teil von Springer Nature 2024
G. Rieger, *Lobbying in der Sozialwirtschaft*, Basiswissen Sozialwirtschaft und Sozialmanagement, https://doi.org/10.1007/978-3-658-34261-6_3

3.1 Die politische Gestaltung Sozialer Arbeit als Herausforderung des Soziallobbyings

Soziallobbying zielt darauf, die Handlungsbedingungen Sozialer Dienste zu verbessern. Es geht darum, sich politisch einzumischen, um Finanzierung, Ausstattung und Qualität Sozialer Dienstleistungen entsprechend den fachlichen Standards Sozialer Arbeit weiterzuentwickeln und dabei gleichzeitig die Verbesserung der Lebenslagen der Klient*innen im Blick zu behalten und, wo nötig, mitzuvertreten. Die Besonderheiten des Regelungsgegenstandes Soziale Arbeit prägen das politische Handeln der Organisationen Sozialer Arbeit. Ihre Handlungschancen, Konflikte, Spannungen und Handlungsrestriktionen resultieren aus den zu verhandelnden politischen Inhalten.

„**Policies determine politics**" (Lowi 1972, S. 299; Herv. i. O.) lautet eine viel beachtete These der Politikfeldforschung. Politische Inhalte, so die gut belegte Annahme des US-amerikanischen Politikwissenschaftlers Theodore J. Lowi, prägen die Art der politischen Auseinandersetzung und den politischen Prozess. Was auf dem Spiel steht, welche Probleme es zu lösen gilt, welche Ressourcen zu verteilen sind, was deshalb wer erwartet oder befürchtet, hat erheblichen Einfluss darauf, wer sich überhaupt einmischt, wie die Auseinandersetzung geführt, Konflikte gelöst und welche Interventionen erfolgversprechend sind. Die zu verhandelnden und zu entscheidenden Politikinhalte (Policies) konstituieren Politikbereiche mit spezifischen Handlungsbedingungen für politische Akteure. Die Politikfeldanalyse (Policy Analysis) (Blum und Schubert 2009; Wenzelburger und Zolnhöfer 2015) als Teilbereich der Politikwissenschaft bezeichnet solche Politikbereiche als Politikfelder (Policies) oder Politikarenen (Policy Arenas).[1] Für erfolgreiche Lobbyarbeit ist es unverzichtbar, das jeweilige – für die Vertretung und Durchsetzung der eigenen Interessen relevante – Politikfeld als „ein(en) inhaltlich abgegrenzte(n) Bereich von Regelungen und Programmen, also von policies" (Pappi und König 1995, S. 111; zitiert nach Loer et al. 2015, S. 9) zu kennen und als „eine spezifische auf Dauer angelegte Konstellation sich aufeinander beziehender Probleme, Akteure, Institutionen und Instrumente" (ebd.) zu erfassen. Denn Lobbyist*innen müssen wissen, welche politischen Probleme in ihrem Engagementbereich wie bearbeitet werden, welche Paradigmen den politischen Diskurs dominieren und welche

---

[1] Unter einer Politikarena ist ein lokalisierbarer problemorientierter Handlungszusammenhang zu verstehen, in dem Akteure vor dem Hintergrund institutioneller Strukturen mit ihren formellen wie informellen Regeln über eine gewisse Dauer ein komplexes, zusammenhängendes und abgrenzbares politisches Problem mit spezifischen Interventionen (Maßnahmen, Programmen usw.) zu lösen versuchen (Rieger 2020, S. 232).

3.1 Die politische Gestaltung Sozialer Arbeit als Herausforderung des ...

alternativen Sichtweisen diskutiert werden, welche Akteure und Akteurskonstellationen die politische Arena prägen und wie Entscheidungsprozesse geregelt sind.

Nun möchte man annehmen, dass das Politikfeld **Sozialpolitik** der für das Soziallobbying relevante Untersuchungsgegenstand ist. „Sozialpolitik interveniert in die Gesellschaft und die Wirtschaft, um die Absicherung sozialer Risiken durch Regulierung, durch die Verteilung materieller Güter oder durch staatlich unterstützte Dienstleistungen zu erreichen" ((Häußermann 2015), S. 593). Selbstverständlich werden also im Politikfeld der Sozialpolitik die für die Sozialwirtschaft bzw. Soziale Arbeit relevanten Inhalte verhandelt. Sozialpolitik insgesamt ist deshalb durchaus relevant für das Lobbying sozialer Organisationen, ist aber als orientierender Handlungsrahmen professionellen Soziallobbyings und die Entwicklung konkreter Lobbystrategien viel zu unspezifisch. Sozialpolitik hat sich längst in eine Vielzahl inhaltlich spezialisierter Sub-Politikfelder ausdifferenziert, die je eigene Handlungsbedingungen konstituieren. Das Politikfeld Sozialpolitik ist zu groß, heterogen und unübersichtlich, um die „konkreten Inhalte(.), Determinanten und Wirkungen politischen Handelns" (Schubert und Bandelow 2009, S. 3) zu analysieren und für die Praxis des Lobbyings fruchtbar zu machen. Die Politikfeldanalyse identifiziert aufgrund dieser Problematik innerhalb der Politikfeldfamilie Sozialpolitik längst eine Reihe von Sub-Politikfeldern (Arbeitsmarktpolitik, Gesundheitspolitik, Pflegepolitik, Rentenpolitik etc.) mit spezifischen Problemstellungen, Interventionen, Akteuren, Institutionen und Prozessen.

Welche dieser (Sub-)Politikfelder bzw. Politikarenen lohnen nun aber eine detaillierte Analyse, weil dort die für die Soziale Arbeit besonders relevanten Inhalte politisch bearbeitet werden und die deshalb die Handlungsbedingungen des Soziallobbyings nachhaltig bestimmten? Das selbst ausgesprochen vage Konzept der Sozialwirtschaft ist hier nur bedingt hilfreich. Eine eindeutige, im wissenschaftlichen wie fachlichen Diskurs unumstrittene Bestimmung von Sozialwirtschaft gibt es nicht. Eine präzise abgegrenzte „‚Branche' Sozialwirtschaft" (Grunwald 2014, S. 36) ist nicht in Sicht. Allgemein lässt sich lediglich festhalten, dass es in der Sozialwirtschaft im engeren Sinne um die ‚Produktion' „sozialer und gesundheitsbezogener Dienstleistungen" (ebd.) geht. Es gilt also zu fragen, in welchen Politikbereichen (Politikfeldern) soziale und gesundheitliche Dienstleistungen geregelt werden. Für das Lobbying in der Sozialwirtschaft sind mithin insbesondere jene Politikbereiche relevant, in denen über die politischen Rahmenbedingungen zur Erbringung sozialer und gesundheitsbezogener Dienstleistungen entschieden wird: die Gesundheitspolitik (Abschn. 3.3.) (mit einem kurzen Exkurs zur sich erst in jüngster Zeit als eigenständiges Politikfeld konstituierenden **Pflegepolitik** (Kasten 4)) und die **Sozialarbeitspolitik** (Abschn. 3.2.). Während jedoch die Handlungsbedingungen auf dem Feld der Gesundheitspolitik eher den

Handlungsbedingungen in anderen Sub-Politikfeldern der Sozialpolitik entsprechen, werden die Besonderheiten des Soziallobbyings insbesondere im Feld der Sozialarbeitspolitik sichtbar. Die dort vorzufindenden Rahmenbedingungen für politisches Handeln unterscheiden sich, aufgrund der dort verhandelten Problemstellungen, Politikziele und Maßnahmen, signifikant von anderen sozialpolitischen Sub-Politikfeldern.

Gesundheitspolitik umfasst jene politischen Prozesse und Entscheidungen, die darauf gerichtet sind, allgemein verbindliche Regelungen und Maßnahmen zur Behandlung von Krankheit und zur Erhaltung der Gesundheit zu schaffen. Sozialarbeitspolitik gestaltet die Rahmenbedingungen zur Bearbeitung der Problemstellungen Sozialer Arbeit. Während aber Gesundheitspolitik in der Politikwissenschaft wie in der politischen Praxis unbestritten als eigenständiges Politikfeld eingeordnet und bearbeitet wird, gilt das für die „Sozialarbeitspolitik" (Rieger 2018, 2021) nicht. Eine „eigenständige Policy" bzw. ein „eigenständiges Politikfeld ‚Sozialarbeitspolitik'" (Güntner und Langer 2014, S. 242, 243) ist bislang weder in der Politikwissenschaft noch in der politischen Praxis etabliert. Soziale Arbeit erscheint hier bislang nicht als zusammenhängender Regelungsbereich. Im Regelungsbereich Sozialer Arbeit werden bisher kleinteilige Hilfepolitiken wie Altenhilfepolitik, Jugendhilfepolitik (Lindner und Pletzer 2017), Eingliederungspolitik, Sozialhilfepolitik, Drogenhilfepolitik, Arbeitslosen(hilfe)politik, Integrationspolitik (Dahme und Wohlfahrt 2011) als Politikfelder oder Politikarenen identifiziert.

Die kleinteilige Ausdifferenzierung in eine Vielzahl von Sub-Arenen, in denen die Politik Sozialer Arbeit (Benz et al. 2014) gestaltet wird, verstellt aber den Blick auf übergreifende Problemzusammenhänge, Lösungsstrategien und Instrumente sowie daran orientierte (bereichsspezifische) Akteurskonstellationen, Politikprozesse und Institutionen. Um den für das Soziallobbying insgesamt relevanten Politikbereich abzugrenzen und als Gegenstand von Forschung und Theoriebildung sichtbar wie zugänglich zu machen, ist es sinnvoll, das heuristische Konstrukt „Sozialarbeitspolitik" (Rieger 2021) einzuführen. Sozialarbeitspolitik bildet hier eine „Oberkategorie für eine Politikfeldfamilie" (Döhler 2015, S. 60). Als heuristisches Konzept lenkt Sozialarbeitspolitik den Blick auf die inhaltlichen Gemeinsamkeiten all der diversen sozial(arbeits)politischen Subarenen, in denen Soziale Arbeit reguliert wie gestaltet wird, und macht Unterschiede zu den generalisierten Sicherungssystemen (der Gesundheitspolitik, der Rentenpolitik, der Familienpolitik usw.), den dort mit spezifischen Mitteln und Instrumenten bearbeiteten Lebensstandardrisiken sowie den dort vorherrschenden Modi der Interessenartikulation und Interessendurchsetzung kenntlich.

Sozialarbeitspolitik bezeichnet jenen Politikbereich, in dem es darum geht, die Rahmenbedingungen für soziale Dienstleistungen festzulegen, die darauf gerichtet sind, Menschen in spezifischen Notlagen zu unterstützen, ihren Alltag (wieder) zu bewältigen, am gesellschaftlichen Leben teilhaben zu können oder präventiv Exklusionsprozesse zu verhindern (Soziale Arbeit). Dabei ist Sozialarbeitspolitik ein höchst komplexes, in viele Teilbereiche gegliedertes Feld. Zu nennen wären hier insbesondere die Jugendhilfepolitik, die Sozialhilfepolitik, die Eingliederungspolitik, die Arbeitslosen(hilfe)politik oder noch kleinteiliger: Drogenhilfepolitik, Altenhilfepolitik, Wohnsitzlosenpolitik, Erziehungshilfepolitik usw. In all der Unterschiedlichkeit hinsichtlich Klientel, Problemstellung, methodischem Arbeiten, beteiligten Professionen und Organisationen zeigen sich aber strukturell ähnliche Herausforderungen für die dortige Lobbyarbeit, ihre zentralen Akteure, ihre Strategien und Methoden sowie ihre Chancen und Hindernisse. Gleichzeitig unterscheiden sich die dortigen Bedingungen signifikant von den Bedingungen im Bereich der Gesundheitspolitik, sodass es gerechtfertigt erscheint, Gesundheitspolitik und Sozialarbeitspolitik als maßgebliche Untersuchungsbereiche zu bestimmen, um Soziallobbying in seinen grundsätzlichen Handlungsbedingungen und spezifischen Herausforderungen besser einordnen und verstehen zu können.

3.2 Lobbying in den Arenen der Sozialarbeitspolitik

Während Gesundheitspolitik als ein inhaltlich klar bestimmter und eindeutig gegen andere Sub-Politikfelder der Sozialpolitik abgegrenzter Politikbereich erscheint, gilt dies für den Bereich Sozialer Arbeit nicht. Gesundheitspolitik wird in der Politikwissenschaft wie in der politischen Praxis als eigenständiges Politikfeld wahrgenommen und beforscht. Der Herstellung gesundheitsbezogener Dienstleistungen ist ein (relativ klar) abgegrenzter Politikbereich zugeordnet, in dem Problemstellungen im Zusammenhang von Krankheit und Gesundheit verhandelt und geregelt werden. Für die Bereitstellung sozialer Dienstleistungen ist das nicht der Fall. Hier erscheint ein bunter Flickenteppich kleinteiliger Politikbereiche. Orientiert an gesetzlich definierten Leistungsbereichen können insbesondere die Jugendhilfepolitik (SGB VIII), Sozialhilfepolitik (SGB XII), Eingliederungspolitik (SGB XI) oder Arbeitslosen(hilfe)politik (SGB XII) unterschieden werden. In der politikfeldorientierten Forschung werden darüber hinaus aber auch Politikarenen wie die Drogenhilfepolitik/Suchtpolitik (Raiser 2018), die Wohnungslosenpolitik (Busch-Geertsema 2012), die Fremdplatzierungspolitik (Knuth 2008), die (kommunale) Flüchtlingspolitik (Schammann und Kühn 2016) usw. als Untersuchungsgegenstände identifiziert.

Zwar gibt es unter den Überschriften „Soziale Dienstleistungspolitik" (Dahme und Wohlfahrt 2015) und „Kommunale Sozialpolitik" (Dahme und Wohlfahrt

2011; Grohs und Reiter 2014) Versuche, diesen unübersichtlichen Bereich auf den politischen Begriff zu bringen. Diese Versuche werden aber von den Autoren selbst als unbefriedigend empfunden und konnten sich entweder (soziale Dienstleistungspolitik) nicht durchsetzen oder sind (kommunale Sozialpolitik) zu sehr auf eine Ebene der Sozialarbeitspolitik fixiert. Weiterhin kennt weder die politische Praxis noch die Politikwissenschaft ein heuristisches Konstrukt, das die unterschiedlichen Bereiche der Jugendhilfepolitik (SGB VIII), Sozialhilfepolitik (SGB XII), Eingliederungspolitik (SGB XI) oder Arbeitslosen(hilfe)politik (SGB XII) auf einen gemeinsamen Nenner bringt.

Es macht jedoch durchaus Sinn und erweist es sich als heuristisch wertvoll, ein die unterschiedlichen Hilfepolitiken umfassendes Meta-Politikfeld „Sozialarbeitspolitik" (Rieger 2013) einzuführen, weil in diesem auf den ersten Blick überaus kleinteiligen, zersplitterten und unübersichtlichen Politikbereich strukturell ähnliche Handlungsbedingungen für politisches Handeln im Allgemeinen und Lobbying im Besonderen gegeben sind. Zwar kann mit Blick auf Sozialarbeitspolitik nicht von einem gemeinhin ein Politikfeld definierenden, gemeinsamen „Problemverarbeitungszusammenhang" (Schneider und Janning 2006, S. 64 ff.) ausgegangen werden. Dazu sind die genannten Sozialen Dienstleistungspolitiken in ihren Problemen, Aufgaben und Lösungsalternativen zu spezialisiert. Festzustellen ist aber, dass dieser Politikbereich Gemeinsamkeiten aufweist, der ihn gegenüber allen anderen Subpolitikfeldern der Sozialpolitik besondert. Es handelt sich mithin um eine „Oberkategorie für eine **Politikfeldfamilie**, deren Verwandtschaft" (Döhler 2015, S. 60; Herv. GR) sich im gemeinsamen Thema (die Bereitstellung der Hilfeform Soziale Arbeit) ebenso zeigt, wie in seinen (familien-)ähnlichen institutionellen Rahmenbedingungen, Akteurskonstellationen sowie typischen Formen der Interessenorganisation und Interessendurchsetzung – welche sich in all diesen Punkten gleichzeitig signifikant von den Bedingungen in anderen Sub-Politikfeldern der Sozialpolitik (Arbeitsmarktpolitik, Familienpolitik, Gesundheitspolitik, Rentenpolitik usw.) unterscheiden (vgl. Abb. 3.1).

In all diesen sich familienähnlich zeigenden, politischen Arenen wird Soziale Arbeit gestaltet. Es geht darum, personenbezogene soziale Dienstleistungen anzubieten, die beratend, beschaffend, betreuend, fürsprechend, erziehend oder bildend dazu beitragen, Menschen in individuellen Notlagen zu unterstützen, um ihre Probleme des Zurechtkommens im Alltag zu bewältigen und (wieder) selbstständig am gesellschaftlichen Leben teilzuhaben, ohne dass dabei (entgegen der Tradition der Fürsorge) ihr Status und ihre Würde als Bürger*in angetastet oder gefährdet wird. Es geht um die politische Gestaltung Sozialer Arbeit. Politik muss hier eine spezifische gesellschaftliche Problemstellung bearbeiten und bedient sich dabei der Sozialen Arbeit als sozialpolitischer Interventionsform.

3.2 Lobbying in den Arenen der Sozialarbeitspolitik

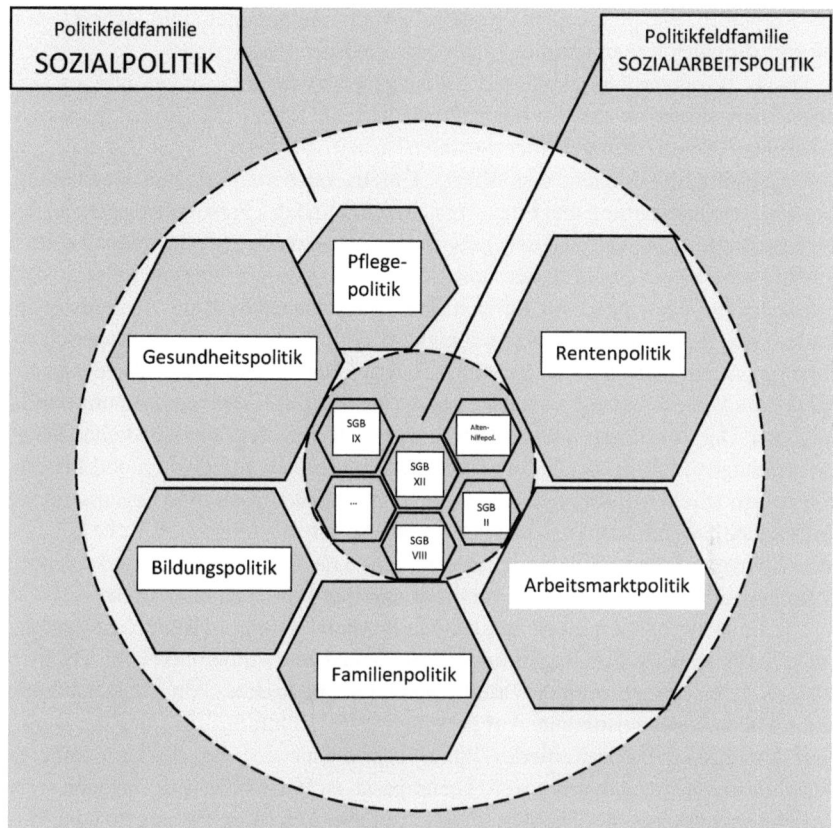

Abb. 3.1 Politikfeldfamilien Sozialpolitik und Sozialarbeitspolitik. (Eigene Darstellung)

Während der moderne demokratische Sozialstaat in der Tradition der Arbeiterpolitik seit dem ausgehenden 19 Jahrhundert (Leibfried und Tennstedt 1985a) ein umfassendes zunehmend alle Bürger*innen einbeziehendes, soziales Sicherungssystem geschaffen hat, das darauf gerichtet ist, eine planbare bürgerliche Normalexistenz in einer lohnarbeitszentrierten, hoch individualisierten Gesellschaft über generalisierte Geld und Sachleistungen zu ermöglichen, bleibt das – traditionell in der Armen- bzw. Fürsorgepolitik beheimatete – Problem, wie Menschen, die den in einer Gesellschaft vorherrschenden Integrationsmodi nicht (nicht mehr oder noch nicht) entsprechen können (oder wollen), ein der Menschenwürde und dem Status als Bürger*in entsprechendes, gesellschaftlich anerkanntes und akzeptiertes, selbstbestimmtes Leben möglich bleibt bzw. eröffnet wird.

Dieses Bezugsproblem kann nicht über generalisierte Leistungen und als Vorsorge angegangen werden, sondern wird über die Interventionsform personenbezogener Dienstleistungen (der Sozialen Arbeit) bearbeitet. Während das Versicherungsprinzip (Krankenversicherung, Unfallversicherung, Rentenversicherung, Arbeitslosenversicherung und Pflegeversicherung) und das Versorgungsprinzip (Beamtenversorgung, Kindergeld usw.) sowie die daran geknüpften entpersonalisierten, generalisierten Leistungen in den quantitativ bedeutendsten Bereichen der Sozialpolitik leitend sind, prägt im Bereich der Sozialarbeitspolitik das individualisierende, auf Einzelfallhilfe, Nachrangigkeit und Bedarfsprüfung ausgerichtete Fürsorgeprinzip das soziale Leistungssystem. Hier dominieren die personenbezogenen Dienstleistungen – auch dort, wo sie mit Geld- und Sachleistungen einhergehen. Der Sozialstaat interveniert pädagogisch, weil die Zuteilung generalisierter Leistungen nicht ausreicht, um Exklusionsdynamiken aufzuhalten und Integration zu ermöglichen. Es braucht eine Profession (Soziale Arbeit) und Organisationen (Sozialer Arbeit) mit dem paradoxen Auftrag, Menschen an eine spezifische Lebensform (lohnarbeitszentriert, individualisiert, demokratisch) anzupassen und dabei ihr Selbstbestimmungsrecht nicht zu verletzen und ihre Würde zu respektieren.

Die Besonderheit der zu bewältigenden Probleme in diesen Bereichen benötigt und schafft spezifische „Regelungsanforderungen und -möglichkeiten" (Heinelt 2009, S. 121). Heinelt zeigt dies am Beispiel des Gegensatzes von Alterssicherung und sozialen Dienstleistungen: Auf der einen Seite „Zentralisierung und die Dominanz konditional programmierter Policy-Instrumente …, die die unmittelbaren Policy-Adressaten … in einer weitgehend passiven Rolle belassen. Dagegen wäre im Falle sozialpolitischer Dienstleistungen auf eine Dezentralisierung und das Vorherrschen final orientierter Problemlösungsformen sowie die Notwendigkeit einer Mitwirkung der Policy-Adressaten zu verweisen" (ebd.).

Weil in der Ko-Produktion Sozialer Hilfe stets „Personenveränderung" (Weber und Hillebrandt 1999, S. 139, 175) und erhebliche Eingriffe in die Lebensführung der Bürger*in auf dem Spiel stehen, bedarf diese Politik besonderer fachlicher, ethischer Legitimation, wie sie im Allgemeinen über die Etablierung einer Profession[2] geleistet werden kann. „Das mit der Pädagogisierung der Hilfe einhergehende Postulat zur Personenveränderung ist im Funktionssystem Politik nur schwer anschlussfähig. Aus systemtheoretischer Perspektive und mit zeitlicher Distanz zu

---

[2] Eine Profession, welche die notwendig offen und unterbestimmt gehaltenen, politischen Vorgaben (in und mit ihren Organisationen) selbstbestimmt anhand professioneller, fachlicher wie ethischer Standards und wissenschaftlichem Wissen ausführt.

3.2 Lobbying in den Arenen der Sozialarbeitspolitik

den Ereignissen in der Weimarer Republik lässt sich sagen: Personenveränderung ist ein gefährliches Ziel, das sich vor allem das Politiksystem nur unter Inkaufnahme des schwerwiegenden Verdachts der Manipulation der Bevölkerung programmatisch zuschreiben kann" (Weber und Hillebrandt 1999, S. 139). Und selbst dort, wo Politik ausreichend legitimiert erscheint, fehlen ihr die **Technologien**, Politik bewegt sich hier mit Luhmann gesprochen „an den Grenzen dessen, was mit dem politischen Mittel der bindenden Entscheidung noch" (ebd.) gestaltet werden kann. Politik kann in diesem Feld nur „Rahmenbedingungen" (ebd., S. 175) setzen. Die speziellen Herausforderungen, mit denen Politik für alle Bereiche Sozialer Arbeit (von der Jugendhilfe bis zur Altenhilfe, bei der Wohnungslosenhilfe, Bewährungshilfe oder der Drogenhilfe, der Sozialhilfe oder Arbeitslosenhilfe, bei der Eingliederungshilfe oder der Flüchtlingshilfe) konfrontiert ist, erzeugen spezifische Interessenlagen, weshalb sich bereichsübergreifend verwandte institutionelle Rahmenbedingungen, Akteurskonstellationen und Prozesse der Interessenartikulation und Interessendurchsetzung etabliert haben.

Die Politikfeldfamilie Sozialarbeitspolitik kennzeichnet:

- **Sozialarbeitspolitik ist wesentlich auf kommunaler Ebene institutionalisiert.** Zwar sind die hier in Frage stehenden Politikbereiche der Arbeitslosenhilfe (SGB II (Grundsicherung für Arbeitsuchende; Bürgergeld), Eingliederungshilfe (SGB XII und SGB IX), Jugendhilfe (SGB VIII) Sozialhilfe (SGB XII; Asylbewerberleistungsgesetz AsylbLG)) durch Bundesgesetze geregelt und ist insofern für grundlegende Reformen die bundesstaatliche Ebene zu adressieren, aber der kommunalen Ebene verbleiben weitreichende Zuständigkeiten und Handlungsspielräume. Als örtliche Träger obliegt ihnen die Garantenpflicht für die Bereitstellung spezifischer Leistungen und sie haben erheblichen Gestaltungsspielraum bei der Erbringung dieser Leistungen (Organisation der Sozialverwaltung, Einhaltung und Kontrolle fachlicher Standards, Gestaltung der sozialen Infrastruktur in der Zusammenarbeit freier und öffentlicher Träger usw.). Diese fallen als Pflichtaufgaben des eigenen Wirkungskreises unter den grundgesetzlichen Schutz kommunaler Selbstverwaltung (Art. 28 GG) und können (bei fehlenden gesetzlichen Regelungen und entsprechenden finanziellen Möglichkeiten) jederzeit durch freiwillige Leistungen ergänzt werden. Die für den Erfolg von Politiken wesentliche Phase der Umsetzung (Implementationsphase) hängt von kommunalpolitischen Prozessen ab und wichtige sozialarbeitspolitische Innovationen werden immer wieder durch Initiativen (auf der Basis freiwilliger Leistungen im Rahmen der kommunalen Allzuständigkeit) auf kommunaler Ebene angestoßen. Für die konkrete Gestaltung von Sozialarbeitspolitik ist die Ebene der Kommunalpolitik zu adressieren.

Die besondere Zuständigkeit der Kommunen für die Gestaltung und Erbringung der Leistungen Sozialer Arbeit ist das Ergebnis der sich mit der Entstehung des modernen Wohlfahrtsstaats vollziehenden Trennung zwischen „Armenpolitik und Arbeiterpolitik" (Leibfried und Tennstedt 1985b). Während mit Einführung des Bismarck'schen Sozialversicherungssystems in den 1880er-Jahren eine nach Leistungstiefe (Generosität) und Umfang (mit Blick auf berücksichtigte Risiken und einbezogene Bevölkerungsgruppen) ständig wachsende, nationalstaatlich organisierte Sozialpolitik zur Ermöglichung und Absicherung lohnarbeitszentrierter Existenz(en) entsteht, verbleibt die Armenpolitik (zumindest was Bereitstellung und Ausführung betrifft) in der Zuständigkeit der Kommunen. Im modernen Sozialstaat besteht die ältere „seit dem Mittelalter herausgebildet(e)" „Fürsorgekonfiguration" (Castel 2000, S. 31) fort. In der „Zone der Fürsorge" (ebd., S. 260; im franz. Orig. „zone d'assistance") geht es um jene „Entkoppelten"[3] am Rande der Gesellschaft, die den in einer Gesellschaft vorherrschenden Integrationsmodi nicht (oder noch nicht) entsprechen können (oder wollen). Die von der Arbeiterfrage geprägte soziale Frage und die auf sie bezogene Entwicklung des modernen Sozialstaats erfasst zwar seit dem 20. Jahrhundert auch den Bereich der Fürsorge, macht ihn aber keinesfalls überflüssig. „Im Fahrwasser der Zentralisierung und Systematisierung der Daseinsvorsorge für Lohnarbeiter kristallisiert und strukturiert sich auch die kommunale Armenpflege. Es bilden sich systematische und einheitliche Kategorien und Kriterien aus, nach denen soziale Hilfe geleistet wird" (Weber und Hillebrandt 1999, S. 95). Mehr und mehr erhalten auch Fürsorgeleistungen den Charakter staatlich garantierter Leistungen mit Rechtsanspruch. „Soziale Hilfe etabliert sich als erwartbare Leistung, die allen zusteht, die eine entsprechende Bedarfslage nachweisen können" (ebd., S. 101). Auch Fürsorgeleistungen „werden im Umfeld der Politik (zunehmend) mit dem Zweck legitimiert, einen autonomen Bürgerstatus zu sichern" (ebd., S. 95; mit Bezug auf Habermas 1992, S. 303 f.).

„Armenpflege" wird damit als „Fürsorgepolitik" Teil staatlicher Sozialpolitik. Das Fürsorgesystem (bei Weber und Hillebrandt 1999: „Soziale Hilfe") bleibt aber ein eigenständiger, von der Politik zu regelnder Leistungsbereich, der als Bezugsproblem die individuelle Bedürftigkeit in der Lebensführung hat und dessen materielle Leistungen zunehmend mit personengebundenen Dienstleistungen zur „Personenveränderung" (ebd., S. 134) gekoppelt werden. „Parallel zum Auf- und Ausbau der Arbeiterversicherung wurde die Armenfürsorge …

---

[3] Vgl. Castel (2000), der den Begriff der Entkopplung gegenüber dem heute favorisierten Begriff der Exklusion bevorzugt.

selbst zum Gegenstand weitreichender Reformen, die den Dienstleistungscharakter kommunaler Fürsorge zunehmend in den Mittelpunkt rückten" (Sachße und Tennstedt 1991, S. 411). Sachße und Tennstedt beobachten dabei bereits für die Weimarer Republik einen „Ausdifferenzierungsprozeß" (ebd., S. 419) mit der „Herausbildung besonderer Zweige der Gesundheits-, Jugend-, Wohnungs- und Erwerbslosenfürsorge neben und außerhalb der klassischen Armenfürsorge" (ebd.) mit „Merkmale(n) der Rationalisierung, Bürokratisierung, Professionalisierung und Verwissenschaftlichung" (ebd., S. 411). Im Nachkriegsdeutschland erfolgt dann die sukzessive Weiterentwicklung des obrigkeitsstaatlichen, paternalistischen Fürsorgesystems zu einer demokratie- und bürgerrechtsorientierten Sozialen Arbeit.

- **Sozialarbeitspolitik ist geprägt von einer spezifischen Akteurskonstellation:** a) der einzigartigen Stellung der Wohlfahrtsverbände, b) der Kommunen als Leistungsträger, Leistungserbringer und Lobbyisten sowie c) der „schwachen Interessen" (Toens/Benz 2019) der adressierten Klientel.

  a) **Wohlfahrtsverbände sind ebenso traditionsreiche wie ressourcenstarke und im internationalen Vergleich wohlfahrtsstaatlicher Regime einzigartige Akteure** (Backhaus-Maul 2000; Boeßenecker und Vilain 2013). Die sechs staatlich anerkannten Spitzenverbände der freien Wohlfahrtspflege in Deutschland (Arbeiterwohlfahrt (AWO), Caritas (DCV), Diakonisches Werk der Evangelischen Kirche in Deutschland (DW EKD), Der PARITÄTISCHE Gesamtverband, Deutsches Rotes Kreuz (DRK), Zentralwohlfahrtsstelle der Juden in Deutschland (ZWST)) beschäftigen in ihren rund 120.000 Einrichtungen und Diensten rund 1,9 Mio. Menschen in Voll- (58 %) bzw. Teilzeit (42 %) und melden geschätzte 3 Mio. Bürger*innen, die sich in ihren Einrichtungen und Selbsthilfegruppen freiwillig engagieren (BAGFW 2018, S. 6). Ergänzend zur kommunalen Sozialverwaltung (öffentliche Träger) sind sie (als freie Träger) mit ihren von den lokalen Mitgliedsorganisationen unterhaltenen stationären/teilstationären Einrichtungen und ambulanten Diensten die dominanten Anbieter sozialer Dienstleistungen in der kommunalen Daseinsvorsorge. Sie sind insofern unverzichtbar für die Umsetzung (Implementation) sozialer Dienstleistungspolitiken und prägend für die Gestaltung Sozialer Arbeit in kommunalen Wohlfahrtsarrangements.

    – **Wohlfahrtsverbände sind Organisationskonglomerate.** Wohlfahrtsverbände sind in ihrer Gesamtheit höchst komplexe Organisationsgeflechte (Boeßenecker und Vilain 2013, S. 48). Ihre Basis sind die (zumeist) lokalen Trägerorganisationen und ihre Einrichtungen und Dienste. Als Rechtsformen der unterschiedlichen Verbandsgliederungen und Organisationen finden sich Vereine, Stiftungen, gGmbHs, Orden usw.

Die lokal operierenden Orts-, Kreis- oder Bezirksverbände wiederum sind überregional in Landesverbände (bzw. landeskirchlichen Einheiten (Diakonie) bzw. Diözesen (Caritas)) integriert und schließlich in einem Bundesverband (Spitzenverband) zusammengeschlossen. Die überregionalen Zusammenschlüsse erfüllen innerverbandliche Servicefunktionen für die Mitgliedsorganisationen (rechtliche und organisatorische Beratung, Qualitätsentwicklung, Planung, Monitoring und innerverbandliche Meinungsbildung sowie politische Willensbildung) und vertreten den Verband auf den unterschiedlichen politischen Ebenen nach außen. Mit ihren regionalen und überregionalen Verbandsgliederungen sind die Wohlfahrtsverbände auf allen politischen Ebenen (Kommune, Land, Bund, z. T. EU) als Interessenvertreter präsent.

- **Wohlfahrtsverbände als multifunktionale (hybride) Organisationen.** Die Wohlfahrtsverbände verstehen sich aber nicht nur als soziale Dienstleister und Lobbyisten für ihre Einrichtungen und die von ihnen angebotenen Dienste, wie es privatwirtschaftliche Unternehmensvertretungen tun würden. Ihre Einzigartigkeit beruht auf ihrer Multifunktionalität. Sie sind multifunktionale Organisationen, „die nicht nur vielfältige soziale und gesundheitsbezogene Dienstleistungen erbringen, sondern auch die Interessen sozial benachteiligter Gruppen in politischen Kontexten vertreten, demokratische Partizipation fördern und aufgrund ihres gemeinwohlorientierten Handelns ehrenamtliches Engagement mobilisieren und koordinieren" (Rada und Stahlmann 2017, S. 1). Die Wohlfahrtsverbände definieren sich zugleich über ihre Funktion als **Dienstleister**, **Anwalt** und **Solidaritätsstifter**. Sie verstehen sich als Anbieter von Sozialen Dienstleistungen, deren fachliche wie wirtschaftliche Interessen sie gegenüber der Politik zu vertreten haben, als advokatorische Interessenvertreter sozial benachteiligter Gruppen und als zivilgesellschaftliche Akteure, die entsprechend ihrer jeweiligen, aus den Gründungsidealen folgenden Wertorientierung (Nächstenliebe, demokratischer Sozialismus, Pluralität, Toleranz, Menschlichkeit) für Gemeinwohlorientierung und Solidarität eintreten und gesellschaftlichen Zusammenhalt (Kohäsion) gestalten wollen. Diese Multifunktionalität verschafft den Wohlfahrtsverbänden als Lobbyorganisationen einerseits hohe Legitimität, bedarf aber stets des mühevollen Austarierens und reflexiven Integrierens, denn die mit der Funktionstrias verbundenen Ansprüche, Anliegen und Ziele stehen in einem durchaus spannungsreichen Verhältnis.
- **Wohlfahrtsverbände zwischen Korporatismus und Lobbyismus.** Die am sozialstaatlichen Gestaltungsprinzip der Subsidiarität orientierte

rechtliche Sonderstellung und wirtschaftliche Begünstigung als gemeinnützige Organisationen (vgl. § 52 Abgabenordnung AO) führte seit den 1970er-Jahren „zu einem verbändezentrierten Ausbau sozialer Dienste, aus der heraus immer stärker eine Vorrangstellung der frei-gemeinnützigen Verbände abgeleitet wurde" (Boeßenecker und Vilain 2013, S. 31). Die historisch gewachsene und mit dem forcierten Ausbau sozialer Dienste verstärkte wechselseitige Abhängigkeit zwischen den Wohlfahrtsverbänden als freien und den Kommunen (Kreisen und kreisfreien Städten) als öffentlichen Trägern der Sozialen Arbeit zeigt sich auch darin, dass die verbandlichen Akteure auf allen Ebenen und allen Phasen des politischen Prozesses inkorporiert wurden (Backhaus-Maul 2000, S. 23). Als Partner des Wohlfahrtskorporatismus (vgl. Fehmel 2019, S. 165–182) sind die Verbände nicht nur privilegierte Anbieter sozialer Dienstleistungen, sondern gestalten über personale und institutionelle Einbindungen in politische Aushandlungsprozesse auch maßgeblich ihre eigenen finanziellen und rechtlichen wie fachlichen Handlungsbedingungen mit. Entsprechend wurde den Wohlfahrtsverbänden seit den 1990 Jahren vorgeworfen, dass sie als „Wohlfahrtskartelle" bürokratisch verkrustet und exklusiv gegenüber neuen, verbandlich ungebundenen Initiativen und Trägern seien sowie in unangemessener, d. h. demokratisch nicht legitimierter Weise über ihre eigenen Bedarfe entschieden und auf diese Weise die ungebremste, kostspielige Expansion sozialer Leistungen vorantrieben.

Angesichts neoliberaler Sozialstaatskritik und neuer Konzepte eines aktivierenden bzw. investiven Sozialstaats wurden daraufhin privatwirtschaftliche Anbieter in sozialgesetzlichen Reformen zunehmend der freien Wohlfahrtspflege gleichgestellt und wurde im Zuge kommunaler Verwaltungsreformen der Neuen Steuerung (New Public Management) die Ökonomisierung Sozialer Arbeit (Kontraktmanagement, Qualitätssicherung, Leistungsentgelte statt Zuschüsse usw.) vorangetrieben. Dies führt zwar weder zur Abschaffung der Privilegien der freien Wohlfahrtspflege noch zum Verschwinden korporatistischer Strukturen und Aushandlungsprozesse, bedingt aber, dass sich die Wohlfahrtsverbände mit ihren Einrichtungen und Diensten mehr und mehr als Konkurrenten bzw. Koopkurrenten (Schönig 2015) am Markt sehen und ihr politisches Handeln stärker als von außen an die Politik heranzutragendes Lobbying begreifen müssen. Dies aber verstärkt das bereits angedeutete aus ihrer Multifunktionalität resultierende Lobbydilemma (vgl. Abschn. 3.4): Als sozialwirtschaftliche Unternehmen werben sie für ihre Angebote und lobbyieren sie für günstige rechtliche wie finanzielle Rahmenbedingungen zu deren Aufrechterhaltung und Ausbau. Gleichzeitig müssen sie, um ihre Sonderstellung und Legitimation zu behalten, weiterhin als Sozialanwälte und Solidaritätsstifter auftreten. Gelingt die Integration der unterschiedlichen Rollen nicht, beeinträchtigt dies ihre Glaubwürdigkeit in jeder Hinsicht und schwächt ihre Argumentationsmacht (Nullmeier 2000) in die eine oder andere Richtung (mehr dazu im folgenden Kapitel).

- **Gesamtlobbyist Freie Wohlfahrtspflege.** Die Spitzenverbände der freien Wohlfahrtspflege agieren aber nicht nur eigenständig, je für sich als Lobbyisten, sondern verstehen sich gemeinsam als Gesamtlobbyist für die Sache der freien Wohlfahrtspflege. Entsprechende Bemühungen, als Gesamtlobbyist aufzutreten, reichen in die 1920er-Jahre der Weimarer Republik zurück und münden schließlich 1949 – jetzt auch unter Einschluss der AWO – in die Neugründung der Liga der Spitzenverbände der Freien Wohlfahrtspflege, die sich 1961 in die **Bundesarbeitsgemeinschaft der Freien Wohlfahrtspflege (BAGFW)** umbenennt und seit 1966 die Rechtsform eines eingetragenen Vereins angenommen hat (vgl. Boeßenecker und Vilain 2013, S. 41 f.).

Die BAGFW vertritt die „Gesamtinteressen der ‚Freien Wohlfahrtspflege' gegenüber Staat und Gesellschaft" (ebd., S. 42). Ihre Bundesgeschäftsstelle befindet sich (seit 2000) in Berlin und unterhält seit 1990 ein Europabüro in Brüssel. Entsprechende exklusive Zusammenschlüsse der sechs Spitzenverbände gibt es aber auch auf Landes- und kommunaler Ebene: „auf der Ebene der Bundesländer sind entsprechende Landesarbeitsgemeinschaften oder Landesligen tätig; auf der kommunalen Ebene bestehen örtliche Arbeitsgemeinschaften mit gleicher Zielsetzung" (ebd., S. 43). Dabei ist die BAGFW aufgrund der über ihre sechs Mitgliedsverbände repräsentierten, sozialwirtschaftlichen Bedeutung und fachlichen Expertise sowohl auf regionaler wie auf landespolitischer als auch auf bundespolitischer Ebene als zentraler Akteur in den Themenfeldern Sozialer Arbeit zu sehen. „Die Ausformung inhaltlicher Positionen erfolgt in Fachausschüssen, deren Vermittlung und Verbreitung in politischen Gesprächen, Tagungen und Fachveranstaltungen" (ebd., S. 42). Allerdings ist festzustellen, dass eine erfolgreiche Interessenvertretung durch die BAGFW stets einen Konsens zwischen den Spitzenverbänden erforderlich macht, was bei deren durchaus unterschiedlichen Werteorientierungen und Interessenlagen nicht einfach ist. Der BAGFW und ihren Pendants auf landespolitischer und kommunalpolitischer Ebene gelingt es aber dennoch regelmäßig, sich auf zentrale inhaltliche Positionen zu einigen und diese als Gesamtlobbyist zu vertreten.

3.2 Lobbying in den Arenen der Sozialarbeitspolitik

Dass die BAGFW „keineswegs nur allgemeine und formelhafte Ziele verfolgt, zeigt ihr politisches Agieren auf nationaler und europäischer Ebene. Deutlich werden vor allem drei miteinander verzahnte Handlungsstrategien. Dies sind zum einen sozialpolitische Stellungnahmen und Positionierungen zur Situation von unterschiedlichen Ziel-, Problem- und Klientengruppen der Sozialen Arbeit. Zum anderen handelt es sich um die politikberatende und beeinflussende Mitarbeit in staatlichen, halbstaatlichen und verbandlichen Gremien oder Facharbeitskreisen auf bundesrepublikanischer und europäischer Ebene. Zum dritten schließlich positioniert sich die BAGFW in Form von Kampagnen, Projekten, Veranstaltungen, Kongressen sowie der jährlichen Verleihung des Sozialpreises" (ebd., S. 44).

b) Zusammen mit den Wohlfahrtsverbänden sind es die **Kommunen**, welche die Akteurslandschaft auf dem Feld der Sozialarbeitspolitik prägen. Sie sind in den entsprechenden Sozialgesetzen als örtliche Träger bestimmt. Sie stehen vorrangig (Jugendhilfe (SGB VIII), Sozialhilfe (SGB XII), Asylbewerberleistungsgesetz (AsylbLG)) oder zusammen mit anderen (Rehabilitation und Teilhabe (SGB IX), Grundsicherung für Arbeitssuchende (SGB II)) in der Verantwortung, bestimmte Leistungen und Soziale Dienste zu garantieren. Mit ihren Sozialverwaltungen bieten sie selbst entsprechende Dienste an oder müssen, soweit sie diese Dienste orientiert am Subsidiaritätsprinzip an freigemeinnützige oder privatwirtschaftliche Leistungserbringer vergeben, diese über Leistungsentgelte und Zuschüsse als Kostenträger finanzieren und in ihrer Garantenstellung (Wächteramt) die Erbringung und Qualität der Leistungen kontrollieren. Den Kommunen sind diese Leistungen und Dienste zumeist als Pflichtaufgaben übertragen, die sie im eigenen Wirkungskreis im Rahmen ihres in Art. 28 Abs. 2 GG garantierten Selbstverwaltungsrechts erbringen. Sie haben insofern erheblichen planerischen, organisatorischen und personellen, politischen Spielraum, wie sie diese Leistungen im Rahmen der durch die Gesetze eingeräumten Spielräume, angepasst an die örtlichen Gegebenheiten, gestalten. Darüber hinaus können Kommunen jederzeit, soweit dem keine Gesetze entgegenstehen und sie im Rahmen ihrer Haushalte über die entsprechenden Mittel verfügen, angesichts ihrer Allzuständigkeit Initiativen, Projekte Maßnahmen zur Besserung der Lebenssituation ihrer Bürger*innen ergreifen (freiwillige Aufgaben).

Damit aber sind die Kommunen (hier insbesondere die Kreise und kreisfreien Städte) nicht nur die zentralen Kosten- und Leistungsträger. Sie haben auch ein vitales Interesse daran, dass ihre Interessen in den Gesetzgebungsprozessen der übergeordneten staatlichen Ebenen (Land, Bund) berücksichtigt werden. Da die Kommunen keine eigenständige Staatlichkeit besitzen und rechtlicher Bestandteil der Bundesländer sind, sind sie nicht in eigenen Staatsorganen (wie dem Bundesrat) auf den übergeordneten politischen Ebenen repräsentiert. Dieses Repräsentationsdefizit versuchen die Kommunen auszugleichen, indem sie sich auf Landes- und Bundesebene zu entsprechenden Interessenverbänden zusammengeschlossen haben. Auf Bundesebene sind das:

- der **Deutsche Landkreistag**: Zusammenschluss der Landkreistage der 13 Flächenstaaten (mit ihren insgesamt 294 Landkreisen) sowie der höheren Kommunalverbände (www.landkreistag.de),
- der **Deutsche Städtetag**: vertritt rund 3200 Städte über angeschlossene Mitgliedsverbände sowie 200 Städte als unmittelbare Mitglieder (www.staedtetag.de)
- sowie der **Deutsche Städte- und Gemeindebund**: Hier sind über 17 Mitgliedsverbände 11.000 große, mittlere und kleine Kommunen integriert (www.dstgb.de),
- die dann wiederum zur **Bundesvereinigung der kommunalen Spitzenverbände** zusammengeschlossen sind.

Diese Verbände existieren in der Rechtsform des eingetragenen Vereins und sehen ihre Hauptaufgabe in der Interessenvertretung der ihnen angeschlossenen Kommunen auf Landes-, Bundes- und Europaebene, der Öffentlichkeitsarbeit sowie im verbandsinternen Informations- und Erfahrungsaustausch. Themen und Positionen der kommunalen Sozialpolitik werden in entsprechenden Fachausschüssen für Soziales, Jugend und Familie entwickelt. Mit der Kommunalen Gemeinschaftsstelle für Verwaltungsmanagement (KGSt) (www.kgst.de) haben sich die Kommunen darüber hinaus einen eigenen Think Tank (Politik- und Organisationsberatungsinstitution) für Fragen der Verwaltungsorganisation und kommunales Management geschaffen, dem bspw. bei den Bemühungen zur Einführung der Neuen Steuerung (New Public Management) in den Kommunen eine zentrale Rolle zufiel.

Die Kommunen sind also einerseits auf der Ebene der Kommunalpolitik, wo sie mit freigemeinnützigen und privatwirtschaftlichen Trägern korporatistische, allerdings durch wirtschaftliche Regelungen und Strukturen ergänzte (hybridisierte/pluralisierte) Wohlfahrtsarrangements gestalten, **Adressaten des Soziallobbyings**. Andererseits agieren sie auf den übergeordneten Politikebenen selbst als **Lobbyisten**, denen es grundsätzlich darum geht, sich die Handlungsautonomie und Gestaltungfreiheit im Bereich kommunaler Sozialpolitik durch entsprechende gesetzliche Regelungen und vor allem angemessene Finanzierung (vertikaler und horizontaler Finanzausgleich, Prinzip der Konnexität etc.) zu sichern.

Schließlich sind die Kommunen über ihre Mitgliedsverbände teils aber auch direkt mit den Spitzenverbänden der freien Wohlfahrtspflege sowie weiteren Akteuren des Sozialen (Verwaltungs- und Sozialgerichte, Hochschulen, privat-gewerbliche soziale Träger und Einrichtungen, Stiftungen und Einzelpersonen) zum **Deutschen Verein für öffentliche und private Fürsorge (DV)** (www.deutscher-verein.de) zusammengeschlossen. Der bereits 1880 gegründete Verein mit rund 2000 Mitgliedern versteht sich insbesondere als professionelle Politikberatungsinstitution: „Mit unserer Erfahrung und Expertise begleiten und gestalten wir Kinder-, Jugend- und Familienpolitik, die Grundsicherungssysteme, die Altenhilfe, die Pflege und Rehabilitation, das bürgerschaftliche Engagement, die Planung und Steuerung der Sozialen Arbeit und der sozialen Dienste, sowie die Internationale (sic) und europäische Sozialpolitik und das Sozialrecht". Der Verein versteht sich als überparteilich, weltanschaulich neutral sowie konsensorientiert und will mit seinen Gutachten, Empfehlungen, Stellungnahmen, Publikationen und Fachveranstaltungen professionellen fachlichen und politischen Rat zur Verfügung stellen (www.deutscher-verein.de/de/wir-ueber-uns-1162.html).

c) Die betroffene Klientel im Bereich der Sozialarbeitspolitik tut sich schwer mit der Selbstvertretung ihrer Interessen. Diese gelten als **schwache Interessen** (Toens und Benz 2019). Als „schwaches Interesse" definieren Willems und von Winter (2000, S. 14) „eine relative Benachteiligung in der Interessenkonkurrenz, die aus einer Minderausstattung mit den für die Artikulations-, Organisations-, Mobilisierungs- und Durchsetzungsfähigkeit notwendigen sozialen Eigenschaften resultiert". Der für die Lebenslage der Klientel Sozialer Arbeit typische (materielle wie immaterielle) Ressourcenmangel und die durch unterschiedliche Faktoren (fehlende Homogenität und Konstanz der Gruppenzugehörigkeit, psychosoziale Belastungsfaktoren, fatalistischer, die eigene Selbstwirksamkeit verneinender Habitus, Stigmatisierung und Individualisierung der Problemlagen) bedingte mangelnde Gruppenidentität sowie daraus resultierendes fehlendes Interessenbewusstsein führen zu geringerer Organisations-, Konflikt- und Durchsetzungsfähigkeit der Betroffenen und ihrer Interessen. Gerade weil ihr Problem darin liegt, dass sie an der Teilhabe und Teilnahme an wichtigen gesellschaftlichen Bereichen gehindert oder gar ausgeschlossen sind, fehlt es ihnen einerseits an Organisationsressourcen und Leistungsverweigerungs- bzw. Drohpotenzial. Andererseits verstärken sich psychosoziale Belastungsfaktoren, mangelnde Erfahrung, im Alltag selbst etwas bewirken zu können, und gesellschaftliche

Statuszuweisung (Diskriminierung, Stigmatisierung) leicht zu einem Habitus der Abhängigkeit, der regelmäßig auch zu politischer Apathie führt. Die relative Schwäche in der Selbstvertretung der Betroffeneninteressen liegt auf der Hand. Allerdings zeigen sich bei spezifischen Adressat*innengruppen im Bereich der Sozialarbeitspolitik deutliche Unterschiede. Beispielhaft lässt sich das in der Gegenüberstellung von Behindertenhilfepolitik und Armenpolitik zeigen.

- **Sozialarbeitspolitik ist geprägt durch advokatorische Interessenvertretung.** Interessenvermittlung im Bereich der Sozialarbeitspolitik vollzieht sich „ganz überwiegend nach dem Modus der advokatorischen Transformation" (von Winter 1992, S. 416). Von Winter unterscheidet in seiner „Typologie der Interessentransformation" sozialpolitischer Interessen: „1. die direkte, 2. die advokatorische, 3. die professionspolitische, 4. die erwerbswirtschaftliche, 5. die wahlpolitische" (ebd., S. 402; vgl. auch Kasten 3). Auf den Feldern der Sozialarbeitspolitik spielt die direkte (wahlpolitische oder verbandspolitische) Interessenvertretung eine nachgeordnete Rolle. Die Selbstorganisation der Betroffenen (im gesamten Bereich der Sozialpolitik problematisch) ist auf dem Feld der Sozialarbeitspolitik besonders prekär. Selbstorganisation wird hier durch die vom Leistungssystem forcierte Individualisierung der Not- und Lebenslagen sowie dem potenziell stigmatisierenden Charakter der Hilfeleistungen und dem systemimmanenten Ressourcenmangel erschwert (Rieger 2012; Toens und Benz 2019). Wahlpolitisch spielen die Interessen der heterogenen Sozialarbeitsklientel bestenfalls eine marginale Rolle. Sie werden bei Wahlen von den Parteien kaum als relevante Zielgruppe wahrgenommen und die Betroffenen beteiligen sich aufgrund ihrer Problematiken und den damit verbundenen Ausschlussprozessen auch weit unterdurchschnittlich an Wahlen[4] (Bödeker 2012; Elsässer et al. 2016). Inwieweit Parteien solche Interessen über-

---

[4] Dies verhält sich im Bereich der Gesundheitspolitik grundlegend anders. Da in der Gesundheitspolitik Reformen stets große Bevölkerungsteile betreffen, steht zu erwarten, dass der Kanal der wahlpolitischen Interessenvertretung bedeutend ist. Parteien sind in ihrem Bestreben nach Stimmenmaximierung gezwungen, sich gesundheitspolitisch zu positionieren. Von ebenso großer Bedeutung ist in diesem Bereich aber auch die direkte Interessenrepräsentation durch die Gewerkschaften und Arbeitgeberorganisationen. Schließlich spielt der Mechanismus der erwerbswirtschaftlichen Interessenformulierung und Vermittlung eine erhebliche, im Zuge der Privatisierungsstrategie des aktivierenden Sozialstaatsmodells forcierte Rolle. Interessenlagen in der Gesundheitspolitik werden auch dadurch gestaltet, dass sich in diesem Bereich wirtschaftliche Gewinne erzielen lassen. Übergreifend ist festzuhalten, dass die Interessensphäre der Gesundheitspolitik ein Bereich der direkten Interessenvertretung ist (vgl. Abschn. 3.3.).

haupt aufgreifen, hängt stark von ihrer ideologischen Grundausrichtung und den ihren Hauptwählergruppen zugeschriebenen Einstellungen und Werten zusammen. Schließlich bleibt festzuhalten, dass Ökonomisierung der Sozialen Arbeit weiterhin wesentlich die Einführung von Sozialmanagementmethoden bei der Organisation sozialer Dienste und Hilfen meint. Gewinnorientierung und entsprechende (erwerbswirtschaftliche) Interessen (von Arbeitnehmer*innen und Arbeitgeber*innen) bleiben in diesem von öffentlichen (kommunalen) und frei-gemeinnützigen Anbietern dominierten Bereich nachgeordnet. Kennzeichnend für diesen Bereich bleibt die advokatorische Interessenvertretung. **Die Sphäre der Sozialarbeitspolitik ist eine Sphäre advokatorischer Politik.**

Kasten 3: Typologie der Interessentransformation

Direkte Interessentransformation meint die Selbstorganisation von Betroffenen in Initiativen, Vereinen und Verbänden. **Advokatorische Interessentransformation** meint die stellvertretende Interessenvertretung im Bereich der Sozialarbeitspolitik zumeist durch soziale Dienstleistungsanbieter und ihre (Wohlfahrts-)Verbände, durch Professionsverbände der Sozialen Arbeit (z. B. DBSH) oder rein advokatorische Verbände (z. B. Pro Asyl). Die **wahlpolitische** Interessentransformation meint Interessenvertretung durch die Teilnahme an Wahlen auf unterschiedlichen politischen Ebenen. Die Klientelen könnten „sich die Parteienkonkurrenz politisch zunutze machen, indem sie entweder ihr Stimmenpotential als Sanktionsmittel einsetzen oder vermittelt über die Öffentlichkeit das Stimmverhalten des Durchschnittswählers beeinflussen" (von Winter 1997, S. 123). Dies setzt aber „ein Minimum an Artikulationsfähigkeit ... und gruppenbezogener Interessenidentität" (ebd.) voraus. Nur so könnte ein „elektorales Drohpotential" (ebd., S. 124) entfaltet werden. „**Professionspolitische** Transformation bedeutet, daß bei der Verfolgung berufsbezogener Primärinteressen die klientelbezogene Interessenvertretung als ein Nebenprodukt anfällt" (ebd., S. 126; Herv. GR). Wobei es mit Blick auf die Profession Soziale Arbeit irreführend ist, von „Nebenprodukt" zu sprechen, denn advokatorisches, politisches und parteiliches Arbeiten ist ein Wesensmerkmal dieser Profession. „**Erwerbswirtschaftliche** Interessentransformation bezieht sich auf Handlungskalküle von Akteuren, deren primäres Ziel die Maximierung von Faktoreinkommen darstellt" (ebd., S. 127; Herv. GR).

Advokatorische Interessenvertretung reklamieren für sich insbesondere die Wohlfahrtsverbände und ihre Zusammenschlüsse in der typischen Mischung aus verbandspolitischen Eigeninteressen, fachlich begründeten professionspolitischen Interessen und dem anwaltschaftlichen Eintreten für Klientelinteressen. Für die sozialarbeitspolitisch advokatorische Interessentransformation spielen damit auch fachliche Diskurse (also die professionspolitische Interessentransformation) eine besondere Rolle.

Gleichzeitig fällt in diesem Bereich auch der öffentlichen Hand (Staat und Kommunen) eine advokatorische Rolle zu. Die zwar auch hier von fiskalischen Eigeninteressen und machtrelevanten Mehrheitsinteressen konterkariert wird, aber über die fachlichen Interessen der Sozialverwaltung (erneut Überschneidung mit professionspolitischer Transformation) und den sozialpolitischen Verfassungsauftrag präsent bleibt. Die advokatorische Rolle des Staates zeigt sich nicht zuletzt darin, dass im Bereich der Sozialarbeitspolitik die **verfassungsrechtliche, juristische Interessentransformation** eine bedeutende Rolle spielt. Weil es sich hier bei der Gestaltung der Hilfeleistungen immer auch um Fragen der Menschenwürde und des Bürgerstatus handelt, erweist sich insbesondere das Bundesverfassungsgericht (aber auch die Sozialgerichtsbarkeit insgesamt) als wichtiger Akteur, wenn es um grundlegende Reformen im Bereich der Sozialarbeitspolitik geht (vgl. beispielsweise BVG-Entscheidungen zu Resozialisierung, Regelsatz, Bildungs- und Teilhabegesetz). Hier erfolgt die Interessentransformation über Klagen und Gerichtsverfahren (Litigation).

3.3 Lobbying im Politikfeld Gesundheitspolitik

Gesundheitspolitik (Illing 2022; Loer 2022; Rosenbrock und Gerlinger 2023) meint jenen Teilbereich der Sozialpolitik in dem Ziele, Prinzipien und Maßnahmen zur Gesundheitsförderung der Bevölkerung gestaltet werden. Finanziert wesentlich durch das System der Krankenversicherungen und staatliche wie kommunale Haushaltsmittel, werden für die Behandlung von Krankheiten und Prävention jährlich ca. 395 Mrd. Euro (Sozialbudget 2021) aufgewandt. Rund 5,8 Mio. Menschen (einschließlich Altenpflege) sind damit beschäftigt, die entsprechenden gesundheitsbezogenen Dienstleistungen zur Verfügung zu stellen. Zweifellos handelt es sich hier um ein eigenständiges Politikfeld, in dem spezifische Problemstellungen (der Gesundheit und Krankheit), Akteure, Institutionen und Maßnahmen dauerhaft aufeinander bezogen sind. In diesem Politikbereich werden Probleme der Gesundheit und Krankheit in politische Probleme transformiert (**Politisierung**) und von auf diese Thematik spezialisierten Akteuren im Rahmen spezifischer institutioneller Gegebenheiten bearbeitet. Deutlich unterscheidet sich dieses sozialpolitische Subsystem von anderen sozialpolitischen Subsystemen wie der Familienpolitik, der Rentenpolitik oder der Arbeitsmarktpolitik **(Besonderung)** (Rieger 2020, S. 231).

Die im Politikfeld zu bearbeitenden Problemstellungen sowie die dafür notwendigen Programme und Maßnahmen (Policy) prägen, wie bereits festgestellt, die Art und Weise, wie im Politikfeld Politik gemacht wird, denn „**policies determine politics**" (Lowi 1972, S. 299; Herv. i. O.). Die Themen Gesundheit und Krankheit betreffen die gesamte Bevölkerung, die entstehenden Kosten werden insbesondere über das Solidarsystem der Krankenversicherungen (finanziert von Arbeitgeber*innen wie Arbeitnehmer*innen) getragen und die Definitionsmacht zu Krankheit und Gesundheit liegt wesentlich bei der Profession der Ärzt*innen. Entsprechend hat sich das deutsche Gesundheitswesen von Anfang an in Richtung eines neokorporatistischen Verhandlungssystems entwickelt. Mit Verweis auf Lehmbruch (1988) gilt „das deutsche Gesundheitswesen als Prototyp eines neokorporatistischen Verhandlungssystems" (Bandelow 2004, S. 49). Die als Selbstverwaltungskörperschaften organisierten Krankenkassen und ihre Verbände, die Ärzteverbände, Apothekerverbände sowie die Verbände der Krankenhausträger übernehmen dabei unter staatlicher Aufsicht zentrale politische Aufgaben der Ressourcenverteilung sowie der Festlegung und Sicherung von Qualitätsstandards. Die angesprochenen Verbände erfüllen die von Philippe Schmitter (1979) festgelegten Kriterien korporatistischer Akteure. Es handelt sich um eine kleine Zahl „monopolistischer, funktional differenzierter Zwangsverbände mit (weitgehendem) Repräsentationsmonopol, staatlicher Anerkennung und hierarchischer Struktur" (ebd.). Paradigmatische Beispiele für die (neo-)korporatistische politische Steuerung im Gesundheitswesen sind die **Konzertierte Aktion im Gesundheitswesen** und der **Gemeinsame Bundesausschuss**.

Die Konzertierte Aktion im Gesundheitswesen (KAiG) war im Rahmen der Kostendämpfungspolitik mit dem Krankenkassen-Kostendämpfungsgesetz (KVKG) 1977 geschaffen worden. Es ging dabei wesentlich darum, die relevanten Akteure im Gesundheitswesen auf gemeinsame Anstrengungen zur Kostendämpfung zu verpflichten. Das Gremium sollte hierzu gemeinsam erarbeitete Empfehlungen zur Kostenreduktion (bei den Krankenkassen) und Strukturreformen erarbeiten. „Stimmberechtigte Teilnehmer waren zunächst die Bundesverbände der Krankenkassen, die Körperschaften der Ärzte und Zahnärzte, die Deutsche Krankenhausgesellschaft, die Bundesvereinigung Deutscher Apothekerverbände, die Bundesverbände der Pharmaindustrie, die Tarifparteien und staatliche Akteure aus Bundesländern und Kommunen" (Bandelow 2004, S. 21). Später wurden Behinderten- und Verbraucherverbände sowie die Pflegeberufe und weitere Leistungsanbieter mit hinzugezogen. Allerdings erwies sich das Gremium zunehmend als unfähig, gemeinsame Vorschläge zur Kostendämpfung zu erarbeiten. Insbesondere das Erfordernis, Empfehlungen einstimmig zu verabschieden, führte zu Blockaden, sodass das Gremium stetig an Bedeutung verlor und seit 1994 nicht mehr tagte; förmlich abgeschafft wurde es 2003.

Der Gemeinsame Bundesausschuss (G-BA) wurde 2004 durch das Gesetz zur Modernisierung der gesetzlichen Krankenversicherung ins Leben gerufen. Allerdings gab es diese Form der Institutionalisierung eines korporatistischen Aushandlungssystems im Gesundheitswesen schon durch die Vorläuferorganisationen der Bundesausschüsse für Ärzte respektive Zahnärzte und Krankenkassen, dem Ausschuss Krankenhaus sowie dem Koordinierungsausschuss. Der G-BA „ist ein Gremium, das sich aus Vertretern der für die Gesundheitsversorgung verantwortlichen Kostenträger (gesetzliche Krankenkassen) und Leistungserbringer (Krankenhäuser, niedergelassene Ärzte/Psychotherapeuten und Zahnärzte) sowie mitberatenden Patientenvertretern zusammensetzt". Aufgabe des G-BA ist es festzulegen, „was im Einzelnen unter einer zweckmäßigen und wirtschaftlichen Gesundheitsversorgung, wie sie im Gesetz (SGB V (GR)) beschrieben wird, zu verstehen ist. Damit er rechtsverbindlich den Leistungsanspruch der gesetzlich Krankenversicherten fest. Zudem sorgt er dafür, dass Patientinnen und Patienten nach dem aktuellen Stand der medizinischen Erkenntnisse behandelt und untersucht werden. Bei seinen Entscheidungen stützt sich der G-BA auf zuvor durchgeführte wissenschaftliche Bewertungen" (G-BA Infobroschüre 2018, S. 6).

Abb. 3.2 zeigt die Gremienstruktur des G-BA. Im G-BA sind vertreten: auf Seiten der Kostenträger der Spitzenverband der Gesetzlichen Krankenversicherungen (GKV-SV) mit fünf Mitgliedern, auf der Seite der Leistungserbringer die Deutsche Krankenhausgesellschaft (DKG), die Kassenärztliche Bundesvereinigung (KBV) sowie die Kassenzahnärztliche Bundesvereinigung (KZBV) mit fünf Mitgliedern sowie drei unparteiische (hauptamtliche) Mitglieder (die auf einvernehmlichen Vorschlag der Trägerorganisationen des G-BA und Zustimmung des Gesundheitsausschusses des Deutschen Bundestags bestellt werden), von denen eines zur Vorsitzenden bestellt wird und schließlich fünf sogenannte Parientenvertreter. Aktuell sind hier beteiligt: der Deutsche Behindertenrat (DBR), die BundesArbeitsGemeinschaft der Patientinnenstellen (BAGP), die Deutsche Arbeitsgemeinschaft Selbsthilfegruppen e. V. sowie die Verbraucherzentrale Bundesverband e. V. (vgl. www.patientenvertretung.g-ba.de), die Mitberatungs- und Antragsrecht, jedoch kein Stimmrecht haben.

Die politische Einflussnahme der in den Selbstverwaltungsaufgaben des G-BA beteiligten stimmberechtigten Mitglieder entspricht dem korporatistischen Politikmodell und ist somit nicht zureichend mit dem Konzept des Lobbyismus zu fassen.

3.3 Lobbying im Politikfeld Gesundheitspolitik

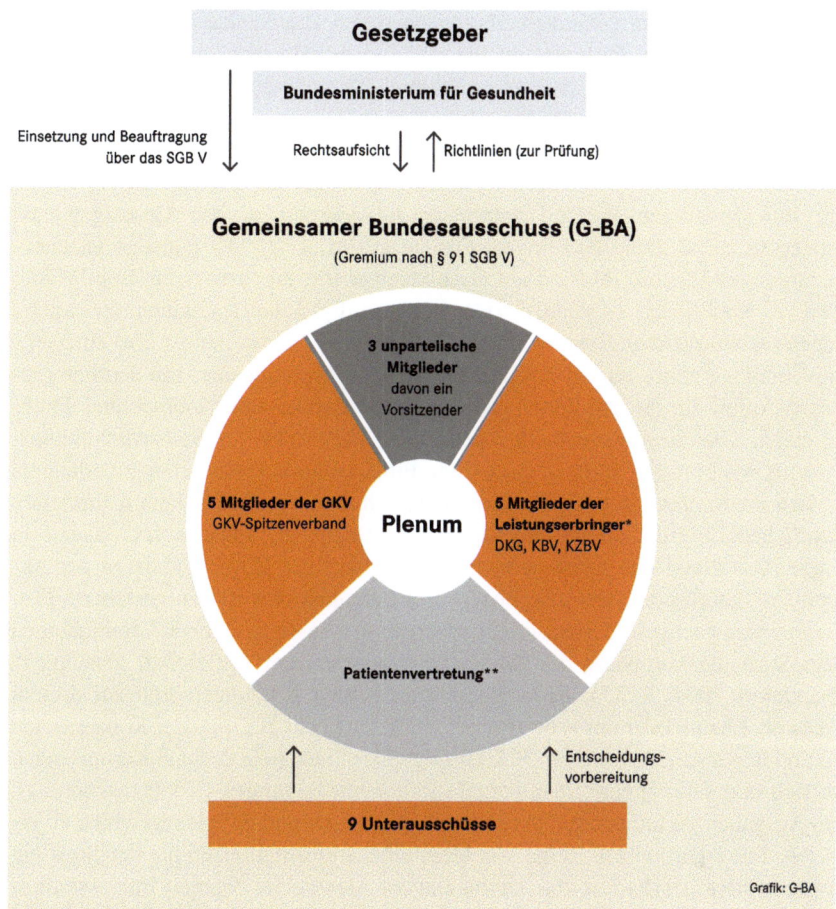

Abb. 3.2 Gemeinsamer Bundesausschuss (G-BA). (G-BA 2018, S. 21)

Die beteiligten Verbände tragen ihre Forderungen und Wünsche, ihre Informationen und Expertise bildhaft gesprochen nicht von „außen" an das politische System heran, sondern sind in wichtigen Fragen als Mitentscheider inkorporiert und damit für die Politikergebnisse mitverantwortlich. Die Politikgestaltung im Bereich der Gesundheitspolitik entspricht damit, insbesondere im Bereich der Qualitätssicherung und Ressourcenverteilung, weiterhin den Grundannahmen des Neo-Korporatismus.

Die korporatistische Steuerung des Gesundheitswesens wird seit den 1990er-Jahren allerdings zunehmend durch wettbewerbliche Steuerungselemente ergänzt und verändert. Wettbewerb zwischen den Krankenkassen wurde ermöglicht und ausgebaut, Pauschalentgelte und Individualbudgets eingeführt und die (Teil-)Privatisierung der Krankenkosten durch Zuzahlungen eingeleitet (Gerlinger 2002). In dem Maße, wie der Staat Regelungskompetenzen an sich zieht, um Instrumente und Rahmenbedingungen für mehr Marktorientierung bei den Akteuren des Gesundheitswesens zu implementieren, wächst für die Verbände die Attraktivität, ihre jeweiligen Partikularinteressen lobbyierend in den Gesetzgebungsprozessen zur Geltung zu bringen. Für sie gilt es, möglichst günstige Rahmenbedingungen für ihre Position am Gesundheitsmarkt durchzusetzen, ihre Privilegien vor Konkurrenz zu schützen oder Rechte auf gleiche Gesundheitsversorgung gegen Ökonomisierungstendenzen zu verteidigen. Festzustellen ist also einerseits ein Übergang vom „Tausch-" zum „Wettbewerbskorporatismus" mit deutlich größerem Anreiz für die etablierten Akteure, Partikularinteressen lobbyierend durchzusetzen. Gleichzeitig versuchen neue bzw. außerhalb des Selbstverwaltungssystems positionierte Verbände, stärkeren Einfluss durch Lobbyarbeit zu erlangen.

Die im Rahmen der Kostendämpfungspolitik seit den 90er-Jahren forcierten staatlichen Eingriffe stellen das klassische Prinzip des Tauschkorporatismus in Frage. Das klassische Konzept beruht auf freiwilligen Zugeständnissen der Akteure in Tauschprozessen: „So bietet etwa der Staat den Ärzten gesicherte Einkommenszuwächse und Statuserhalt, während die Kassenärztlichen Vereinigungen dem Staat die Verteilung der Ressourcen zwischen der Ärzteschaft abnehmen" (Bandelow 2004, S. 17). Kostenbegrenzungen und Kürzungen sind auf diesem Wege aber kaum oder nur schwer durchsetzbar, wie das Beispiel der Konzertierten Aktion im Gesundheitswesen (KAiG) zeigt. Der Staat zieht deshalb Kompetenzen an sich und setzt engere, regulierende Rahmenbedingungen (Kontextsteuerung), um Ausgaben zu reduzieren, Wettbewerb zu fördern und Effizienzgewinne zu erzielen. Mit einer ganzen Reihe von Gesundheitsreformgesetzen hat der Staat ein Anreizsystem geschaffen, das die beteiligten Akteure im eigenen Interesse dazu veranlassen soll, wirtschaftlicher zu denken und zu handeln. Die Interessenverbände sind dann nicht mehr gleichberechtigte Verhandlungspartner, sondern werden zu Auftragsempfängern des Staates. Gleichzeitig haben, neben den immer schon auf lobbyistische Einflussnahme verwiesenen und spezialisierten Pharmaunternehmen und Verbänden, berufspolitisch orientierte Verbände der Ärzteschaft und Patienten- sowie Verbraucherverbände an Einfluss gewonnen, ohne in das Selbstverwaltungssystem vollständig inkorporiert zu werden.

Es ist also eine Pluralisierung des korporatistischen Gesundheitssystems festzustellen. Verbände reagieren auf stärker wettbewerbliche Rahmenbedingungen mit Lobbyismus. Während insbesondere Qualitätssicherung und Ressourcenverteilung der verbandlichen Selbstverwaltung überlassen bleiben, weist der Gesetzgebungsprozess im Bereich der Gesundheitspolitik jetzt deutlich pluralistischere Züge auf. Der Pluralismustheorie entsprechend versuchen die Verbände, ihre jeweiligen Partikularinteressen im politischen Prozess über Lobbyarbeit zur Geltung zu bringen. Der die politische Steuerung des Gesundheitswesens kennzeichnende Wettbewerbskorporatismus mit seiner Stärkung der Rolle des Staates bei gleichzeitiger Ausweitung von Wettbewerb und Marktmechanismen führt zur Orientierung am Lobbyismus als erfolgversprechenderer Strategie politischer Einflussnahme. Motivation und Notwendigkeit, die je eigenen Partikularinteressen zu organisieren und über Lobbyaktivitäten durchzusetzen, steigen.

Die Problemstellung (Gesundheit/Krankheit), darauf bezogene Lösungsstrategien und Instrumentarien gesundheitsbezogener Dienstleistungen (policy) sowie institutionelle Eigenheiten des Feldes (Wettbewerbskorporatismus) (polity) bedingen besondere Rahmenbedingungen für gesundheitspolitisches Lobbying:

- **Selbstverwaltung:** Der Staat schafft, ermöglicht und unterstützt Verbände mit Vertretungsmonopol und (zumeist) Pflichtmitgliedschaft (Ärztekammern, Kassenärztliche Vereinigungen, Spitzenverband der gesetzlichen Krankenversicherungen usw.) und delegiert (zur eigenen Entlastung) Aufgaben. Da diese Verbände (unter staatlicher) Aufsicht dann politische Funktionen übernehmen, indem sie Ressourcen verteilen und Richtlinien erlassen, werden sie selbst zu Adressaten für Lobbying. Vertreterinnen von wirtschaftlichen Interessen (Pharmaindustrie, Hersteller von Medizingeräten usw.), spezifischen berufspolitischen Interessen (freie Ärzteverbände, Pflegeverbände, Apothekerverbände) und Betroffeneninteressen (Patienten-, Sozial-, Verbraucherverbände) müssen, um ihren Anliegen und Forderungen Geltung zu verschaffen, nicht nur versuchen, Gesetzgebung (Legislative) und Regierung (Exekutive) sowie die zugehörige staatliche Verwaltung zu beeinflussen. Sie müssen sich ebenso an die Akteure des Selbstverwaltungssystems wenden, denn sie bestimmen wesentlich über Ressourcenverteilung und Qualitätsstandards im Gesundheitswesen mit. Lobbying im Gesundheitswesen arbeitet auf drei Ebenen (vgl. Abb. 3.3).
- **Öffentlichkeit:** Gesundheitspolitik ist die Domäne von Expert*innen. Gesundheitspolitische Entscheidungen sollten sich an den neuesten Erkenntnissen evidenzbasierter Medizin (Evidence-based Medicine) orientieren und werden von zumeist hauptamtlichen Verbandsvertreter*innen gestaltet. Die Verbändelandschaft im Gesundheitswesen erscheint für Außenstehende vielfach verschachtelt und unübersichtlich. Die entscheidenden Gremien sind einer breiten Öffentlichkeit zumeist unbekannt. Dennoch spielt die Öffentlichkeit für das Lobbying im Gesundheitswesen als Orientierungsrahmen und Resonanzraum eine wichtige Rolle. Denn nahezu alle Bürger*innen haben ein hohes Interesse

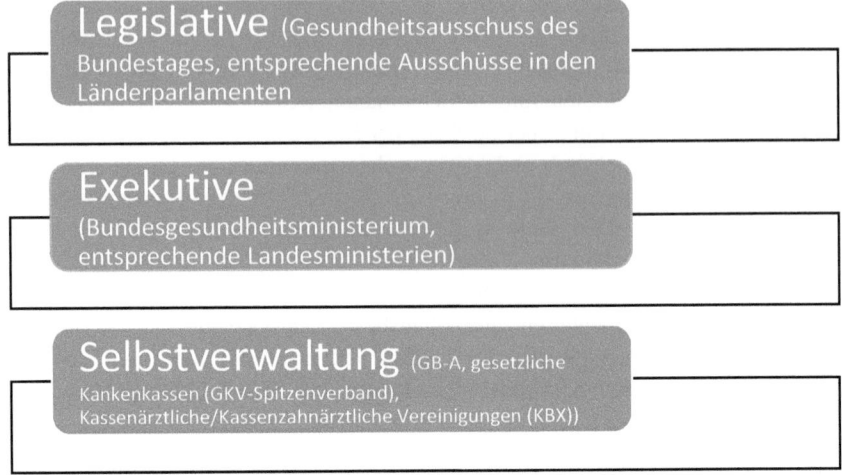

Abb. 3.3 Lobbyadressaten in der Gesundheitspolitik. (Eigene Darstellung)

an einem leistungsfähigen und gleichzeitig bezahlbaren Gesundheitssystem. Fragen der Leistungskürzung oder Beitragserhöhung, neuer oder alternativer Behandlungsmethoden erweisen sich stets als politisch brisant und politisierbar.

- **Asymmetrien** kennzeichnen den Lobbyismus in der Gesundheitspolitik:
  - **Privilegierte Verbände der Selbstverwaltung:** Die an der korporatistischen Steuerung des Gesundheitswesens beteiligten Spitzen- bzw. Dachverbände verfügen über einen staatlich gewollten Alleinvertretungsanspruch. Das ihnen zugesprochene Vertretungsmonopol ist in der Regel verbunden mit einer Pflichtmitgliedschaft (z. B. Ärztekammern, Kassenärztliche Vereinigungen, Spitzenverband der Gesetzlichen Krankenkassen usw.; Ausnahme Deutsche Krankenhausgesellschaft). Sie sind deshalb ebenso organisations- wie ressourcenstark und verfügen über hohe Legitimation. Ihre Rolle im Rahmen staatlich regulierter Selbstverwaltung verschafft ihnen privilegierten Zugang zu Entscheidungsträger*innen in der Legislative, Exekutive und Verwaltung, zwingt sie aber gleichzeitig dazu, einerseits unterschiedlichste Interessen ihrer Mitglieder zu berücksichtigen und auszutarieren und andererseits staatliche Zielvorgaben zu kommunizieren und umsetzbar zu machen. Ihre korporative Einbindung macht sie stark und abhängig zugleich.

- Die **Omnipräsenz der Gewerkschaften und Arbeitgeberverbände** im Bereich der Sozialen Sicherung zeigt sich auch auf dem Feld der Gesundheitspolitik. Die Finanzierung des Sozialversicherungssystems ist über die Sozialversicherungsbeiträge von Arbeitnehmer*innen und Arbeitgeber*innen unmittelbar an die Lohn(neben)kosten gebunden. Entsprechend haben die Arbeitnehmer- und Arbeitgeberverbände ein vitales Interesse an Umfang und Gestaltung des Gesundheitswesens. Als Vertreter*innen der Versicherten und Arbeitgeber*innen sind sie an der Selbstverwaltung der gesetzlichen Krankenkassen (als Selbstverwaltungskörperschaften des öffentlichen Rechts) beteiligt und sind in Gesetzgebungsverfahren – vor allem dort, wo es um die Finanzierung des Gesundheitswesens geht – privilegierte Ansprechpartner.
- **Wirtschaftliche Macht (der Pharmaindustrie):** Die Verbände der Pharmaindustrie sind nicht Teil der korporatistischen Selbstverwaltung. Ihre Lobbyisten agieren als typische Vertreter*innen eines bedeutenden Wirtschaftszweigs. Dabei hat sich in den letzten Jahren die Verbändelandschaft auch im Bereich der Pharmaindustrie im Zuge der Europäisierung (Arzneimittelzulassungen sind bspw. zunehmend auf europäischer Ebene angesiedelt) und einer generellen Markt- und Wettbewerbsorientierung der Politik pluralisiert, ohne jedoch in ihrem Lobbyeinfluss geschwächt zu werden. Hatte der Bundesverband der Pharmazeutischen Industrie bis 1994 quasi noch einen Alleinvertretungsanspruch in der Branche, vertritt er heute nur noch rund 250 kleinere Unternehmen. Die multinationalen Konzerne der Pharmaindustrie haben sich zum Verband forschender Arzneimittelhersteller zusammengeschlossen. Daneben existiert (bereits seit 1954) der Bundesverband der Arzneimittelhersteller (verschreibungspflichtiger Medikamente). Schließlich ist (wie in anderen Wirtschaftszweigen) darüber hinaus festzustellen, dass insbesondere die großen multinationalen Konzerne ihre Lobbyinteressen zunehmend mit eigenen Lobbyabteilungen, Büros oder beauftragten Kanzleien vertreten. Die Stärke des Pharmalobbyismus liegt in seiner Finanzkraft und der Tatsache, dass er in weiten Bereichen über ein Wissensmonopol und die industriellen Kapazitäten zur Herstellung von Arzneimitteln verfügt. Festzuhalten ist in diesem Zusammenhang auch, dass wirtschaftliche Macht und politischer Einfluss gewerblicher Krankenhausträger (Gesundheitskonzerne wie Asklepios GmbH, Fresenius Health Group, Rhön-Klinikum AG, Sana Klinik GmbH, Stiftung Rehabilitation Heidelberg usw.) stetig wächst (Boeßenecker und Vilain, S. 56 f.).
- **Dominanz der Profession:** Gesundheitspolitik wird inhaltlich durch die Profession der Ärzt*innen dominiert. Sie verfügen über das wissenschaft-

liche Wissen und die Definitionsmacht zu Gesundheit/Krankheit. Sie genießen hohe gesellschaftliche Anerkennung und haben eine starke Stellung als Freiberufler*innen inne oder nehmen Leitungsfunktionen im Bereich der Gesundheitsversorgung wahr. Über ihre Pflichtmitgliedschaft in den Ärztekammern und Kassenärztlichen Vereinigungen bestimmen sie im Rahmen der Selbstverwaltung im Gesundheitswesen über Ressourcenverteilung und Qualitätssicherung mit, sind darüber hinaus aber auch in freien Ärzteverbänden organisiert. An vorderster Stelle wäre hier der Hartmannbund (www.hartmannbund.de) oder der die Krankenhausärzt*innen organisierende und auch tarifrechtlich vertretende Marburger Bund (www.marburger-bund.de) zu nennen. Die Kostendämpfungspolitik und damit sich verschärfende Verteilungskämpfe innerhalb der Ärzteschaft haben zur Gründung einer Vielzahl neuer freier, privatrechtlich organisierter Facharztverbände (Verbände der Augenärzt*innen, Frauenärzt*innen, Kinder- und Jugendärzt*innen usw.) geführt, die ihre jeweiligen fach- und berufspolitischen Interessen im Rahmen einer professionalisierten Lobbyarbeit zu vertreten suchen. Die Stärke der freien Ärzt*innenverbände liegt zweifellos in ihrer Organisationsfähigkeit, ihrer medizinischen Expertise sowie ihrer Finanzkraft aufgrund der beruflichen Position ihrer Mitglieder. Politische Interessenvertretung wird hier als professionelle Aufgabe von hauptamtlichen Kräften verstanden (vgl. beispielhaft den Berufsverband der Schmerztherapeuten in Deutschland (www.bvsd.de)).

– **Relative Schwäche der Patienten- und Selbsthilfeorganisationen:** Patienten-, Selbsthilfe- und Verbraucherverbände werden zwar zunehmend im Gesetzgebungsprozess gehört und sind beispielsweise seit 2004 auch im G-BA als beratende Mitglieder vertreten. Allerdings sind Patient*inneninteressen nach wie vor als „schwache Interessen" (Toens/Benz 2019) zu werten. Der Bereich der Patienten- und Versichertenselbstvertretung ist zersplittert in eine Vielzahl zumeist an spezifischen Krankheiten und Lebenslagen orientierten Vereinigungen, die aber im Einzelfall durchaus beachtliche Mitgliederzahlen angeben (Deutscher Diabetiker Bund: 40.000; Deutscher Behindertenrat (über die beteiligten Verbände und Organisationen): 2,5 Mio.). Dennoch bleibt ihr Organisationsgrad zumeist schwach und fehlt es vor allem (nicht zuletzt aufgrund der Lebenssituation der Betroffenen) an Finanzkraft. Um die vom Gesetzgeber eröffneten Beteiligungsmöglichkeiten effektiver wahrnehmen zu können, aber auch um Ressourcen zu bündeln, haben sich die Patienten-, Selbsthilfe- und Verbraucherorganisationen deshalb zu Dach- bzw. Spitzenverbänden zusammengeschlossen. Im G-BA sind als Spitzenorganisationen der Patientenvertretung (www.patientenvertretung.g-ba.de) beispielsweise der Deutsche Behindertenrat (www.deutscher-behindertenrat.de), die Bundesarbeitsgemeinschaft der PatientInnenstellen (www.bagp.de), die Deutsche Arbeitsgemeinschaft Selbsthilfegruppen (www.dag-shg.de) und der Verbraucherzentralen Bundesverband (www.vzbv.de) als Dachorganisationen vertreten. Letzteres hat in den vergangenen Jahren allerdings auch dazu geführt, dass die Pharmaindustrie immer wieder versucht, sich Wohlwollen für ihre Produkte durch die finanzielle Unterstützung von Selbsthilfevereinigungen zu kaufen.

Kasten 4: Politikfeld Pflegepolitik

„Die Pflegepolitik ist ... eindeutig ein Politikfeld" (Loer et al. 2015, S. 12). Die Politikfeldanalyse als Subdisziplin der Politikwissenschaft (Rieger 2022b) entdeckt in diesem verhältnismäßig jungen Themenfeld eine Reihe politikfeldtypischer Merkmale. Mit Einführung der Pflegeversicherung (SGB XI) als fünfter Säule des Sozialversicherungssystems „gruppiert sich ein stabiles Arrangement von Akteuren und Interessenträgern um die 1995 gesetzlich errichtete Hauptinstitution der Sozialen Pflegeversicherung (SPV) mit dem Ziel, das Problem Pflegebedürftigkeit durch die Bestimmung und Modifizierung gesetzlicher, wettbewerblicher, kooperativer und informativer Instrumente zu bearbeiten" (Loer et al. 2015, S. 12).

Zwar kann die Pflegepolitik bislang ihre Herkunft aus dem Fürsorgebereich nicht leugnen. Nach wie vor ist die Finanzierung der Pflegeleistungen auf Grundversorgung ausgerichtet, gilt im Gegensatz zur Krankenversicherung nicht das Bedarfsprinzip, sondern ein Budgetprinzip „pauschalisierte(r) Leistungen als Zuschuss zum Gesamtbedarf" (Naegele 2014, S. 15) und haben die Wohlfahrtsverbände mit ihren stationären Pflegeeinrichtungen und ambulanten Sozialdiensten erheblichen Anteil an der Leistungserbringung. Bis zur Einführung der Pflegeversicherung wurde das Problem Pflege als private Familienangelegenheit behandelt, wo ausschließlich bei finanzieller Bedürftigkeit nachrangig Sozialhilfe gewährt wurde. Das Problem der Pflegebedürftigkeit war deshalb, wie die Themen der Sozialen Arbeit, bis zur Einführung der SPV insbesondere an die Kommunen und die freie Wohlfahrtspflege verwiesen. Der Berufsstand der Pflegeberufe hatte eine ausgesprochen schwache Position. Mit Einführung der SPV wurde Pflegebedürftigkeit als gesamtgesellschaftliche Herausforderung und Lebensstandardrisiko anerkannt, wurde die Pflege in das nationale Sozialversicherungssystem integriert und ein sich stetig ausdehnender Pflegemarkt geschaffen. Das Politikfeld Pflegepolitik wurde „ökonomisiert und ein Pflegemarkt etabliert, auf dem die bis dahin dominierenden freigemeinnützigen Träger nun mit den neu hinzukommenden privaten Anbietern konkurrieren müssen" (Auth 2019, S. 4). Das schnelle quantitative Wachstum des Bereichs (von 1999 bis 2017 ist die Zahl der ambulanten Dienste von rund 11.000 auf 14.000 Dienste, die Zahl der Pflegeheime von 9000 auf knapp 15.000 angewachsen (ebd., S. 9)) kommt vor allem privaten Anbietern zugute. „Lag der Anteil privater Träger ambulanter Pflegedienste 1999 noch bei etwa 51 %, so lag er 2017 bei 66 %. … Der Anteil der privaten Pflegeheime ist im selben Zeitraum von 35 auf 43 % angestiegen" (ebd.).

Die Handlungsbedingungen im Politikfeld Pflege weisen strukturelle Ähnlichkeiten zum Politikfeld Gesundheitspolitik auf, sind aber ebenso von den spezifischen Entstehungsbedingungen dieses jungen Politikfeldes geprägt. Von Beginn an hatte man sich bei Einrichtung der SPV am institutionellen Muster (Loer et al., S. 15) der Kranken**versicherung** orientiert und war in der Lage, die Pflegeversicherung „eins zu eins in die Gesetzliche Krankenversicherung (GKV) einzugliedern" (ebd.). Pflege wird aber erst spät zu einem Thema nationaler Sozialpolitik und die Institutionalisierungsphase fällt in die Hochzeit neoliberaler Marktgläubigkeit und Sozialstaatsskepsis. Das Politikfeld Pflegepolitik ist entsprechend gekennzeichnet:

1. In der neu formierten **Akteurslandschaft der Pflegepolitik** haben die Pflegekassen und der Medizinische Dienst der Krankenkassen (MDK) eine „wichtige Machtposition" (Auth 2019, S. 5) inne. Die Pflegekassen haben den „Sicherstellungsauftrag" und „schließen zu diesem Zweck Versorgungsverträge mit den Anbietern" (Naegele 2014, S. 15) pflegerischer Dienstleistungen. Die „dominante Rolle des Medizinischen Dienstes der Krankenkassen" (ebd.) verdankt sich ihrer (jenseits der Finanzierung) autonomen Position und ihrem Auftrag der Einzelfallprüfung zur Festlegung der Pflegestufen. Ebenso wächst die Bedeutung der Landespolitik (zuständig für Vorhaltungs- und Investitionskosten), weil die Bundesländer „für die Vorhaltung einer leistungsfähigen, ausreichenden und wirtschaftlichen Pflegeinfrastruktur inklusive der Investitionskosten im stationären und ambulanten Bereich zuständig" (Auth 2019, S. 5) sind. Schließlich ist der wachsende Einfluss privat-gewerblicher Anbieter und ihrer Verbände (z. B. Arbeitgeberverband Pflege e. V. (AGVP)) zu

beobachten. Dem steht ein relativer Bedeutungsverlust der freien Wohlfahrtspflege und ein Rückzug der Kommunen „aus ihrer Verantwortung für die pflegerische Versorgung" (Auth 2019, S. 5; Naegele 2014, S. 43) gegenüber. Dabei sind die Verbände der freien Wohlfahrtspflege angesichts der starken Ökonomisierung der Pflege insbesondere in ihrer Funktion als advokatorische Interessenvertreter herausgefordert. Die direkte Interessenvertretung von Betroffenen ist wie im Gesundheitswesen insgesamt weiterhin schwach und liegt weitgehend bei den Patienten-, Selbsthilfe- (Pflegende Angehörige e. V., Bundesverband der häuslichen Betreuung und Pflege e. V., BIVA-Pflegeschutzbund e. V.) und Behindertenverbänden sowie als übergreifendem Sozialverband beim VdK (Sozialverband Deutschland).

2. **Steuerung** in der Pflegepolitik erfolgt wie im Gesundheitswesen über **korporatistische Strukturen** (Pflegekommission, Konzertierte Aktion Pflege, Pflegesatzkommissionen (§ 86 SGB Xi) usw.) die aber überformt (hybridisiert) sind von **marktwirtschaftlichen Steuerungselementen und ökonomischem Denken** (Ökonomisierung der Pflege). Einerseits wurden und werden vielfach Gremien geschaffen, in denen die Verbände der Pflegepolitik mitgestalten, andererseits wächst (wie oben gezeigt) der kommerzialisierte Anteil am Pflegemarkt. Im Gegensatz zu vielen anderen Bereichen sozialer Dienstleistungen ist hier die Rede vom Pflege**markt** durchaus angemessen.

3. Pflegepolitik wird unter großer medialer Beachtung und Aufmerksamkeit der **Öffentlichkeit** gestaltet. Denn Pflege ist angesichts der demografischen Entwicklung, der Diskussionen um die Vereinbarkeit von Familie und Beruf sowie aufgrund des Fachkräftemangels zu einem gesamtgesellschaftlich relevanten, eine breite Öffentlichkeit interessierenden Thema geworden. Die Bewältigung des Pflegenotstands ist für die Parteien zu einer wahlpolitischen Herausforderung geworden.

4. Große Fortschritte sind in der **Professionalisierung des Pflegeberufs** zu beobachten. Zu verzeichnen ist eine zunehmende Akademisierung (mit Hilfe einer relativ schnellen Verankerung der Pflegewissenschaft im Wissenschaftssystem) und die vom Fachkräftemangel getriebene Diskussion um angemessenere Bezahlung, Mindestlohn und bessere Arbeitsbedingungen. Gleichzeitig zeigt sich der Bedeutungsgewinn der Profession Pflege an der (gerade im Vergleich zur Sozialen Arbeit) weit fortgeschrittenen Diskussion um die Einrichtung von **Pflegekammern** zur

Qualitätssicherung, Berufsaufsicht und Vertretung des Berufsstandes (Landespflegekammer Rheinland-Pfalz, Pflegekammer NRW, die freiwillige Vereinigung Deutscher Pflegerat e. V. dringt zusammen mit Landespflegekammern auf die Einrichtung einer Bundespflegekammer).

Zur Vertiefung
Gerlinger Thomas (2017). Pflegepolitik. In Renate Reiter (Hrsg.), Sozialpolitik aus politikfeldanalytischer Perspektive. Eine Einführung (S. 275–296). Wiesbaden: Springer VS.
Naegele Gerhard (2014). 20 Jahre Verabschiedung der Gesetzlichen Pflegeversicherung. Eine Bewertung aus sozialpolitischer Sicht (WISO Diskurs der Friedrich-Ebert-Stiftung). Eigenverlag (pdf download).

3.4 Vom Lobbydilemma der freien Wohlfahrtspflege zum Sozialarbeitslobbyismus

Die als **Freie Wohlfahrtspflege** organisierten Einrichtungen und Dienste gehören zu den wichtigsten Anbietern sozialer Dienstleistungen im subsidiär gestalteten bundesrepublikanischen Sozialstaat. Die sechs Spitzenverbände der Freien Wohlfahrtspflege (AWO, Diakonie, DCV, DPWV, DRK, ZWST) repräsentieren, wie Abb. 3.4 zeigt (BAGFW 2018), 118.623 Einrichtungen und Dienste mit 4.166.276 Betten bzw. Plätzen und 1.912.665 hauptamtlichen Mitarbeiter*innen sowie (grob geschätzt), drei Millionen freiwillig engagierten Bürger*innen in Selbst- und Fremdhilfe.

Ihre **herausgehobene Bedeutung** im Bereich der Fürsorgeleistungen (beispielsweise werden mehr als ein Drittel der Jugendhilfeeinrichtungen und über die Hälfte der in der Jugendhilfe verfügbaren Plätze von der Freien Wohlfahrpflege angeboten) verdankt die Freie Wohlfahrtspflege ihrer bis in die 1990er-Jahre andauernden, sozialrechtlich verankerten, am Subsidiaritätsprinzip orientierten Sonderstellung. Bereits in der Weimarer Republik – unterbrochen nur in der Zeit des Nationalsozialismus – beginnt der deutsche institutionelle Sonderweg einer Privilegierung und Inkorporierung der sogenannten Freien Wohlfahrtspflege in die staatliche bzw. kommunale Sozialpolitik.

Die Einrichtungen und Dienste der Freien Wohlfahrtspflege sind als anerkannt gemeinnützig steuerrechtlich privilegiert und erhielten gemäß dem traditionellen

3.4 Vom Lobbydilemma der freien Wohlfahrtspflege zum ...

Art der Einrichtung	Einrichtungen	Betten/Plätze	Vollzeitbe-schäftigung	Teilzeitbe-schäftigung
Gesundheitshilfe	7.763	181.045	235.453	178.039
Jugendhilfe	41.884	2.252.074	173.175	245.764
Familienhilfe	4.787	41.733	6.207	18.614
Altenhilfe	19.515	579.255	146.230	362.528
Behindertenhilfe	19.071	628.360	162.315	220.555
Hilfe für Personen in besonderen sozialen Situationen	10.486	123.937	19.766	24.866
Weitere Hilfen	13.426	263.050	47.058	43.604
Aus-, Fort- und Weiterbildungsstätten für soziale und pflegerische Berufe	1.691	96.820	14.589	13.901
Gesamt	118.623	4.166.276	804.795	1.107.870

Abb. 3.4 Einrichtungen und Dienste der Freien Wohlfahrtspflege 2016 nach Arbeitsbereichen. (BAGFW 2018: Gesamtstatistik, S. 7)

Verständnis des Subsidiaritätsprinzips bei der Erbringung sozialer Dienstleistungen einen Vorrang vor den öffentlichen Trägern. Ausdruck dieser begünstigten Stellung ist das sogenannte sozialrechtliche Dreiecksverhältnis „zwischen Kostenträgern, Leistungsanbietern und Leistungsnehmern. Die öffentlichen Kostenträger haben sozialrechtlich garantierte Leistungsansprüche zu gewährleisten und beauftragten in der Vergangenheit bevorzugt Wohlfahrtsverbände mit der Leistungserbringung. Wohlfahrtsverbände wiederum erbrachten gegenüber den anspruchsberechtigten Bürgern Sachleistungen, deren Kosten vom öffentlichen Träger durch weitgehend kostendeckende Zuwendungen beglichen wurden" (Backhaus-Maul 2000/2002, o. S.). Die Bevorzugung bei der Auftragsvergabe wurde ergänzt durch die systematische, institutionalisierte Einbeziehung (Inkorporierung) der Verbände in die politische Entscheidungsfindung auf kommunaler wie staatlicher Ebene. Schließlich können die Spitzenverbände der Freien Wohlfahrtspflege qua der ihnen zugestandenen Satzungsmacht selbst darüber entscheiden, wer zum in der Bundesarbeitsgemeinschaft der Freien Wohlfahrtspflege organisierten, exklusiven Club der Spitzenverbände gehört und damit Zugang zu öffentlichen Fördermitteln erhält. Die Wohlfahrtsverbände erlangen vor diesem Hintergrund einen quasi öffentlichen Status und werden in ein korporatistisches politisches Steuerungsmodell eingebunden, in dem Politikformulierung und Umsetzung in enger institutioneller wie personeller Verflechtung zwischen freien Trägern und Politik erfolgt.

Dieser **Wohlfahrtskorporatismus** (Backhaus-Maul 2000) wird dann aber seit den 1990er-Jahren im Zeichen einer neoliberal inspirierten Ökonomisierung sozialer Dienstleistungsproduktion zwar nicht aufgegeben, aber durch die Einführung marktwirtschaftlicher Steuerungselemente und die sozialrechtliche Gleichstellung von freigemeinnützigen und privatwirtschaftlichen Anbietern einem tiefgreifenden Wandel ausgesetzt. Das Verhältnis von freigemeinnützigen Leistungsanbietern und öffentlichen Kostenträgern wird nun vermehrt über Ausschreibungen, Leistungsverträge und Leistungsentgelte reguliert. Private Anbieter sind im Wettbewerb um soziale Dienstleistungen gleichzustellen. Die Wohlfahrtsverbände, ihre Einrichtungen und Dienste, werden immer öfter als Sozialkonzerne bzw. Sozialunternehmen wahrgenommen. Sie werden zunehmend auf ihre Funktion als Anbieter sozialer Dienstleistungen in der Konkurrenz zu anderen (privatwirtschaftlichen) Sozialdienstleistern reduziert. Dies steht im Widerspruch zu ihrem Selbstverständnis als multifunktionale zivilgesellschaftliche Akteure, mit dem gleichzeitigen Anspruch **Dienstleistungserbringer**, **anwaltschaftlicher Lobbyist** und **Solidaritätsstifter/Gemeinwohlagentur** zu sein. Oder, wie es die BAGFW ausdrückt: „Den Spitzenverbänden der Freien Wohlfahrtspflege ist insofern gemeinsam, dass sie nicht nur Träger sozialer Dienste und Einrichtungen repräsentieren. Sie motivieren darüber hinaus Menschen zum Einsatz für das Gemeinwohl und verstehen sich als Anwalt für Hilfebedürftige dem Gedanken sozialer Gerechtigkeit folgend" (www.bagfw.de/ueber-uns/freie-wohlfahrtspflege-deutschland/selbstverstaendnis).

Die multifunktionale, hybride Ausrichtung der Wohlfahrtsverbände, ihre Positionierung als Assoziationen des Dritten Sektors, die sie zugleich als Organisation sozialwirtschaftlicher Unternehmen, staatsnahe „Partner der Politik" und zivilgesellschaftliche Organisation ausweist, beeinflusst massiv ihre Rolle als politische Akteure. Traditionell betreiben sie für ihre Einrichtungen und Dienste „einrichtungsbezogene(s) Lobbying" (Messan 2019, S. 121) und verstehen sich zugleich als „anwaltschaftliche Lobbyisten". „Backhaus-Maul (2015) unterscheidet in der Skizzierung der interessenpolitischen Funktion der Wohlfahrtsverbände zwischen der Vertretung der ‚Interessen der persönlichen und korporativen Mitgliedsorganisationen sowie ihrer Klienten- und Zielgruppe'" (ebd., S. 19). Ihre politische Einflussnahme ist doppelt motiviert und legitimiert. Einerseits lobbyieren sie für Bestand, Ausbau und Qualitätsverbesserung ihrer Dienste. Andererseits agieren sie als „Anwalt der Betroffenen", denn „Personengruppen, die voll oder teilweise auf die Unterstützung der Gesellschaft angewiesen sind, wie z. B. behinderte, pflegebedürftige, arbeitslose, obdachlose, asyl-suchende oder sozial ausgegrenzte Menschen haben in unserer Gesellschaft nur geringe Möglichkeiten, ihre Vorstellungen zur Lösung der sie bedrängenden Nöte und Probleme in das Handeln der Gemeinschaft einzubringen" (www.bagfw.de/ueber-uns/freie-wohlfahrtspflege-deutschland/selbstverstaendnis). Sie sind nicht oder nur eingeschränkt in der Lage, ihre Interessen selbst zu vertreten, bedürfen also der anwaltlichen Unterstützung durch die Wohlfahrtsverbände als „Sozialanwälte" (Pabst 1996).

Einrichtungslobbyismus und **advokatorischer Lobbyismus** stehen dabei von Anfang an in einem Spannungsverhältnis. Mit dem Ausbau sozialer Dienstleistungen im Nachkriegsdeutschland und dem parallelen Aufstieg der Wohlfahrtsverbände zu dominierenden Dienstleistungsanbietern im sozialen Sektor wächst auch die Kritik an der von ihnen eingenommenen, politischen Doppelfunktion. Ihr Einrichtungslobbyismus unterliegt dem Verdacht, die eigentlichen Interessen der Betroffenen zu vernachlässigen, zu verkennen oder zurückzustellen, um die Marktposition ihrer Einrichtungen und Dienste nicht zu gefährden. Umgekehrt wird unterstellt, sie instrumentalisieren ihren anwaltschaftlichen Lobbyismus, um ihre dominierende Stellung als Anbieterin sozialer Dienstleistungen zu sichern. Betroffeneninteressen werden dann vertreten, „wenn sie zu den Eigeninteressen der Verbände passen", oder dienen der „eigenen Profilierung und Öffentlichkeitsarbeit" (Messan 2019, S. 29).

Im Rahmen des korporatistischen Systems eines fürsorgenden Wohlfahrtsstaats (Dingeldey 2006, S. 8) trat dieses latente Lobbydilemma aber weniger scharf zutage. Ihre Stellung als „Partner des Sozialstaats" bei der Erfüllung seiner Aufgaben und als Fürsprecher der Betroffenen konnten im vorherrschenden Verständnis von Subsidiarität und fürsorgender Sozialer Arbeit einigermaßen zusammenstimmen. Dies ändert sich mit der Neuausrichtung der Sozialpolitik auf das Konzept eines aktivierenden Wohlfahrtsstaats (ebd.). Mit der Vermarktlichung sozialer Dienstleistung und der Betonung von Aktivierung, Eigenverantwortung und Partizipation der Betroffenen erscheinen Einrichtungslobbyismus und anwaltschaftliches Lobbying zunehmend unvereinbar bzw. wechselseitig störend. Verschärfend kommt hinzu, dass die die Wohlfahrtsverbände prägenden und legitimierenden kirchlichen, bürgerlichen und proletarischen Milieus an Bindungskraft verlieren und damit an Legitimationspotenzial einbüßen.

Die Wohlfahrtsverbände stecken in einem **Lobbydilemma**. Aufgrund ihres eigenen Selbstverständnisses, von staatlicher Seite aber auch gewollt und gefördert, sind sie aufgefordert, ihre Lobbyarbeit weiterhin in der Doppelrolle als Interessenvertreter in eigener Sache und Anwalt der Betroffenen zu gestalten. Gleichzeitig machen sie sich dadurch angreifbar und potenziell unglaubwürdig. Weder das in der Verbändeforschung beobachtete ‚muddling through' noch Entkopplungsstrategien bieten hier eine tragfähige Lösung.

Stefan Sell (2008, S. 84) beobachtet, dass jenseits der betriebswirtschaftlichen Professionalisierung auf Trägerebene „überwiegend nach dem Prinzip des ‚muddling through' versucht (wird), das grundsätzliche Spannungsverhältnis zwischen den verschiedenen Funktionen in einem beständigen Ausbalancierungsprozess in der täglichen Praxis zu glätten" (Messan 2019, S. 53). Ergänzend werden funktionale und organisatorische Entkopplungsstrategien verfolgt. Die Anwaltsfunktion wird dann auf Nischen des sozialpolitischen Diskurses konzentriert, in denen weniger betriebswirtschaftliche Eigeninteressen vorliegen (Messan 2019, S. 61 f., 214). Messan spricht hier von einer Entwicklung hin zum „Nischenanwalt" (ebd., S. 270, 272). Für die Wohlfahrtsverbände lässt sich Parteilichkeit dann „öffentlichkeitsbezogen ... umsetzen, wenn sie vereinbar ist mit dem Leitbild des aktivierenden Sozialstaats und der Position wichtiger verbandlicher Stakeholder (Amtskirche, Sozialwirtschaft)" (ebd., S. 251). Die themenbezogene Nischenstrategie wird von einer organisationsbezogenen Entkopplungsstrategie ergänzt. Hier sind Bestrebungen einer doppelten Entkopplung zu beobachten (ebd. S. 60). Zwischen den Verbandsebenen wird zunehmend dem Dachverband die advokatorische Funktion zugewiesen, während die Träger vor Ort als Sozialmarktakteure agieren. Teils wird innerhalb der Ebenen tendenziell als „Konsequenz aus dem Spannungsverhältnis zwischen Dienstleister und Anwalt ... eine strukturelle Trennung beider Funktionsbereiche vollzogen" (Manderscheid 2008, S. 87; am Beispiel des Caritasverbands der Diözese Limburg e. V.). Solchen Versuchen der Entkopplung unterschiedlicher politischer Funktionen droht aber die Gefahr einer „Zwei-Klassen-Interessenvertretung" (Messan 2019, S. 229).

Durchwursteln und Entkopplungsstrategien können die vorhandenen Widersprüche nicht auflösen, sondern schaden der Glaubwürdigkeit und gefährden tendenziell die Sonderstellung der Wohlfahrtsverbände im deutschen Sozialstaat. Durchwursteln und Auslagern beinhalten darüber hinaus die Gefahr, dass die politische Anwaltsfunktion an Bedeutung verliert und gerade jene Interessen, die im Rahmen des aktivierenden Sozialstaats am schwersten zu vertreten sind, und die demokratietheoretisch die eigentliche Legitimation für die Anwaltsfunktion bieten, immer weniger aufgegriffen werden. Ein unreflektiertes, nicht in die generelle Professionalisierungsstrategie Sozialer Arbeit eingebundenes Weiter so droht zu einer „ökonomisierten Anwaltsfunktion" (Messan 2019, S. 264; S. 281) bzw. zu einer „Zwei-Klassen-Interessenvertretung" (ebd., S. 229) zu verkommen. Eine einseitig ökonomische Aktivierungslogik prägt dann auch die politische Anwaltsfunktion. Politisch stellvertretende Einmischung erfolgt nur noch dann, wenn die Interessen der zu vertretenden Klientel mit der Grundausrichtung des aktivierenden Sozialstaats und einer ökonomisierten Gesellschaft vereinbar sind. Gefördert (und vertreten) wird was förderungsfähig und förderungswürdig erscheint. Aufgegriffen und stark gemacht werden Betroffeneninteressen die thematisierbar und kampagnenfähig sind und damit auch der eigenen Profilierung dienen können. Klientelinteressen, die nicht in dieses Raster passen, weil die Klientel nicht aktivierbar erscheint oder ihre Lage als selbst verschuldet eingeordnet wird, sind dagegen schwer argumentierbar, ihre Issue-Fähigkeit ist stark eingeschränkt. Obwohl gerade ihre Vertretung dem demokratietheoretischen Ideal politischer Anwaltschaft am meisten entspricht, fallen ihre Interessen einer ökonomisierten Anwaltschaft zum Opfer.

Themen- und organisationsbezogene Entkopplungsstrategien sind insofern wenig erfolgversprechend und eher Ausdruck einer „halbierte(n) Modernisierung" (Wohlfahrt 2003, S. 26; zitiert nach Messan 2019, S. 49). Während unter dem Kosten- und Rechtfertigungsdruck im Umbau des Sozialstaats ein deutlicher Professionalisierungsschub mit Blick auf die fachliche Qualität der Dienstleistungen und das betriebliche Management erfolgte, blieb demgegenüber die Professionalisierung ihrer politischen Funktionen zurück – und zwar sowohl mit Blick auf die Organisation der eigenen Politikfähigkeit wie auch hinsichtlich ihrer systematischen Begründung. „Die Organisationsstrukturen der Spitzenverbände und ihre Lobbystrukturen sind (…) das Resultat eines korporatistisch agierenden Sozialstaats, der der Vergangenheit angehört. Die sozialwirtschaftliche Modernisierung der Freien Wohlfahrtspflege muss um ihre sozialanwaltschaftliche und sozialpolitische Erneuerung ergänzt werden" (Dahme und Wohlfahrt o.J., S. 11; zitiert nach ebd., S. 50). Die (sozialarbeiterisch) methodische und betriebswirtschaftliche (sozialmanageriale) Professionalisierung muss um eine (sozialarbeits-)politische Professionalisierung ergänzt werden.

Die Wohlfahrtsverbände werden – gerade unter dem zusätzlichen Druck europäischer Wettbewerbsregeln – ihre Sonderstellung und Dominanz im Bereich sozialer Dienstleistungen nur aufrechterhalten können, wenn es ihnen gelingt, den Mehrwert ihrer Aktivitäten gegenüber den Angeboten privat-gewerblicher Sozialunternehmen deutlich zu machen. Für ihr Lobbying bedeutet das, dass sie sich keinesfalls auf ein an Eigeninteressen orientiertes, einrichtungsbezogenes Lobbying, wie es für den privatwirtschaftlichen Bereich üblich und legitim ist, beschränken dürfen. Es muss also gelingen, ihre politische Anwaltsfunktion in die Professionalisierung ihres politischen Handelns zu integrieren. Denn politische Anwaltschaft ist ein nicht zu vernachlässigender Teil ihres Leistungsangebots als **Verbände Sozialer Arbeit**. Zur gesellschaftlichen (demokratischen) Funktion Sozialer Arbeit gehört es unzweifelhaft, den „schwachen Interessen" (Toens und Benz 2019) von Betroffenen im politischen Diskurs Gehör zu verschaffen. Die Wohlfahrtsverbände bieten hier „Politik als Hilfe" (Rieger 2006). Politische Anwaltschaftlichkeit findet ihre Begründung dann nicht mehr ausschließlich in der traditionellen (kirchlichen, weltanschaulichen, humanistischen) Werteorientierung der Wohlfahrtsverbände, sondern in ihrem Professionsverständnis. Als Verbände Sozialer Arbeit deren „gemeinsames Ziel … die Sicherung und Weiterentwicklung der sozialen Arbeit" (www.bagfw.de/ueber-uns) ist, verpflichten sie sich auch zu einem professionellen Politikmachen im Sinne der Profession Sozialer Arbeit. Eine reflektierte, professionell integrierte politische Anwaltsfunktion wirkt identitätsstiftend, legitimiert politische Einflussnahme zusätzlich und – um es dann doch wieder in einer ökonomisierten Sprache auszudrücken – verschafft der Freien Wohlfahrtspflege ein Alleinstellungsmerkmal (Unique Selling Point).

Ein solchermaßen **sozialarbeitspolitisches Lobbying** meint ein Lobbying für den Ausbau und die Steigerung der (den Standards Sozialer Arbeit entsprechenden) Qualität sozialer Dienstleistungen bei gleichzeitiger Partizipationsförderung. Und das nicht reduziert auf individualisierte Partizipation in einem verengten Aktivierungsbegriff, sondern als konsequente Unterstützung zur Artikulation und Organisation der kollektiven Interessen der Betroffenen nach innen in den Einrichtungen und Diensten sowie in den Willensbildungsprozessen auf allen Ebene des Verbandes wie nach außen gegenüber politischen Entscheidungsträger*innen. In einem post-fürsorglichen Sozialarbeitsverständnis ist ein Lobbying für soziale Dienstleistungen nicht ohne eine **bestmögliche Einbeziehung der Betroffeneninteressen** zu legitimieren. Einrichtungsbezogenes und anwaltschaftliches Lobbying können vor dem Hintergrund des aktivierenden Sozialstaatsmodells nur durch eine **Partizipationsstrategie** zusammengeführt werden. Die Professionalisierung politischer Einflussnahme von Wohlfahrtsverbänden erfordert demnach zugleich die Professionalisierung der Methoden politischer Einflussnahme (Lobbying, Politikberatung, Gremienarbeit, Sozialplanung, Öffentlichkeitsarbeit, Kampagnenführung usw.) und die ethisch demokratietheoretische Legitimierung der politischen Einflussnahme durch ein professionelles Empowerment schwacher Interessen.

Diese „**neue Anwaltschaft**" (Messan 2019, S. 58; Herv. GR) interveniert, dort, wo es nötig ist, immer noch stellvertretend, stellt das advokatorische Lobbying aber unter den Vorbehalt der Förderung von Selbstvertretung, Selbstorganisation und Mitbestimmung. Sie erhöht auf allen Ebenen und in allen Bereichen ihre Responsivität gegenüber Klientelinteressen. Dabei geht es nicht darum, die Position der Klient*innen naiv als eigene politische Position zu übernehmen, sondern in einem ständigen theoretisch begründeten und fachlich kompetenten Ringen die eigene (fachlich, weltanschauliche) Positionierung mit Betroffeneninteressen abzustimmen. Sie tut dies in einer Haltung „**reflexive(r) Parteilichkeit**" (Oelschlägel 2013, S. 217; Herv. GR) entsprechend dem Professionsverständnis Sozialer Arbeit. Den Verbänden eröffnet sich hier die Chance, ihre Identität als Anbieter spezifischer Dienstleistungen Sozialer Arbeit zu schärfen. Als wertorientierte Non-Profit-Organisationen sind sie glaubwürdig in der Lage, politische Anwaltschaft als Teil ihres reflexiv professionalisierten Dienstleistungsangebots zu integrieren und damit ihre staatliche Privilegierung und Förderung zu rechtfertigen. Insofern stellt die „Ökonomisierung eine Herausforderung und eine Chance zugleich dar, das eigene Selbstverständnis neu zu formulieren" (Lutz 2008, S. 5; zitiert nach Messan 2019, S. 201).

Die reflexive Professionalisierung ihrer Funktionen beseitigt latente Widersprüche und Spannungen nicht vollkommen. Sie sind Teil der Spannungen und Widersprüche Sozialer Arbeit selbst. Aber sie macht die politische Anwaltsfunktion zu einem Element professioneller Wohlfahrtspflege, wirkt identitätsstiftend und rechtfertigt ihre Sonderstellung. Soziallobbyismus meint die politische Einflussnahme durch soziale Organisationen, orientiert an den professionellen Standards Sozialer Arbeit, bei gleichzeitiger Professionalisierung ihres entsprechenden politischen Handelns und dem kontinuierlichen Bemühen, Betroffeneninteressen einzubeziehen und Selbstvertretung zu stärken.

Aufgaben und Fragen zur Kontrolle des Lernerfolgs
1. Wie unterscheiden sich die Felder Gesundheitspolitik und Sozialarbeitspolitik?
2. Warum wird das System der Gesundheitspolitik heute als Wettbewerbskorporatismus beschrieben?
3. Was kennzeichnet das Dilemma des Soziallobbyismus?
4. Welches Verständnis von Lobbying zeigt sich in den Leitbildern und Selbstdarstellungen der Wohlfahrtsverbände (können auf den Websites der Verbände recherchiert werden)?
5. Warum steht Sozialarbeitspolitik nicht als eigenständiges Politikfeld im Fokus politikwissenschaftlicher Forschung?

Weiterführende Literatur

Dahme, Hans-Jürgen & Wohlfahrt, Norbert (2015). *Soziale Dienstleistungspolitik.* Eine kritische Bestandsaufnahme. Wiesbaden: Springer VS.
Dahme, Hans-Jürgen & Wohlfahrt, Norbert (Hrsg.) (2011). *Handbuch kommunale Sozialpolitik.* Wiesbaden: Springer VS.
Loer, Kathrin (2022). *Gesundheitspolitik.* Eine Einführung. Wiesbaden: Springer VS.
Messan, Martina (2019). *Die Anwaltsfunktion der freien Wohlfahrtspflege.* Weinheim, Basel: Beltz Juventa.
Rieger, Günter (2021). *Sozialarbeitspolitik – revisited.* In Andrea Dischler & Dieter Kulke (Hrsg.), *Politische Praxis und Soziale Arbeit.* Theorie, Empirie und Praxis politischer Sozialer Arbeit (S. 49–67). Opladen, Berlin, Toronto: Barbara Budrich.
Rosenbrock, Rolf & Gerlinger, Thomas (2023). *Gesundheitspolitik.* Eine systematische Einführung (4. überarb. Aufl.). München: C. H. Beck.

Webseiten zur Vertiefung

Bundesarbeitsgemeinschaft der Freien Wohlfahrtspflege (www.bagfw.de)
Deutscher Verein für öffentliche und private Fürsorge (www.deutscher-verein.de)
Lobbyverständnis der Caritas (Becker, Thomas 2011) (https://www.caritas.de/neue-caritas/heftarchiv/jahrgang2011/artikel2011/den-finger-in-die-wunde-legen)

Verwendete Literatur

Auth, Diana (2019). *Politikfeld "Pflege"*. APuZ (S. 4–11), Jg. 69, H. 33–34. Bonn: Bundeszentrale für politische Bildung.
Backhaus-Maul, Holger (2000/2002). *Wohlfahrtsverbände als korporative Akteure*. Über eine traditionsreiche sozialpolitische Institution und ihre Zukunftschancen. In APuZ (S. 22–30), B 26–27. Bonn: Bundeszentrale für Politische Bildung (download 2002: https://www.bpb.de/shop/zeitschriften/apuz/25545/wohlfahrtsverbaende-als-korporative-akteure/).
Bandelow, Nils C. (2004). *Akteure und Interessen in der Gesundheitspolitik: Vom Korporatismus zum Pluralismus? Politische Bildung* (S. 49–63), 37 (2) (download).
Benz, Benjamin, Rieger, Günter, Schönig Werner & Többe-Schukalla, Monika (Hrsg.) (2013/2014). *Politik Sozialer Arbeit*. Grundlagen, theoretische Perspektiven und Diskurse (Bd. 1 und Bd. 2). Weinheim, Basel: Beltz Juventa.
Blum, Sonja & Schubert, Klaus (2009). *Politikfeldanalyse*. Wiesbaden: Springer VS.
Bödeker, Sebastian (2012). *Soziale Ungleichheit und politische Partizipation in Deutschland*. Grenzen politischer Gleichheit in der Bürgergesellschaft (OBS Arbeitspapier Nr. 1). Otto Brenner Stiftung: Frankfurt/M. (download).
Boeßenecker, Karl-Heinz & Vilain, Michael (2013). *Spitzenverbände der freien Wohlfahrtspflege*. Eine Einführung in Organisationsstrukturen und Handlungsfelder sozialwirtschaftlicher Akteure in Deutschland (2. überarb. Aufl.). Weinheim, München: Beltz Juventa.
Bundesarbeitsgemeinschaft der Freien Wohlfahrtspflege (BAGFW) (Hrsg.) (2018). *Gesamtstatistik 2016*. Einrichtungen und Dienste der Freien Wohlfahrtspflege. Berlin: Eigenverlag (download).
Busch-Geertsema, Volker (2012). *Wohnungslosenpolitik in Europa*. Nationale und europäische Strategien gegen Wohnungslosigkeit. In Stefan Gillich & Rolf Kreicher (Hrsg.), *Bürger oder Bettler* (S. 233–247). Wiesbaden: VS Verlag für Sozialwissenschaften.
Castel, Robert (2000). *Die Metamorphosen der sozialen Frage*. Eine Chronik der Lohnarbeit. Konstanz: Universitätsverlag.
Dahme, Hans-Jürgen & Wohlfahrt, Norbert (2015). *Soziale Dienstleistungspolitik*. Eine kritische Bestandsaufnahme. Wiesbaden: Springer VS.
Dahme, Hans-Jürgen & Wohlfahrt, Norbert (Hrsg.) (2011). *Handbuch kommunale Sozialpolitik*. Wiesbaden: Springer VS.
Dingeldey, Irene (2006). *Aktivierender Wohlfahrtsstaat und sozialpolitische Steuerung*. In APuZ (S. 3–9), Jg. 56, Heft 8/9. Bonn: Bundeszentrale für Politische Bildung.
Döhler, Marian (2015). *Das Politikfeld als analytische Kategorie. dms – der moderne staat* (S. 51–69), Jg. 8, H 1.
Elsässer, Lea, Hense, Svenja & Schäfer, Armin (2016). *Systematisch verzerrte Entscheidungen?* Die Responsivität der deutschen Politik von 1998–2015. Endbericht (Forschungsvorhaben im Auftrag des Bundesministeriums für Arbeit und Soziales). Bonn (download).
Fehmel, Thilo (2019). *Sozialpolitik für die Soziale Arbeit*. Baden-Baden: Nomos.
Gemeinsamer Bundesausschuss (G-BA) (Hrsg.) (2018). *Entscheidungen zum Nutzen für Patienten und Versicherte*. Berlin (download).
Gerlinger, Thomas (2017). *Pflegepolitik*. In Renate Reiter (Hrsg.), *Sozialpolitik aus politikfeldanalytischer Perspektive*. Eine Einführung (S. 275–296). Wiesbaden: Springer VS.

Gerlinger, Thomas (2002). *Zwischen Korporatismus und Wettbewerb: Gesundheitspolitische Steuerung im Wandel.* WZB Discussion Paper, No. P 02-204, Wissenschaftszentrum Berlin für Sozialforschung (WZB). Berlin.

Grohs, Stephan & Reiter, Renate (2014). *Kommunale Sozialpolitik.* Handlungsoptionen bei engen Spielräumen. WISO-Diskurs. Bonn: Friedrich-Ebert-Stiftung (https://library.fes.de/pdf-files/wiso/11017.pdf).

Grunwald, Klaus (2014). *Sozialwirtschaft.* In Ulrich Arnold, Klaus Grunwald & Bernd Maelicke (Hrsg.), *Lehrbuch der Sozialwirtschaft* (4. Aufl.). Baden-Baden: Nomos.

Güntner, Simon & Langer, Andreas (2014). *Sozialarbeitspolitik zwischen Professionspolitik und Gesellschaftsgestaltung.* In Benz, Benjamin et al. (Hrsg.), *Politik Sozialer Arbeit.* Akteure, Handlungsfelder und Methoden (Bd. 2, S. 238–254). Weinheim, Basel: Beltz Juventa.

Häußermann, Silja (2015). *Sozialpolitik.* In Georg Wenzelburger & Reimut Zolnhöfer (Hrsg.), *Handbuch Policy-Forschung* (S. 591–613). Wiesbaden: Springer VS.

Heinelt, Hubert (2009). *Politikfelder.* Machen Besonderheiten von Policies einen Unterschied? In Klaus Schubert & Nils C. Bandelow (Hrsg.), *Lehrbuch der Politikfeldanalyse 2.0* (2. Aufl., S. 115–130). München: Oldenbourg.

Illing, Falk (2022). *Gesundheitspolitik in Deutschland.* Eine Chronologie der Gesundheitsreformen der Bundesrepublik Deutschland (2. Aufl.). Wiesbaden: Springer VS.

Knuth, Nicole (2008). *Fremdplatzierungspolitiken.* Das System der stationären Jugendhilfe im deutsch-englischen Vergleich. Weinheim: Beltz Juventa.

Leibfried, Stephan & Tennstedt, Florian (Hrsg.) (1985a). *Politik der Armut und Die Spaltung des Sozialstaats.* Frankfurt/M.: Suhrkamp.

Leibfried, Stephan & Tennstedt, Florian (1985b). *Armenpolitik und Arbeiterpolitik.* Zur Entwicklung und Krise der traditionellen Sozialpolitik der Verteilungsformen. In Stephan Leibfried & Florian Tennstedt (Hrsg.), *Politik der Armut und Die Spaltung des Sozialstaats* (S. 64–93). Frankfurt/M.: Suhrkamp.

Lindner, Werner & Pletzer, Winfried (Hrsg.) (2017). *Kommunale Jugendpolitik.* Weinheim, Basel: Beltz Juventa.

Loer, Kathrin (2022). *Gesundheitspolitik.* Eine Einführung. Wiesbaden: Springer VS.

Loer, Kathrin, Reiter, Renate & Töller, Annette E. (2015). *Was ist ein Politikfeld und wie entsteht es?* dsm – der moderne staat (S. 7–28), Jg. 8, H. 1.

Lowi, Theodore J. (1972). *Four Systems of Policy, Politics, and Choice. Public Administration Review* (S. 298–310), Vol. 32, No. 4.

Manderscheid, Hejo (2008). *Integration, Support, Kommunikation.* Die Dachverbände der Freien Wohlfahrtspflege sichern die Zukunftsfähigkeit ihrer Mitglieder. *Blätter der Wohlfahrtspflege* (S. 87–89), Jg. 155, H. 3.

Messan, Martina (2019). *Die Anwaltsfunktion der freien Wohlfahrtspflege.* Weinheim, Basel: Beltz Juventa.

Naegele, Gerhard (2014). *20 Jahre Verabschiedung der Gesetzlichen Pflegeversicherung.* Eine Bewertung aus sozialpolitischer Sicht. WISO Diskurs der Friedrich-Ebert-Stiftung. Godesberg: Eigenverlag (download).

Nullmeier, Frank (2000). *Argumentationsmacht und Rechtfertigungsfähigkeit schwacher Interessen.* In Ulrich Willems & Thomas von Winter (Hrsg.), *Politische Repräsentation schwacher Interessen* (S. 93–109). Opladen: Leske & Budrich.

Obinger, Herbert & Schmidt, Manfred G. (Hrsg.) (2019). *Handbuch Sozialpolitik.* Wiesbaden: Springer VS.

Oelschlägel, Dieter (2013). *Gemeinwesenarbeit und Lobbyismus*. In Alexander Dietz & Stefan Gillich (Hrsg.), *Barmherzigkeit drängt auf Gerechtigkeit*. Anwaltschaft, Parteilichkeit und Lobbyarbeit als Herausforderung für Soziale Arbeit und Verbände (S. 207–219). Leipzig: Evangelische Verlagsanstalt.

Pabst, Stefan (1996). *Sozialanwälte*. Wohlfahrtsverbände zwischen Interessen und Ideen. Augsburg: Maro Verlag.

Rada, Alejandro & Stahlmann, Anne (2017). *Freie Wohlfahrtspflege und Sozialstaat*. Profil und zivilgesellschaftlicher Mehrwert am Beispiel der Flüchtlingshilfe in Hessen. Sozialwirtschaftsstudie Hessen (Teil I). Frankfurt/M.: Institut für Sozialarbeit und Sozialpädagogik.

Raiser, Peter (2018). *Alkoholpolitik in Deutschland an der Schwelle zum Politikfeld*. Eine Untersuchung der hemmenden und förderlichen Faktoren bei der Entstehung von Politikfeldern. Berlin: LIT-Verlag.

Rieger, Günter (2022b). Politikwissenschaft. *socialnet Lexikon* (https://www.socialnet.de/lexikon/Politikwissenschaft).

Rieger, Günter (2021). *Sozialarbeitspolitik – revisited*. In Andrea Dischler & Dieter Kulke (Hrsg.), *Politische Praxis und Soziale Arbeit*. Theorie, Empirie und Praxis politischer Sozialer Arbeit (S. 49–67). Opladen, Berlin, Toronto: Barbara Budrich.

Rieger, Günter (2020). *Politikanalyse im Bachelorstudium*. Das Policy-Arena-Konzept (PAKo). In Günter Rieger & Jens Wurtzbacher (Hrsg.), *Tatort Sozialarbeitspolitik*. Fallbezogene Politiklehre für die Soziale Arbeit (S. 230–245). Weinheim, Basel: Beltz Juventa.

Rieger, Günter (2018). *Sozialarbeitspolitik und Soziallobbying*. In Klaus Grunwald & Andreas Langer (Hrsg.), *Sozialwirtschaft*. Handbuch für Wissenschaft und Praxis (S. 769–780). Baden-Baden: Nomos.

Rieger, Günter (2014). *Soziallobbying und Politikberatung*. In Benz, Benjamin et al. (Hrsg.), *Politik Sozialer Arbeit* (Bd. 2, S. 329–350), Weinheim, Basel: Beltz Juventa.

Rieger, Günter (2013). *Das Politikfeld Sozialarbeitspolitik*. In Benjamin Benz et al. (Hrsg.), *Politik Sozialer Arbeit*. Grundlagen, theoretische Perspektiven und Diskurse (Bd. 1, S. 54–69). Weinheim, Basel: Beltz Juventa.

Rieger, Günter (2012). *Schwache Interessen in Governanceprozessen*. In Herbert Effinger et al. (Hrsg.), *Diversität und soziale Ungleichheit* (S. 193–203). Opladen, Berlin, Toronto: Barbara Budrich.

Rieger, Günter (2006). *Weniger Staat, mehr Politik*. Soziale Arbeit als politischer Unternehmer. *Blätter der Wohlfahrtspflege* (S. 90–93). Jg. 153, H. 3.

Rosenbrock, Rolf & Gerlinger, Thomas (2023). *Gesundheitspolitik*. Eine systematische Einführung (4. überarb. Aufl.). München: Beck.

Sachße, Christoph & Tennstedt, Florian (1991). *Armenfürsorge, soziale Fürsorge, Sozialarbeit*. In *Handbuch der deutschen Bildungsgeschichte* (Bd. 4, S. 411–440). München: C. H. Beck.

Schammann, Hannes & Kühn, Boris (2016). *Kommunale Flüchtlingspolitik in Deutschland*. Godesberg: Friedrich-Ebert-Stiftung (download).

Schneider, Volker & Janning, Frank (2006). *Politikfeldanalyse*. Akteure, Diskurse und Netzwerke in der öffentlichen Politik. Wiesbaden: Springer VS.

Schönig, Werner (2015). *Koopkurrenz in der Sozialwirtschaft*. Zur sozialpolitischen Nutzung von Kooperation und Konkurrenz. Weinheim, Basel: Beltz Juventa.

Weiterführende Literatur

Schubert, Klaus & Bandelow, Nils C. (Hrsg.) (2009). *Lehrbuch der Politikfeldanalyse 2.0* (2. Aufl.). München: Oldenbourg.

Sell, Stefan (2008). *Projekt Sisyphos*. Die Wohlfahrtsverbände in Deutschland stehen vor großen Herausforderungen. *Blätter der Wohlfahrtspflege* (S. 83–86), H. 3 (https://www.nomos-elibrary.de/10.5771/0340-8574-2008-3-83.pdf).

Simon, Michael (2015). *Lobbyismus in der Gesundheitspolitik* (12 S.). (www.bpb.de/politik/innenpolitik/gesundheitspolitik/200658/lobbyismus-in-der-gesundheitspolitik).

Toens, Kathrin & Benz, Benjamin (Hrsg.) (2019). *Schwache Interessen?* Politische Beteiligung in der Sozialen Arbeit. Weinheim, Basel: Beltz Juventa.

Weber, Georg & Hillebrandt, Frank (1999). *Soziale Hilfe – Ein Teilsystem der Gesellschaft.* Wiesbaden: Springer VS.

Wenzelburger, Georg & Zolnhöfer, Reimut (Hrsg.) (2015). *Handbuch Policy-Forschung.* Wiesbaden: Springer VS.

Willems, Ulrich & Winter, Thomas von (Hrsg.) (2000). *Politische Repräsentation schwacher Interessen.* Opladen: Leske & Budrich.

Winter, Thomas von (1997). *Sozialpolitische Interessen.* Konstituierung, politische Repräsentation und Beteiligung an Entscheidungsprozessen. Baden-Baden: Nomos.

Winter, Thomas von (1992). *Die Sozialpolitik als Interessenssphäre. Politische Vierteljahresschrift* (PVS) (S. 399–426), Jg. 33, Nr. 3.

Teil II
Soziallobbying auf den unterschiedlichen Ebenen des Politischen Systems

Lobbyarbeit im Staat 4

Zusammenfassung

Das folgende Kapitel untersucht das politische System der Bundesrepublik Deutschland hinsichtlich der für ein erfolgreiches Lobbying zu berücksichtigenden institutionellen Rahmenbedingungen. Ziel der Lobbyarbeit ist es, politische Entscheidungen zu beeinflussen. Damit dies gelingt, müssen die relevanten Ansprechpartner*innen zur richtigen Zeit kontaktiert werden. Hierzu sollte man wissen, wo und wann im politischen System die zu beeinflussenden Entscheidungen getroffen werden. Die Kenntnis des politischen Systems, seiner Institutionen und ihres Zusammenwirkens, seiner Struktur, der Verfahren und Prozesse, lässt formale und informelle Zugänge sichtbar werden.

4.1 Die Bedeutung des Bundes für die Sozialpolitik

Betrachtet man die staatliche Seite der Sozialpolitik, so dominiert die Ebene der Bundespolitik. Sozialstaatliche Leistungsgesetze (der Sozialversicherung, der sozialen Entschädigung, der sozialen Förderung und der Sozialhilfe (Bossong 2004, S. 19, Abb. 1)[1] und wesentliche soziale Rechte (Arbeitsrecht, Mitbestimmungsrecht, Mietrecht usw.) sind Bundesgesetze. Demgegenüber haben die Länder bei der Gestaltung des Sozialstaates zunehmend an Regelungskompetenz eingebüßt.

---

[1] Zu Zahlen und Fakten bundesrepublikanischer Sozialpolitik vgl. die Website von Sozialpolitik aktuell (https://www.sozialpolitik-aktuell.de/sozialpolitik_aktuell_startseite.html).

Ihre sozialstaatliche Funktion beschränkt sich heute auf die Ausgestaltung des bundesgesetzlich definierten sozialstaatlichen Rahmens, der Initiierung von Modellprojekten und Länderprogrammen sowie ihre Beteiligung am Gesetzgebungsverfahren im Bund. Allerdings ist für den Bereich der Sozialarbeitspolitik auf die Bedeutung der Kommunen als Teil der Länder bei der Ausgestaltung und Erbringung sozialer Dienstleistungen hinzuweisen (vgl. Kap. 5).[2] Auch die europäische Politikebene spielt bislang eine vergleichsweise nachgeordnete Rolle. Sozialpolitik in den Mitgliedstaaten der Europäischen Union (EU) ist weiterhin eine wesentlich nationalstaatliche Angelegenheit. Allerdings muss von einer zunehmenden Bedeutung europäischer Sozialpolitik (Dienstleistungsverordnung, Sozialfonds usw.) ausgegangen werden (vgl. Kap. 6).

Die Dominanz nationalstaatlicher Politik auf dem Feld der Sozialpolitik ist einerseits historisch gewachsen.[3] Sie ist sozusagen in die Gründungsurkunde des deutschen Sozialstaates eingeschrieben. Denn die **Bismarck'sche** Sozialgesetzgebung zielte von Anfang an nicht allein auf eine bessere Absicherung von Hilfsbedürftigen bei Krankheit (1883), Unfall (1884) oder Invalidität und Alter (1889).[4] Sie sollte angesichts der erstarkenden Arbeiterbewegung auch den obrigkeitsstaatlich gedachten inneren Frieden bewahren und die nationalstaatliche Integration der Arbeiterschaft leisten. Während die Armutspolitik zunächst eine ausschließlich kommunale Angelegenheit blieb, nahm sich das gerade erst geschaffene Deutsche Reich (1871) der Arbeiterpolitik an.[5] Die Zentralisierung der Sozialgesetzgebung wird dann auch in der als föderaler Bundesstaat verfassten Bundesrepublik Deutschland fortgesetzt. Hier wirken insbesondere die grundgesetzliche Forderung nach der „Herstellung gleichwertiger Lebensver-

---

[2] Im Buch wird auf die spezifischen Rahmenbedingungen für das Lobbying in den Ländern nicht weiter eingegangen. Einerseits wäre hier eine übergroße Vielfalt zu berücksichtigen (z. B. Stadtstaat vs. Flächenstaat, Neue vs. Alte Bundesländer usw.). Andererseits ist davon auszugehen, dass Gesetzgebungsverfahren und politische Prozesse sich in Bund und Ländern gleichen. Als spezifische Untersuchungen zur Sozialpolitik in den Ländern (vgl. Schroeder et al. 2018; Münch 2023).

[3] Einen prägnanten Überblick über die historische Entwicklung des deutschen Sozialstaats bietet Pilz 2004, S. 21–45.

[4] „1911 wurden diese drei Gesetzeswerke in sechs Büchern der Reichsversicherungsordnung (RVO) zusammengefasst. 1927 schließlich setzte der Weimarer Reichstag das schon über mehr als zwanzig Jahre diskutierte Gesetz über Arbeitsvermittlung und Arbeitslosenversicherung in Kraft" (Bossong 2004, S. 18).

[5] Zur diesbezüglichen Spaltung des Sozialstaates und der daraus folgenden Konsequenzen für die Armutspolitik vgl. Leibfried und Tennstedt 1985.

hältnisse im Bundesgebiet"[6] (Art. 72 Abs. 2 GG) und die vom Grundgesetz dem Bundesgesetzgeber zugewiesenen Gesetzgebungskompetenzen als Motor.

Sozialgesetzgebung unterliegt der sogenannten konkurrierenden Gesetzgebung.[7] Hier können sowohl die Länder als auch der Bund Gesetze erlassen. Allerdings haben Ländergesetze nur Bestand, „soweit der Bund von seiner Gesetzgebungszuständigkeit nicht … Gebrauch gemacht hat" (Art. 72 Abs. 1 GG) („Bundesrecht bricht Landesrecht" (Art. 31 GG)). Ein feiner Unterschied bleibt hier jedoch bestehen. Während die Angelegenheiten des Arbeitslosen- und Sozialversicherungsrechts zum Kernbestand der konkurrierenden Gesetzgebung nach Art. 72 Abs. 1 gehören und der Bund hier jederzeit und ohne weitere Begründung zuständig ist, fällt das Gebiet der öffentlichen Fürsorge (ohne das Heimrecht) (Art. 74 Abs. 1 Nr. 7) unter den Vorbehalt der Bedarfsgesetzgebung des Art. 72 Abs. 2. Hier hat der Bund „das Gesetzgebungsrecht, wenn und soweit die Herstellung gleichwertiger Lebensverhältnisse im Bundesgebiet oder die Wahrung der Rechts- und Wirtschaftseinheit im gesamtstaatlichen Interesse eine bundesgesetzliche Regelung erforderlich macht". Überall dort, wo der Bund gesamtstaatliche Regelungsnotwendigkeit erkennt und begründet, kann er die Gesetzgebung an sich ziehen (Deutscher Bundestag 2019, S. 16–21).

Konsequenterweise ist der Bereich der Gesundheitspolitik deutlich stärker durch Bundesgesetzgebung und bundeseinheitlich entscheidende Gremien bestimmt. In der Politikfeldfamilie der Sozialarbeitspolitik sind die Rahmenbedingungen zwar ebenfalls bundeseinheitlich geregelt. Grundsätzliche Reformen müssen also auch hier den Weg über die Gesetzgebung des Bundes gehen. Aber die entsprechenden Sozialgesetzbücher zur Arbeitslosenhilfe (seit 2005 Grundsicherung für Arbeitsuchende SGB II; Bürgergeld), Eingliederungshilfe (SGB IX), Kinder- und Jugendhilfe (SGB VIII) und Sozialhilfe (SGB XII) lassen den Kommunen und damit den Bundesländern weitaus größere Handlungs- und Entscheidungsspielräume.

Gestalt und Umfang von Sozialleistungen wie die Arbeitsbedingungen sozialer Einrichtungen werden also entschieden durch die Bundespolitik geprägt. Rahmenbedingungen hinsichtlich des Aufgabenspektrums, des Hilfevolumens und der

---

[6] Die bis 1994 geltende Formulierung des Art. 72 (Abs. 2 GG) „insbesondere die Wahrung der Einheitlichkeit der Lebensverhältnisse" wirkte noch stärker in Richtung Zentralisierung. Entsprechende Tendenzen abzumildern dürfte ein Grund für die Neuformulierung gewesen sein (Pilz 2004, S. 56).

[7] Davon zu unterscheiden ist die ausschließliche Gesetzgebungskompetenz des Bundes (Art. 71, Art. 73). Den Ländern verbleibt „das Recht zur Gesetzgebung, soweit dieses Grundgesetz nicht dem Bunde Gesetzgebungsbefugnisse verleiht" (Art. 70 Abs. 1).

Hilfestruktur Sozialer Arbeit werden in den umkämpften bundespolitischen Sozial(arbeits)politikarenen festgelegt. Ein sozialarbeitspolitisches Lobbying, dem daran gelegen ist, die Lebensbedingungen ihrer Adressaten zu verbessern und die Leistungsbedingungen seiner Einrichtungen zu steigern, darf sich deshalb keinesfalls auf kommunale Sozialarbeitspolitik beschränken. Es muss versuchen, den nationalen sozialpolitischen Diskurs mitzugestalten und Einfluss auf die Landes- wie Bundespolitik zu erlangen.

4.2 Das Gesetzgebungsverfahren

Die Bundesrepublik ist nicht nur ein „sozialer", sondern auch ein „demokratischer Bundesstaat" (Art. 20 Abs. 1 GG). „Dementsprechend steht im heutigen Deutschland das Parlament, der Bundestag (in den Bundesländern die Landtage), im Zentrum der politischen Institutionen. Er ist als einziges Bundesorgan direkt vom Volke gewählt" (Rudzio 2019, S. 192) und „verfügt damit über die entscheidende demokratische Legitimation" (ebd.). Das Parlament soll die in der Bevölkerung vorhandenen politischen Meinungen und Stimmungen zum Ausdruck bringen (**Artikulationsfunktion**) sowie die Regierung (und andere Organe des Staates) wählen (**Wahlfunktion**) und kontrollieren (**Kontrollfunktion**). Vor allem aber obliegt ihm die Gesetzgebung (**legislative Funktion**) (ebd.). Allein die vom Parlament verabschiedeten Gesetze schaffen den Rahmen und die Grundlage allen zentralstaatlichen Handelns. Sie stecken den Spielraum für Regierungshandeln ab. Erst legitimiert durch Gesetze können Verordnungen erlassen, Programme aufgelegt und Projekte gestartet werden. Schließlich muss Verwaltungshandeln immer auf Gesetze zurückgeführt werden können (Grundsatz der Gesetzmäßigkeit).

In seiner gesetzgebenden Funktion ist der Bundestag Ausdruck der Volkssouveränität. Dies legitimiert seine zentrale Stellung im Gesetzgebungsprozess. Allerdings ist das Parlament in das für parlamentarische Regierungssysteme typische Geflecht der „Checks and Balances" eingebunden. Der Bundestag als Legislative unterliegt in seinem Handeln und seinen Entscheidungen der Kontrolle durch das Bundesverfassungsgericht (Judikative). Gesetze (Normenkontrollklage) und Verfahrensweisen (Organklage) können auf ihre Verfassungsmäßigkeit hin überprüft werden. Auch ist die Gesetzgebungsarbeit des Bundestages nicht unabhängig vom Regierungshandeln. Denn der Bundestag kann nicht als amorphe Versammlung von Interessenvertretern oder Parteien vorgestellt werden, die einer davon unabhängigen Regierung (Exekutive) gegenübersteht. Mit der Wahl der Regierung (der Kanzler*in) gliedert sich das Parlament in Regierungsmehrheit und Opposition. Diesem Dualismus entsprechend bilden **„Regierung, Regierungs-**

fraktionen und Spitzen der Ministerialbürokratie eine politische Handlungseinheit" (Rudzio 2019, S. 195; Herv. i. O.). Die Regierung kann ihrer Steuerungs- und Durchführungsfunktion nur gerecht werden, wenn sie erheblichen Einfluss auf den Gesetzgebungsprozess nimmt. Wahlfunktion und legislative Funktion des Parlaments liegen deshalb insbesondere bei der Regierungsmehrheit, während die Opposition sich stärker über die Artikulations- und Kontrollfunktion profiliert. Schließlich sind im „föderalen Bundesstaat" Bundesrepublik Deutschland der Bundesrat und damit die Länderregierungen an Gesetzgebung und Rechtssetzung (über Rechtsverordnungen und Verwaltungsvorschriften der Bundesregierung) gestaltend und kontrollierend beteiligt (Art. 50 und 80 GG). Dieses austarierte System mit seiner Vielzahl beteiligter Institutionen und Akteur*innen eröffnet Lobbying vielfältige Anknüpfungspunkte und Wege der Einflussnahme.

Entsprechend komplex gestaltet sich das Gesetzgebungsverfahren (Art. 76–80 GG). Oft liegen deshalb Jahre oder bei umfangreichen Gesetzestexten sogar Jahrzehnte (vgl. Pflegeversicherungsgesetz (SGB XI) bzw. Kinder- und Jugendhilfegesetz (SGB VIII)) zwischen der ursprünglichen, von Bundesregierung, Bundestag oder Bundesrat ausgehenden Gesetzesinitiative und der letztendlichen Ausfertigung des beschlossenen Gesetzes durch den Bundespräsidenten und die Veröffentlichung im Bundesgesetzblatt. Dass Gesetzgebungsverfahren aber auch angesichts komplexer Materien ausgesprochen schnell durchlaufen werden, zeigen die im Rahmen der Agenda 2010 gestalteten Reformgesetze zu modernen Dienstleistungen am Arbeitsmarkt (Hartz I-IV) der rot-grünen Regierung unter Bundeskanzler Schröder.

Formal entspricht das Gesetzgebungsverfahren, je nachdem ob die Gesetzesinitiative beim Bundesrat, der Bundesregierung oder dem Bundestag liegt und ob es sich um ein zustimmungspflichtiges Gesetz oder um ein Einspruchsgesetz (einfaches Gesetz) handelt, folgendem grob in vier Phasen zu unterteilenden Schema:

- **Initialphase:** Der Prozess der Gesetzgebung kann nur „durch die Bundesregierung, aus der Mitte des Parlaments oder durch den Bundesrat" (Art. 76 Abs. 1) gestartet werden. Dabei müssen Vorlagen der Bundesregierung zunächst dem Bundesrat zur Stellungnahme zugeleitet und Vorlagen des Bundesrates über die Regierung weitergeleitet werden. Bei Gesetzentwürfen „aus der Mitte des Parlaments" liegt das Initiativrecht unmittelbar bei den Abgeordneten. Allerdings definiert die Geschäftsordnung des Bundestages (GO-BT), dass mindestens 5 % der Abgeordneten benötigt werden, um einen Gesetzentwurf einzubringen. Dieser Prozentsatz entspricht der Mindestgröße von Fraktionen und soll verhindern, dass die Abläufe im Parlament durch eine Flut von individuellen Initiativen einzelner Abgeordneter gelähmt werden.

- **Beratungsphase:** Die Beratungsphase gliedert sich in drei Lesungen. Allerdings findet die eigentliche Beratung zwischen der ersten und zweiten Lesung statt. Denn bei den Lesungen im Plenum geht es meist nur darum, das Thema und die divergierenden politischen Standpunkte für die Öffentlichkeit und die Medien zu präsentieren. Die inhaltliche Beratung findet in den dafür zuständigen Fachausschüssen statt. An sie wird der jeweilige Gesetzentwurf nach der ersten Lesung zur Beratung verwiesen. In der zweiten Lesung wird dann die Beschlussempfehlung des federführenden Ausschusses diskutiert und gegebenenfalls werden Änderungsanträge (meist durch die Opposition) eingebracht. Schließlich erfolgt in der dritten Lesung die Schlussabstimmung.
- **Beschlussphase:** Mit der Abstimmung über ein Gesetz in der dritten Lesung wird das Gesetz mit einfacher oder qualifizierter Mehrheit beschlossen. Dieser Beschluss geht dann unmittelbar an den Bundesrat als zweite Kammer. Je nachdem ob es sich um ein sogenanntes Einspruchsgesetz oder um ein Zustimmungsgesetz handelt, hat der Bundesrat unterschiedliche Kompetenzen. Bei Einspruchsgesetzen kann der Bundesrat zwar Einwände gegen das Gesetz geltend machen, die aber wiederum vom Bundestag überstimmt und damit zurückgewiesen werden können. Anders bei Zustimmungsgesetzen, hier scheitert ein Gesetz ohne die Zustimmung des Bundesrates. Bei strittigen Themen kann zwar der Vermittlungsausschuss angerufen und ein Vermittlungsverfahren eingeleitet werden, nicht aber der Bundesrat überstimmt werden.
- **Inkraftsetzungsphase:** hat ein Gesetz bis hierher alle Hürden des Gesetzgebungsverfahrens genommen, muss noch die Bundeskanzler*in und die zuständige Minister*in das Gesetz gegenzeichnen. Dann kann die Bundespräsident*in das Gesetz, wenn sie es für verfassungskonform hält, ausfertigen. Schließlich wird das Gesetz im Bundesgesetzblatt veröffentlicht, ist damit für jede Bürger*in zugänglich und tritt zum vorgesehenen Zeitpunkt in Kraft (Deutscher Bundestag 2019, S. 22–49; Rudzio 2019, S. 215–217).

4.3 Einflusschancen für Gesetzeslobbying

Theoretisch steht der gesamte Gesetzgebungsprozess der Einflussnahme durch Lobbyisten offen (vgl. Abb. 4.1).

„Zeit und Ressourcen vorausgesetzt wird eine Gesetzesinitiative von ihrem Entstehen bis zur Verabschiedung begleitet. Dabei durchläuft ein Gesetzentwurf verschiedene Stadien und beteiligte Institutionen. Er entwickelt sich im Ministerium zum Gesetzentwurf, wird zum Kabinettsentwurf, der Bundesrat hat die Gelegenheit zur Stellungnahme und Gegenäußerung, der Gesetzentwurf wird in den

4.3 Einflusschancen für Gesetzeslobbying

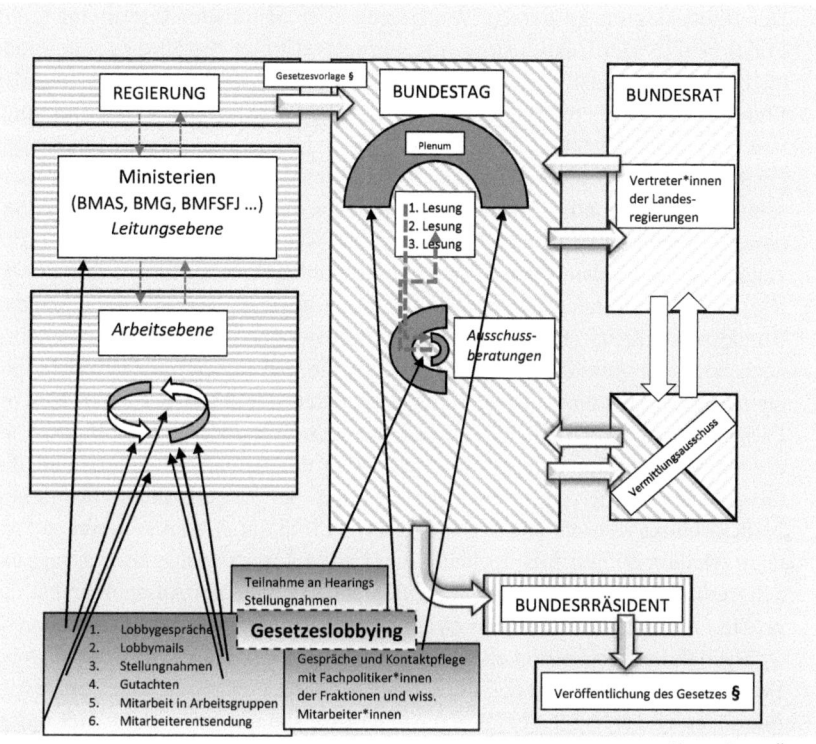

Abb. 4.1 Einflusschancen im Gesetzgebungsprozess. (Eigene Darstellung)

Bundestag eingebracht, er wird in 1. Lesung beraten, wird zur Weiterberatung in die Ausschüsse verwiesen, Berichterstatter werden zugewiesen, es findet ggf. eine öffentliche Anhörung statt, vor der Schlussabstimmung wird er in den Fraktionen beraten, es werden Änderungs- oder Entschließungsanträge gestellt, der Gesetzentwurf wird vom Ausschuss beschlossen, dann vom Bundestag in 2./3. Lesung, der Bundesrat stimmt ab, ggf. wird der Vermittlungsausschuss eingeschaltet" (Strässer und Meerkamp 2015, S. 229).

Bei genauer Betrachtung werden aber zwei Arbeitsbereiche mit besonders hoher Empfänglichkeit und großem Gestaltungsspielraum erkennbar. Dies ist einerseits die Ausschussarbeit im Bundestag (a) und andererseits die Arbeit auf der Ebene der Referenten in den Bundes- und Landesministerien (b). Ein spezieller Einflusskanal besteht darüber hinaus in Form der Beiräte, Beauftragten und Kommissionen (c).

(a) Der Bundestag hat in der 20. Wahlperiode 736 Mitglieder verteilt auf sechs Fraktionen (+ vier fraktionslose Abgeordnete). Um arbeitsfähig zu sein, organisiert er sich deshalb in Ausschüssen.[8] Ausschüsse sind Gremien, die der Entscheidungsvorbereitung dienen. Ihre zentrale Funktion ist die Beratung von Gesetzen im jeweiligen Politikfeld. Grundsätzlich ist jedem Ministerium ein Ausschuss zugeordnet. Sozialpolitisch relevante Ausschüsse sind der Ausschuss für Arbeit und Soziales (50 Mitglieder), der Ausschuss für Familie, Senioren, Frauen und Jugend (38) und der Ausschuss für Gesundheit (42) (die zugeordneten Ministerien sind das Bundesministerium für Arbeit und Soziales, das Bundesministerium für Familie, Senioren, Frauen und Jugend und das Bundesgesundheitsministerium), ohne ministerielle Spiegelung wäre aber auch noch der Ausschuss für Menschenrechte und humanitäre Hilfe (19) zu nennen. Die Ausschüsse setzen sich entsprechend der Stärke der Fraktionen im Parlament zusammen. Dabei geht der Ausschussvorsitz nicht automatisch an die stärkste Fraktion. Wegen der Bedeutung des Ausschussvorsitzes für die Gesetzgebungsarbeit muss die Opposition bei der Vergabe dieser Positionen berücksichtigt werden. Alle im Bundestag in Fraktionsstärke vertretenen Parteien erhalten reihum entsprechend ihrer Größe Zugriffsrechte bei der Vergabe des Ausschussvorsitzes. Erstes Zugriffsrecht auf einen der Ausschüsse hat die größte Fraktion, dann kann die zweitgrößte sich einen Ausschuss wählen usw.

Nach der ersten Lesung eines Gesetzentwurfs wird dieser zur Beratung und Bearbeitung in die Ausschüsse verwiesen. Dabei ist zwischen dem federführenden und sonstigen befassten Ausschüssen zu unterscheiden. „Der federführende Bundestagsausschuss holt ... Stellungnahmen anderer berührter Ausschüsse ein und diskutiert den Entwurf Schritt für Schritt" (Rudzio 2019, S. 221). Beschlüsse werden mit Mehrheit in den zumeist nicht-öffentlichen Sitzungen gefasst. Gerade die Nicht-Öffentlichkeit der Gremienarbeit in den Ausschüssen ermöglicht intensive, sachbezogene, teils Parteigrenzen überschreitende Beratungen, die nicht selten zu wichtigen Änderungen, Ergänzungen oder Klärungen der ursprünglichen Gesetzesinitiative führen. Hier können einzelne engagierte Abgeordnete erheblichen Einfluss ausüben. Neben dem politischen Talent kommt es dabei entscheidend auf den Sachverstand an (auch um den Ministerialbürokraten, die den Beratungen beiwohnen, Paroli bieten zu können). Viele Parlamentarier spezialisieren sich deshalb auf bestimmte Sachgebiete, sind rückgebunden an die in den Fraktionen existieren-

---

[8] Auch die Arbeit des im föderalen Staat für die Gesetzgebung wichtigen Bundesrates wird in ständigen Ausschüssen erledigt. Hier sind es insbesondere die Ministerialbeamten aus den Ländern, die beschlussreife Vorlagen für das Plenum erarbeiten.

den (Fach-)Arbeitskreise und pflegen ein intensives Netzwerk mit den Fachpolitikern anderer Parteien und relevanten gesellschaftlichen Gruppen (Fachreferenten in den Fraktionen). Interessenverbände und wohlorganisierte Initiativen können an diesem System auf indirektem und direktem Wege partizipieren. Sie können über Lobbyarbeit Einfluss auf die beteiligten Abgeordneten (und Ministerialbeamten) ausüben oder – sofern sie geladen werden, was auch wieder als Ergebnis vorhergehender Lobbyarbeit zu sehen ist – in den immer häufiger stattfindenden Anhörungen (Hearings) als Interessenvertreter oder Sachverständige auftreten.

Einschränkend ist aber darauf hinzuweisen, dass es bei diesen formalen, institutionalisierten Lobbygelegenheiten im federführenden Ausschuss „meist nur noch um – wenn auch wichtige – Korrekturen und Ergänzungen gehen kann. ... Nicht ganz von der Hand zu weisen ist die teilweise berechtigte Kritik, dass es unter den Anhörungen auch ´unproduktive Großveranstaltungen´ (Wagner 2003, S. 5) gibt, ritualisierte ´Schaukämpfe zwischen Regierungsmehrheit und Opposition´ (Sebald 2004, S. 161), soweit die Positionen der Interessenvertreter vorab bekannt sind und die Fraktionen diese bewusst zur Bestätigung ihrer Positionen ausgewählt haben" (Strässer und Meerkamp 2015, S. 227). Gleichwohl bleiben diese Hearings für die Lobbyorganisationen von Bedeutung, um ihre Positionen in der Fachöffentlichkeit wie den Medien präsentieren zu können.

Effektiver dagegen dürfte die informelle Beeinflussung der Abgeordneten als Fachpolitiker*innen sein. „Der Idealweg ist der persönliche Termin mit Abgeordneten, bzw. immer häufiger auch den wissenschaftlichen Mitarbeitern und mit den Referenten der Fraktionen" (ebd., S. 226). Kontakte und Austausch werden aber auch durch Tagungen, „öffentliche (Podiums-)Diskussionen, parlamentarische Frühstücke und Abende, Fraktionsgesprächskreise, erweiterte Berichterstattergespräche bzw. Fachgespräche, schriftliche Stellungnahmen bzw. Gutachten, öffentliche Anhörungen" (ebd.) usw. hergestellt und gepflegt.

(b) Die überwiegende Mehrheit der Gesetzesinitiativen geht von der Bundesregierung aus. Regierungen sollen den politischen Willen der Parlamentsmehrheit gestalten und in konkrete Gesetzesvorschläge gießen. Sie sollen im Rahmen des jeweiligen finanziellen und machtpolitischen Spielraums eine konsistente Politik entwickeln und mit der Mehrheit im Parlament umsetzen (Steuerungsfunktion). Die Regierung verfügt hierzu in den Ministerien über die entsprechende, die Möglichkeiten des Bundestages, der Fraktionen wie einzelner Abgeordneter weit übersteigende, personelle und sachliche Ausstattung. Nicht zu Unrecht wird deshalb immer wieder vor einem Überspielen

der Legislative durch die Exekutive gewarnt. Die üblichen Stationen des „innergouvernementalen Entscheidungsprozesses" beschreibt Rudzio (2019, S. 217 f.) wie folgt:
- Die zuständige Referent*in eines Ministeriums (zur organisatorischen Gliederung der Ministerien in Abteilungen, Unterabteilungen und Referate vgl. die Organigramme der Ministerien: https://www.bmas.de/SharedDocs/Downloads/DE/Ministerium/bmas-organigramm.pdf?__blob=publicationFile&v=14; https://www.bmfsfj.de/resource/blob/189904/ab1dfd164d4fe54751 0d9e522338fa4f/organigramm-pdf-data.pdf; https://www.bundesgesundheitsministerium.de/fileadmin/Dateien/3_Downloads/O/Organisationsplan/Organisationsplan.pdf) erarbeitet in Rücksprache oder auf Weisung seiner Vorgesetzten einen Gesetzentwurf (Referentenentwurf) aus;
- als federführende Referent*in holt sie Stellungnahmen anderer betroffener Referate, von Interessenverbänden und anderen Experten ein;
- in der weiteren Bearbeitungsphase sind dann auch die Anregungen und Weisungen der vorgesetzten Abteilungsleiter, Staatssekretäre und des Ministers zu berücksichtigen;
- der vom Minister übernommene Entwurf geht dann – nach der Rechtsförmigkeitsprüfung durch das Justizministerium – als Vorlage in das Kabinett;
- nimmt das Kabinett den Entwurf an, so wird aus dem Referentenentwurf eine Regierungsvorlage (je nach Bedeutung des Entwurfs bedarf es im Vorfeld der Kabinettsentscheidung vielfältiger informeller Klärungsprozesse auch mit den Spitzenpolitikern der jeweiligen Koalitionsparteien).

Ministerien sind für Lobbying deshalb besonders interessant, weil sie für einen übergroßen Anteil der Gesetzesinitiativen verantwortlich zeichnen und dort schließlich auch die „Erarbeitung von Verordnungen, Durchführungsbestimmungen usw." (Baruth und Schnapp 2015, S. 251) stattfindet.[9] „Diese Tatsache und die Feststellung, dass man Dinge, die man beeinflussen möchte, so früh wie möglich beeinflussen sollte (Ismayer 2008, S. 419), führen dazu, dass Ministerien zu den wichtigsten Adressen für Lobbyaktivitäten gehören (Sebaldt/Straßner 2004, S. 153)" (ebd.). Dem Grundsatz möglichst früher Intervention folgend ist dabei insbesondere die sogenannte Arbeitsebene der Ministerien relevant. Im frühen Stadium der Erarbeitung eines Entwurfs ist der Gestaltungsspielraum noch nicht durch vielfältige Kompromisse und politi-

---

[9] Für den sogenannten **Beschaffungslobbyismus** sind die Ministerien natürlich auch deshalb relevant, weil hier über die Zuteilung von Programmen, Projekten und Fördermitteln entschieden wird.

sche Rücksichtnahmen eingeengt und wird Expertise mit Blick auf die Problemlage und mögliche Lösungsalternativen besonders dringlich nachgefragt.

Der Weg über die Hausspitze Minister*in, Staatssekretär*in, Abteilungsleiter*in wird insbesondere dann gewählt, wenn es gilt, neue politische Akzente zu setzen. Gelingt es, die Hausspitze von einem Vorhaben zu überzeugen, dann ist natürlich der Handlungsspielraum der Arbeitsebene enger. Allerdings ist die Arbeitsebene auch hier bei der Vorbereitung von Terminen, der Beurteilung des Vorhabens und der eigentlichen Umsetzung wieder maßgeblich (vgl. ebd., S. 252–254).

Die Referent*innen handeln dabei durchaus wie politische Unternehmer. Sie werden initiativ, holen Informationen und Stellungnahmen ein, sichern ihre Entwürfe durch vielfältige Kontakte und Verhandlungen ab.[10] Den Informationsbedarf auf Referentenebene können sich Interessengruppen und Initiativen zu Nutze machen. Denn grundsätzlich gilt für diese verbeamteten Führungskräfte: „Immer noch sind Spitzenbeamte der Ministerien weniger macht- und mehr policy-orientiert als Politiker" (Rudzio 2019, S. 252). Generell lässt sich feststellen, dass „das Gewicht der Ministerialbürokratie und einschlägiger Interessenverbände in dem Maße wächst, wie das Thema im Schatten des öffentlichen Interesses verbleibt" (ebd., S. 218). Sigrid Leitner unterscheidet hier zwischen **beratungsoffenen** und **beratungsresistenten Gesetzgebungsprozessen** (Leitner (2023b), S. 162): „Das Lobbying hat hier einen Tauschcharakter, denn die Referenten sind an verwertbaren Informationen aus der Praxis und an Informationen über mögliche Widerstände interessiert, während Lobbyisten in den Entwürfen möglichst ihre Handschrift hinterlassen oder sie ganz zu Fall bringen wollen" (Speth 2006, S. 104).

(c) Eine Sonderrolle im Gesetzgebungsprozess spielen die vielfältig eingerichteten „Beauftragten" (nach § 21 Abs. 3 GGO z. B. die Beauftragte der Bundesregierung für die Belange behinderter Menschen, die Beauftragte der Bundesregierung für Migration, Flüchtlinge und Integration; die Beauftragte der Bundesregierung für Sucht- und Drogenfragen usw.) und „Beiräte" (z. B. der Sozialbeirat, der Beirat rehapro oder der Beirat für die Teilhabe von Menschen mit Behinderung (§ 86 SGB IX) beim BMAS; der Wissenschaftliche Beirat für Familienfragen; das Bundesjugendkuratorium usw.). „(G)egenwärtig bestehen 300 Beiräte bei den Bundesministerien" (Rudzio 2019,

---

[10] Entsprechend legt die Gemeinsame Geschäftsordnung der Bundesministerien (GGO) fest, dass Verbände rechtzeitig zu beteiligen sind, wenngleich Zeitpunkt, Umfang und Auswahl im Ermessen des federführenden Ministeriums liegen (§ 47 GGO) (Leitner (2023b), S. 154).

S. 249). Schließlich können die Bundesregierung und Ministerien auch ad hoc Kommissionen (zur Zuwanderung (Süssmuth-Kommission), Gesundheitspolitik, Rentenpolitik (Rürup-Kommission) oder zu Dienstleistungen am Arbeitsmarkt (Hartz-Kommission)) einrichten.[11] Der Sinn solcher Kommissionen liegt in der Entlastung und (externen) Legitimation des Regierungshandelns bei brisanten Themen (ebd., S. 250). Die Beauftragten, Beiräte und Kommissionen stellen für Interessengruppen einen Zugang zu den Ministerien dar. In den Beiräten wie Kommissionen sitzen Expert*innen ebenso wie Interessenvertreter*innen, was den Interessengruppen einen weiteren formal geregelten Zugang zur Ministerialbürokratie in einer frühen Phase der Politikformulierung beschert.

Starke, organisierte Interessen üben hier erkennbaren Einfluss aus. Insbesondere die Verbände der Arbeitnehmer (DGB und Einzelgewerkschaften) und Arbeitgeber (BDA und BDI) nehmen in sozialpolitischen Fragen eine dominierende Stellung ein. Sie stellen Informationen zur Verfügung, fertigen wissenschaftliche Gutachten an oder liefern fertige Gesetzesvorlagen. Gelegentlich entsenden sie auch eigene Mitarbeiter zur Unterstützung der Ministerialbürokratie. Formale Wege und informelle Kontakte und Netzwerke werden genutzt, um eigene Positionen und Expertise einzubringen. Aber auch sogenannte schwache Interessen und ihre Advokaten nutzen die entsprechenden Kanäle. Auch sie werden zur Stellungnahme aufgefordert (Leitner 2023a, S. 76–90; Leitner 2023b, S. 148–165) und selbst Betroffenenorganisationen entsenden Mitarbeiter*innen.

Aufgaben und Fragen zur Kontrolle des Lernerfolgs
1. Welche Bedeutung haben bundespolitische Entscheidungen für Ihr Arbeitsfeld, Ihren Verband, Ihre Einrichtung der Sozialen Arbeit?
2. Recherchieren Sie über die Webseiten des Bundestages und der Ministerien, wo diese Themen bearbeitet und entschieden werden?
3. Wann und wo ist es für Lobbyist*innen sinnvoll, sich im Rahmen von Gesetzgebungsverfahren zu beteiligen?
4. Warum ist die Redewendung „Der frühe Vogel fängt den Wurm" für Lobbyist*innen von besonderer Bedeutung?

---

[11] Der Bundestag kann Untersuchungs- bzw. Enquetekommissionen einrichten. Enquetekommissionen werden zu besonders bedeutsamen umfangreichen Themen auf Antrag eines Viertels der Mitglieder des Bundestages eingerichtet. Auch hier sind Sachverständige aus Wissenschaft und Praxis beteiligt.

Weiterführende Literatur

Althammer, Jörg, Lampert, Heinz & Sommer, Maximilian (2021). *Lehrbuch Sozialpolitik* (10. Aufl.). Berlin: Springer Gabler.
Busse, Volker & Hofmann, Hans (2022). *Bundeskanzleramt und Bundesregierung* (8. überarb. Aufl.). Baden-Baden: Nomos.
Fehmel, Thilo (2022). *Sozialpolitik für die Soziale Arbeit* (2. aktualisierte und erw. Aufl.). Baden-Baden: Nomos.
Ismayr, Wolfgang (2012). *Der Deutsche Bundestag* (3. überarb. und aktualisierte Aufl.). Wiesbaden: Springer VS.
Speth, Rudolf & Zimmer, Annette (Hrsg.) (2015). *Lobby Work*. Interessenvertretung als Politikgestaltung. Wiesbaden: Springer VS.

Webseiten zur Vertiefung

Deutscher Bundestag (www.bundestag.de)
Bundesministerium für Arbeit und Soziales (www.bmas.de)
Bundesministerium für Familie, Senioren, Frauen und Jugend (www.bmfsfj.de)
Bundesministerium für Gesundheit (www.bundesgesundheitsministerium.de)

Verwendete Literatur

Althammer, Jörg, Lampert, Heinz & Sommer, Maximilian (2021). *Lehrbuch Sozialpolitik* (10. Aufl.). Berlin: Springer Gabler.
Baruth, Stephanie & Schnapp, Kai-Uwe (2015). *Ministerialbürokratien als Lobbyadressaten*. In Rudolf Speth & Annette Zimmer (Hrsg.), *Lobby Work* (S. 245–260). Wiesbaden: Springer VS.
Bossong, Horst (2004). *Sozialverwaltung*. Ein Grundkurs für soziale Berufe (2. überarb. Aufl. 2009). Weinheim: Beltz Juventa.
Busse, Volker & Hofmann, Hans (2022). *Bundeskanzleramt und Bundesregierung* (8. überarb. Aufl.). Baden-Baden: Nomos.
Deutscher Bundestag (Hrsg.) (2019). *Stichwort Gesetzgebung*. Von der Idee zum Gesetz. Berlin: Deutscher Bundestag (download).
Fehmel, Thilo (2022). *Sozialpolitik für die Soziale Arbeit* (2. aktualisierte und erw. Aufl.). Baden-Baden: Nomos.
Ismayr, Wolfgang (2012). *Der Deutsche Bundestag* (3. überarb. und aktualisierte Aufl.). Wiesbaden: Springer VS.
Leibfried, Stephan & Tennstedt, Florian (Hrsg.) (1985). *Politik der Armut und Die Spaltung des Sozialstaats*. Frankfurt/M.: Suhrkamp.
Leitner, Sigrid (2023a). *Politische Einmischung Sozialer Arbeit in der Phase der Politikformulierung*. In Simone Leiber, Sigrid Leitner & Stefan Schäfer (Hrsg.), *Politische

Einmischung in der Sozialen Arbeit. Analyse und Handlungsansätze (S. 76–90). Stuttgart: Kohlhammer.

Leitner, Sigrid (2023b). *Wohlfahrtskorporatismus: Beteiligung im Gesetzgebungsprozess auf Bundesebene.* In Simone Leiber, Sigrid Leitner & Stefan Schäfer (Hrsg.), *Politische Einmischung in der Sozialen Arbeit.* Analyse und Handlungsansätze (S. 148–165). Stuttgart: Kohlhammer.

Münch, Ursula (2023). *Sozialpolitik der deutschen Länder.* In Peter Hammerschmidt, Jutta Schröten & Gerd Stecklina (Hrsg.), *Sozialpolitik und Soziale Arbeit im Mehrebenensystem von Kommune, Staat und Suprastaat* (S. 88–104). Weinheim, Basel: Beltz Juventa.

Pilz, Frank (2004). *Der Sozialstaat.* Ausbau – Kontroversen – Umbau. Bonn: Bundeszentrale für politische Bildung.

Rudzio, Wolfgang (2019). *Das politische System der Bundesrepublik Deutschland* (10. aktualisierte und erw. Aufl.). Wiesbaden: Springer VS.

Schroeder, Wolfgang et al. (2018). *Vorbeugende Sozialpolitik als Antwort auf soziale Ungleichheiten und neue soziale Risiken.* Kommunikation und Steuerung vorbeugender Sozialpolitik in den Bundesländern. Düsseldorf: Forschungsinstitut für gesellschaftliche Weiterentwicklung (download).

Speth, Rudolf (2006). *Die Ministerialbürokratie: erste Adresse für Lobbyisten.* In Thomas Leif & Rudolf Speth (Hrsg.), *Die fünfte Gewalt.* Lobbyismus in Deutschland (S. 99–110). Wiesbaden: VS Verlag.

Speth, Rudolf & Zimmer, Annette (Hrsg.) (2015). *Lobby Work.* Interessenvertretung als Politikgestaltung. Wiesbaden: Springer VS.

Strässer, Christoph & Meerkamp, Frank (2015). *Lobbying im parlamentarischen Bereich – Politik im Lobbyfokus.* In Rudolf Speth & Annette Zimmer (Hrsg.), *Lobby Work* (S. 219-244). Wiesbaden: Springer VS.

Interessenvertretung auf kommunaler Ebene: Kommunales Lobbying? 5

Zusammenfassung

Das folgende Kapitel beleuchtet den kommunalen Handlungsrahmen. Die Ebene der Kommunalpolitik ist für Qualität wie Quantität sozialer Dienstleistungen von erheblicher Bedeutung. Maßgeblich gestalten die Kommunen die soziale Infrastruktur in den Bereichen Arbeitsförderung, Armutsbekämpfung, Eingliederungshilfe, Jugendhilfe und Flüchtlingshilfe. Kommunalpolitik ist dabei wesentlich **Implementationspolitik**. Diejenigen, die **Politik machen, sind wesentlich identisch mit jenen, die diese Politik ausführen.** **Kommunales** Politikmachen (Policy Making) zielt auf die unmittelbare Bewältigung spezifischer, lokaler Herausforderungen im Rahmen staatlicher Regelungen und vor dem Hintergrund gesamtgesellschaftlicher Entwicklungen. Im Sinne kommunaler Selbstverwaltung geht es darum, gesamtstaatliche politische Vorgaben problem- und ortsangemessen unter Beteiligung der Bürger*innen zu gestalten und umzusetzen. Das Konzept Lobbying ist dabei für das Verständnis kommunalpolitischer Einflussnahme nur sehr begrenzt geeignet. Kommunales Politikmachen vollzieht sich wesentlich korporatistisch bzw. governenziell.

5.1 Die Kommune als Politikgestalterin

Wer Sozialarbeitspolitik gestalten will, darf die Ebene der Kommunalpolitik nicht vernachlässigen. Denn Quantität wie Qualität Sozialer Dienstleistungen in den Bereichen der Jugend-, Sozial- und Eingliederungshilfe sowie der Arbeitsförderung werden wesentlich in den Kommunen (hier insbesondere den Kreisen und kreisfreien Städten) verantwortet. Zwar wird in erster Linie im Bund und davon abgeleitet in den Ländern über die Ausrichtung der Sozialpolitik, ihre gesetzlichen Rahmenbedingungen und ihre Finanzierung, entschieden, jedoch sind die Kommunen im Gefüge des subsidiär organisierten bundesdeutschen Sozialstaates für die konkrete Leistungserbringung in sozialen Diensten und Einrichtungen verantwortlich.

Dabei sind sie keine passiven Ausführungsorgane, welche gesamtstaatliche, sozialpolitische Vorgaben lediglich administrieren. Bei der notwendigen Allgemeinheit und Unbestimmtheit übergeordneter Gesetze und Programme fällt den Kommunen als Selbstverwaltungsorganen die Aufgabe zu, sozialstaatliche Vorgaben zu konkretisieren, anzupassen und zu ergänzen, um die vor Ort vorhandenen Problemlagen zu bewältigen und dabei die Bürgerschaft in angemessener Weise zu beteiligen. Bürgerbeteiligung ist dabei sowohl Gebot demokratischer Selbstbestimmung wie Erfordernis zweckmäßigen Handelns. Die Zweckmäßigkeit der Beteiligung der Bürger*innen bei der sachgerechten Bewältigung sozialer Problemlagen ergibt sich aus der Problemnähe und der unmittelbaren Entscheidungsbetroffenheit vor Ort. Gerade die Wirksamkeit sozialarbeiterischer Interventionen ist eng mit der fallangemessenen Berücksichtigung lokaler Bedarfe verknüpft. Die kommunale Ebene hat hier eindeutige „Positionsvorteile bei der innovativen Entwicklung von Problemlösungen" (Bieker 2006, S. 36). Sowohl in ihren sozialgesetzlich verankerten Pflichtaufgaben als auch im Rahmen freiwilliger Aufgaben haben die Kommunen dafür erhebliche Gestaltungsspielräume:

- Die Kommunen erfüllen eine **„Optimierungsfunktion"** (Bogumil und Holtkamp 2006, S. 218; Herv. GR): Selbst dort, wo die Kommunen gesetzlich verankerte Pflichtleistungen (bspw. nach dem SGB VIII oder XII) erbringen, besteht ein erheblicher Gestaltungsspielraum. Art und Umfang der Leistungen sind hier zwar durch die übergeordneten politischen Ebenen (Bund, Land) weitgehend festgelegt. Den Kommunen obliegt es aber, wie die für die Umsetzung zuständigen Ämter (z. B. Jugend- und Sozialamt) organisiert sind. Ob die Leistungserbringung zentral oder dezentral erfolgt, wie weit hierarchische Steuerung beibehalten oder durch neue Steuerungsmodelle ergänzt wird, wie Qualität gesichert und kontrolliert wird, wie und wie viel Personal rekrutiert, fortgebildet und beteiligt wird, an welchem Leitbild die Arbeit ausgerichtet und welche fachliche Orientierung (Case Management, Sozialraumorientierung, integrierte Versorgung usw.) implementiert wird.
- Die Kommunen haben darüber hinaus eine **„Integrationsfunktion"**: Politisches Handeln ist auf kommunaler Ebene auch dort gefragt, wo es gilt, im Rah-

men der Gewährleistungspflicht der Kommunen und orientiert am Subsidiaritätsprinzip die soziale Infrastruktur zwischen öffentlichen, freigemeinnützigen und gewerblichen Leistungserbringern zu gestalten. Setzt die Kommune auf Konkurrenz als marktwirtschaftliches Steuerungsmedium oder bevorzugt sie korporatistische Aushandlungsprozesse mit den Wohlfahrtsverbänden und Trägern der freien Jugendhilfe? Wie werden die unterschiedlichen Anbieter koordiniert und vernetzt? Welche Formen der Zusammenarbeit sind institutionalisiert? Wie wird die Leistungserbringung kontrolliert und der fachliche Austausch gewährleistet? Wie und in welcher Qualität wird Sozialplanung (Altenhilfe-, Jugendhilfeplanung usw.) durchgeführt? Wie ist der Zugang für neu entstehende Initiativen möglich und wie wird Selbsthilfe und Bürgerengagement einbezogen? (Walter 2017).
- Schließlich haben die Kommunen eine **„Innovationsfunktion"**: Im Rahmen freiwilliger Leistungen bestehen aufgrund der verfassungsrechtlich garantierten „Allzuständigkeit" der Kommunen vielfältige Möglichkeiten, das Soziale zu gestalten. Auch wenn der Spielraum aufgrund gesetzlicher Regelungen wie schwacher Finanzausstattung in den letzten Jahren enger geworden ist, zeigen vielfältige kommunale Initiativen und Modellprojekte, welche Möglichkeiten kommunale Sozialarbeitspolitik über die Erfüllung ihrer Pflichtaufgaben hinaus hat.

Deutlich wird, dass eine kreative kommunale Sozialpolitik trotz externer Normierung und finanzieller Restriktionen einen Unterschied macht. Kommunale Sozialarbeitspolitik kann sich auf das gesetzlich Vorgeschriebene beschränken oder versuchen, unter den gegebenen Bedingungen kommunale Sozialarbeitspolitik zu gestalten. Initiativen können in Rat und Verwaltung angestoßen (top-down) werden, oder aus der Bürgerschaft (bottom-up) kommen; kreative Mittelerschließung kann einen Finanzierungsmix aus Geldern unterschiedlicher staatlicher Ebenen (Europa, Bund, Länder), aus der Wirtschaft (Spenden, Social Sponsoring usw.) und der Zivilgesellschaft (Spenden, (Bürger-)Stiftungen usw.) ermöglichen; neue Steuerungs- und Kooperationsformen können ausprobiert (Public Private Partnership, Netzwerke, Markt usw.) werden. Auf diese Weise entstehen vor Ort immer wieder Initiativen und Lösungsansätze, die im Laufe der Zeit Nachahmung finden und schließlich über die bundesstaatliche Sozialgesetzgebung zu allgemeinen Leistungen werden.

Die Kommunen verfügen – wie gezeigt – im Bereich der Sozialarbeitspolitik über erheblichen Gestaltungsspielraum. Dabei sind die Gestaltungsanforderungen seit den 2000er-Jahren mit der Orientierung am Reformkonzept des aktivierenden Sozialstaats weiter gewachsen (Klammer und Brettschneider 2021). Die Betonung von Prävention, Eigenverantwortung und Bürgerengagement forciert die Bedeutung kommunaler Politikgestaltung. „Kommunale Alten- und Seniorenpolitik" (Backes und Amrhein 2011), „(k)ommunale Arbeitsmarktpolitik" (Buestrich 2011), kommunale Bildungspolitik (Kühnlein und Klein 2011; Weiß 2011), kommunale Engagementpolitik (Olk et al. 2010), kommunale Gesundheitspolitik (Schmidt 2011) oder „(k)ommunale Integrationspolitik" (Krummacher 2011) haben an Bedeutung gewonnen. Kennzeichnend für diese neu erschlossenen bzw. erweiterten Tätigkeitsfelder ist die Suche nach sozialräumlichen Lösungen. Die lokale Gemeinschaft soll über bürgerschaftliches Engagement, Netzwerkbildung und regionale Kooperation zur Bewältigung gesellschaftlicher Problemlagen beitragen. Dabei übernehmen die Kommunen immer öfter Koordinations- und Gestaltungsaufgaben in Bereichen, die bislang stärker Angelegenheit von Bund- und Ländern waren. In diesem Zusammenhang wird von einer „Kommunalisierung" der Sozialpolitik (Dahme und Wohlfahrt 2010) gesprochen. Die Träger und Einrichtungen Sozialer Arbeit müssen also erhebliches Interesse haben, Kommunalpolitik erfolgreich mitzugestalten. Dabei gilt es zu berücksichtigen, dass die Kommunen selbst Träger und Anbieter sozialer Dienstleistungen sind und die freien Träger der Sozialen Arbeit der Kommune nicht als externe Lobbyisten gegenübertreten (können), sondern integraler Bestandteil lokaler Governance sind.

5.2 Kommunale Selbstverwaltung

Die Kommunen verfügen im politischen Mehrebenensystem der Bundesrepublik Deutschland über ein verfassungsmäßig verbrieftes Recht auf Selbstverwaltung: „Den Gemeinden muss das Recht gewährleistet sein, alle Angelegenheiten der örtlichen Gemeinschaft im Rahmen der Gesetze in eigener Verantwortung zu regeln" (Art. 28 Abs. 2 Satz 1 GG). Dabei kommt den Kommunen keine eigene Staatlichkeit neben Bund und Ländern zu. Sie sind Teil der Länder. Die Gemeindeordnungen, die ihren Handlungsspielraum und ihre institutionelle Ordnung festlegen, sind Landesgesetze und die Gestaltungsmöglichkeiten der Kommunen bewegen sich im Rahmen geltender Gesetze und einer eng begrenzten Finanzhoheit. Kommunen können deshalb zur Regelung der örtlichen Angelegenheiten auch keine Gesetze erlassen, sondern lediglich Satzungen schaffen (Rieger 2014a).

Kommunen sind Selbstverwaltungskörperschaften (Bieker 2020, o. S.). Ihre wesentliche Funktion im bundesrepublikanischen Mehrebenensystem ist es, Politikausführung demokratisch zu gestalten. Die übergeordneten staatlichen Ebenen bedienen sich der Kommunen, damit diese sich „vertreten durch die von den BürgerInnen gewählten Organe in einem bestimmten Rahmen frei … ohne staatliche Bevormundung und Einmischung mit ihren Angelegenheiten vor Ort in eigener Entscheidungshoheit" (Bieker 2020: o. S.) befassen können. Ihre demokratische Funktion ist es, die Bürger*innen vor Ort an der Regelung der eigenen Angelegenheiten zu beteiligen und dabei die Vertrautheit mit den lokalen Bedingungen zu nutzen, um eine angemessene, responsive Politikverwirklichung zu gewährleisten.

Kommunalpolitik ist Implementationspolitik. Ihr Politikmachen erfolgt stets im Modus der Politikimplementation. Kommunalpolitisches Entscheiden ist unmittelbar mit der konkreten Umsetzung und Durchführung der Politik verbunden. Auch dort, wo im Rahmen freiwilliger Aufgaben neue, eigene Lösungen gesucht werden (Innovationsfunktion) müssen diese Lösungen von der eigenen Verwaltung unmittelbar vor Ort, im Zusammenwirken lokaler Akteure auch ausgeführt werden. Die Kommune verwaltet sich selbst.

Die institutionelle Ordnung der Kommunen folgt deshalb nicht der gewaltenteiligen Trennung von Regierung und Gesetzgebung, sondern ist auf Selbstverwaltung hin ausgelegt. Die Architektur kommunalpolitischer Systeme (insb. Süddeutsche Ratsverfassung etwas schwächer die Magistratsverfassungen in Hessen und Bremen) zeichnet sich durch die enge Verflechtung zwischen dem Rat als Vertretungskörperschaft und der durch die Bürgermeister*innen/Landrät*innen geleiteten Verwaltung aus. Die von den Bürger*innen gewählten Gemeinderäte, Stadträte, Kreistage sind deshalb auch nicht als Parlamente verfasst, sondern als kollegiale Verwaltungsorgane angelegt. Ihnen obliegen alle wesentlichen Entscheidungen mit Blick auf die Regelung der örtlichen Angelegenheiten. Der Rat legt die „Grundsätze der Verwaltung der Gemeinde fest und entscheidet über alle Angelegenheiten der Gemeinde, soweit nicht der Bürgermeister kraft Gesetzes zuständig ist oder ihm der Gemeinderat bestimmte Angelegenheiten überträgt" (GemO Baden-Württemberg § 24 Abs. 1). Er kontrolliert zusammen mit und in Ergänzung zur Bürgermeister*in die Verwaltung der Gemeinde.

Die Entscheidungsfindung in den Räten vollzieht sich über Beratungen und Abstimmungen nach dem Mehrheitsprinzip. Stadträte und Kreistage sind in der Regel in Fraktionen gegliedert und organisieren sich arbeitsteilig in Ausschüssen. Das Ausschusswesen ermöglicht (wie in den Parlamenten auf Landes- und Bundesebene) eine Arbeitsteilung und Spezialisierung unter den Stadtratsmitgliedern. Als von ihren Fraktionen entsandte Ausschussmitglieder können sie sich in spezifische Fachmaterien einarbeiten, entsprechende Netzwerke aufbauen und Expertise gewinnen. Komplexe fachliche Zusammenhänge können informiert und vertieft beraten, aufbereitet und – zum Teil – auch entschieden werden. Obligatorisch sind in kreisfreien Städten und Landkreisen Jugend- und Sozialausschüsse (Zühlke 2011, S. 46–49) einzurichten.

Die in Rat und Ausschüssen beratenden bzw. entscheidenden Stadt- oder Kreisrät*innen üben ihr Mandat grundsätzlich als Ehrenamt aus. Ihnen steht die kommunale Verwaltung mit ihren hauptamtlichen Mitarbeiter*innen gegenüber. Die fachliche Expertise sitzt in der Regel also in der Verwaltung, an deren Spitze Oberbürgermeister*innen/Landrät*innen und Referent*innen/Dezernent*innen/Beigeordnete als deren Vertreter*innen stehen. Sie erbringt mit ihrem hauptamtlichen Personal (kommunale Beamte, Angestellte, Arbeiter) und den ihr zugewiesenen Geld- und Sachmitteln Dienstleistungen. Ihr obliegt der Vollzug kommunaler Aufgaben. Sie ist Leistungs- und Durchführungsbehörde, und hat Planungs-, Steuerungs-, Kontroll- und Aufsichtsfunktionen (Bossong 2004, S. 56 ff.).

Traditionell sind Verwaltungen hierarchisch (Linien-Organisation) und arbeitsteilig organisiert. Entsprechend gliedert sich die Verwaltung kreisfreier Städte oder Kreise in mehrere Referate (Fachbereiche/Ressorts). Die Referate werden von hauptamtlichen kommunalen Wahlbeamt*innen (berufsmäßigen Stadträt*innen) geleitet, die ihrerseits der Oberbürgermeister*in unterstellt sind (s. o.). Die Referate wiederum sind in Ämter untergliedert (vgl. Grafik in Bödege-Wolf und Schellberg 2005, S. 76; vgl. auch Abb. 5.1 das Organigramm der kreisfreien Stadt Augsburg).

An der Spitze des Sozialreferats steht die Sozialreferent*in. Auch sie erfüllt eine Doppelfunktion indem sie ausgestattet mit Antrags- und Beratungsrechten Mitglied des Rats und gleichzeitig Verwaltungsleiter*in ist. Sie wird an den ihr Fachgebiet betreffenden Beratungen des Stadtrats beteiligt, vertritt ggf. die Oberbürgermeister*in oder Landrät*in auf Dauer im Vorsitz in den jeweiligen Ausschüssen (hier: Sozialhilfe- und Jugendhilfeausschuss) und leitet ihr Referat mit dessen Ämtern. Zum Sozialreferat gehören, wie in Abb. 5.1 am Beispiel der kreisfreien Stadt Augsburg zu erkennen, regelmäßig das Sozialamt und das Jugendamt. Je nach Zuständigkeit und Umfang der zu erledigen Aufgaben bilden die Ämter Abteilungen und Unterabteilungen. Den Ämtern steht als kommunale (Lebenszeit-)Beamt*in eine Amtsleiter*in vor, die gegenüber den jeweiligen Abteilungsleiter*innen und deren Mitarbeiter*innen weisungsbefugt ist.

Die kommunale (Sozial-)Verwaltung ist im Rahmen kommunaler Implementationspolitik Ausführungsorgan. In ihrer engen Verbindung zum Rat ist sie aber auch aktiver Akteur im politischen Entscheidungsprozess. „In formaler Hinsicht lässt sich der kommunale Entscheidungsproze in die Aspekte ´**Vorbereitung einer Vorlage**´ und ´**Entscheidung über eine Vorlage**´ gliedern" (Naßmacher und Naßmacher 1999, S. 307; Herv. GR).

Diese formalen Aspekte des kommunalen Entscheidungsprozesses sind aber in den üblichen Kreislauf politischer Problembearbeitung eingebunden (im **Policy Cycle**: Initiativ-, Vorbereitungs-, Entscheidungs- und Ausführungsphase) (vgl.

5.2 Kommunale Selbstverwaltung

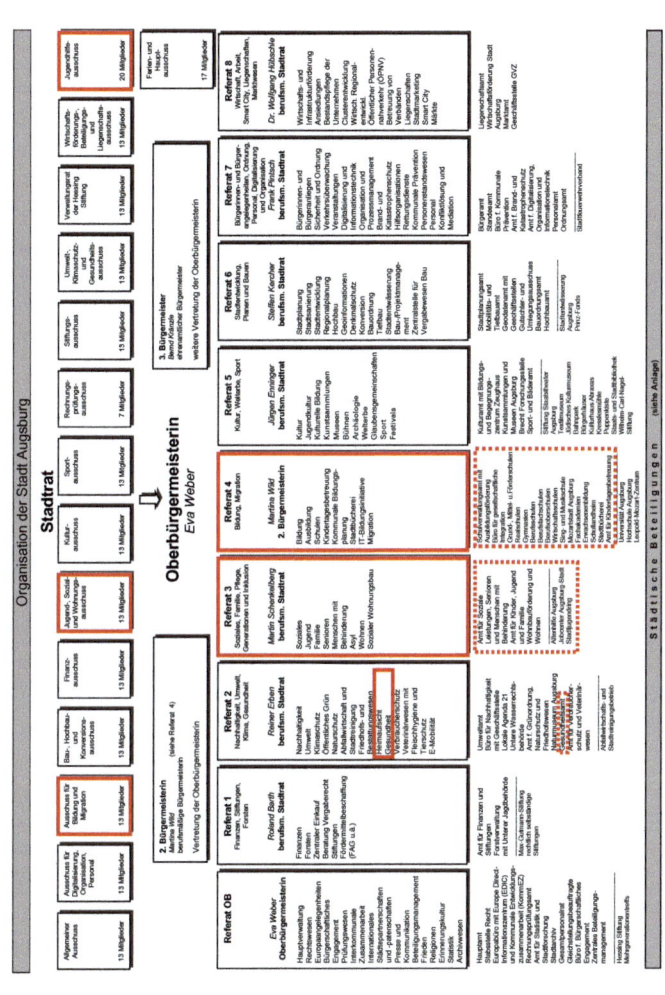

Abb. 5.1 Organigramm der Stadt Augsburg ((Stand 01.05.2023) mit Kennzeichnung der für die kommunale Sozialpolitikgestaltung besonders relevanten Ausschüsse und Referate. (https://www.augsburg.de/fileadmin/user_upload/buergerservice_rathaus/stadtregierung/organisation/230508-Organigramm_Stand_01.05.2023_-_Referatsgesch%C3%A4ftsverteilung_-_gesamt_-_offiziell.PDF))

ebd., S. 308). Gelingt es, ein bestimmtes Problem zum Gegenstand politischer Diskussion und Entscheidung zu machen (Initiativphase), so ist unmittelbar die Sozialverwaltung gefragt. Sie hat als öffentlicher Träger im Rahmen ihrer Planungs- und Gewährleistungsfunktion den gesetzlichen Auftrag, auf neue Herausforderungen zu reagieren. „Die Verwaltung muss aktiv werden, wenn wahrgenommener Problemdruck, verfügbarer Sachverstand, artikulierte Interessen und politischer Gestaltungswille zusammentreffen" (ebd., S. 310). Handelt es sich um Routineangelegenheiten, dann kann die Verwaltung eigenverantwortlich agieren. Entscheidungen die nicht in den Bereich eigenverantwortlicher Problembearbeitung fallen, müssen dagegen grundsätzlich vom Rat oder dessen Ausschüssen (Demokratieprinzip) getroffen werden. Bei der Vorbereitung dieser für ihr eigenes Handeln notwendigen Beschlüsse spielt die Verwaltung aber dann wieder eine zentrale Rolle. Entscheidendes Element dieser Vorbereitung ist die Erstellung sogenannter Beschluss- bzw. Verwaltungsvorlagen, die den ehrenamtlichen Ratsmitgliedern zur Beratung und Entscheidung vorliegen müssen. „Die Ausarbeitung von Verwaltungsvorlagen beginnt im jeweiligen Fachamt (Sachbereich). Normalerweise erstellen Sachbearbeiter und Amtsleiter (Bereichsleiter) die Verwaltungsvorlagen, wobei sie auch eher informelle Außenkontakte zu Betroffenen oder privaten Implementationsträgern (hier insbesondere soziale Einrichtungen und Verbände (Anm. GR)) nutzen, um problemadäquate Lösungen zu finden" (Naßmacher und Naßmacher 1999, S. 310 f.).

Die Verwaltung ist bei der Erstellung der Beschlussvorlagen dafür zuständig, die relevanten rechtlichen, finanziellen und fachlichen Aspekte einzuarbeiten, entsprechend aufzubereiten und entscheidungsreif darzustellen (Pläne, Übersichten, Angebote, Berechnungen, Satzungs- oder Verordnungsentwürfe, Statistiken, Alternativen usw. (Kitzeder 1997, S. 77). Generell wird für die Beschlussfassung in den Kommunen deshalb ein deutliches Übergewicht der Verwaltungen festgestellt. Grauhan spricht in diesem Zusammenhang von einer „exekutive(n) Führerschaft" (ebd., S. 283). Die „Durchschlagskraft entscheidungsreifer Verwaltungsvorlagen (ist) so stark, daß die meisten Verwaltungsvorlagen die Ausschüsse allenfalls mit marginalen Veränderungen passieren" (ebd., S. 313). Das „Setzen von Zielen, Festlegungen von Prioritäten, Anregen politischer Innovationen und Wählen zwischen Programmalternativen, Aufzeigen von Kompromissen (erfolgt) vielfach nach Vorgaben der örtlichen Verwaltungsbehörde" (ebd., S. 316). Allerdings braucht auch „eine starke Verwaltung Mehrheiten im Rat". Die zuständigen Fachpolitiker müssen überzeugt, Mehrheiten organisiert werden (Rieger 2014a).

Politikgestaltung auf kommunaler Ebene ist **verwaltungsorientiert** und **verwaltungsdominiert**. Politische Einflussnahme in Stadt und Kreis profitiert daher zweifellos von einer guten Vernetzung mit thematisch interessierten Rät*innen in den Ausschüssen, vollzieht sich aber vor allem in Kooperations-, Beratungs- und Aushandlungsprozessen mit der fachlich zuständigen Sozialverwaltung. Denn das kommunale Entscheidungssystem ist zwar verwaltungsdominiert, aber die Verwaltung ist in der Erbringung ökonomisch machbarer und zivilgesellschaftlich akzeptierter Dienstleistungen auf die Zusammenarbeit mit freien Trägern verwiesen.

5.3 Interessenvertretung in kommunalen Governanceprozessen

Traditionell ist kommunale Sozial(arbeits)politik durch eine enge Verflechtung öffentlicher und freier Träger gekennzeichnet. „Die bereits Mitte der 20er-Jahre erfolgte offizielle Anerkennung und Vorrangstellung der Spitzenverbände führte zu engen wechselseitigen Beziehungen zwischen den Trägern staatlicher und kommunaler Sozialpolitik einerseits und der begrenzten Zahl zentralisierter Wohlfahrtsverbände mit Monopolcharakter andererseits. Dies bedeutet, daß alle wichtigen Fragen und Zielvorstellungen schon im Vorhinein zwischen den verantwortlichen politischen Instanzen auf kommunaler Ebene und den Verbandsvertretern abgestimmt und koordiniert werden können" (Heinze 1985, S. 206). Dietrich Thränhardt prägt dafür zu Beginn der 1980er-Jahre den Begriff des „kommunalen Korporatismus", der sich dadurch auszeichnet, dass „organisierte Interessen an der Formulierung und Ausführung von politischen Entscheidungen teilhaben" (Heinze und Voelzkow 1993, S. 246). Auf kommunaler Ebene zeigt sich die Einbeziehung der Verbände in die Jugend- und Sozialpolitik insbesondere durch ihre formelle Vertretung im Jugendhilfeausschuss (Schneider et al. 2011), aber auch durch vielfältige informelle Kooperationsbeziehungen mit kommunaler Verwaltung und Ratsausschüssen (Heinze 1985, S. 208 f.).

Die Gestaltung kommunaler Sozial(arbeits)politik unterliegt nun aber seit Jahren einem tiefgreifenden, die gesamtgesellschaftlichen Entwicklungen spiegelnden Wandel. Finanzierungsprobleme und Leistungsherausforderungen sowie damit zusammenhängende sich wandelnde sozialpolitische Ordnungsvorstellungen erhöhen den Reformdruck in den Kommunen. Im **aktivierenden Sozialstaat** werden Aufgaben der sozialen Sicherung und Integration dezentralisiert. Die Folge ist eine Kommunalisierung der Sozialpolitik, welche zwar den Gestaltungsspielraum vor Ort erweitert, aber dort gleichzeitig den Handlungsdruck und die Kosten erhöht.

Vor dem Hintergrund sich pluralisierender Stadtgesellschaften reagiert die Kommunalpolitik auf Haushaltskrisen und wachsende soziale Probleme sowie erweiterte gesetzliche Leistungsanforderungen seit den 90er-Jahren zunächst mit betriebswirtschaftlich orientierten Steuerungsversuchen (die **Kommune als Unter-**

nehmen). Das von der Kommunalen Gemeinschaftsstelle für Verwaltungsmanagement (www.kgst.de) forcierte Neue Steuerungsmodell (NSM) zielt darauf, die neuen Herausforderungen „durch effizientere Dienstleistungsproduktion zu meistern" (Holtkamp 2011, S. 60). Dieser „Ökonomisierungstrend" wurde und wird überlagert durch den dem gesellschaftlichen Wertewandel folgenden „Partizipationstrend" in der kommunalen Politikgestaltung (ebd., S. 53). Deutliches Zeichen hierfür ist die Ausbreitung direktdemokratischer Elemente in den Kommunalverfassungen (Direktwahl der Bürgermeister, Bürgerbegehren/-entscheide, Bürgerhaushalte usw.) sowie die Einführung neuer Beteiligungsverfahren (Bürgerforen, Zukunftswerkstätten usw.) oder die wachsende Bedeutung der Förderung bürgerschaftlichen Engagements (die **Bürgerkommune**).

Kommunales Policy Making vollzieht sich deshalb zunehmend im Spannungsfeld der Sektoren Politik/Verwaltung, Markt und Zivilgesellschaft/Dritter Sektor. Politische Steuerung in den Kommunen sucht nach einem angemessenen Steuerungsmix unterschiedlicher Steuerungslogiken. Hierarchische politisch-administrative Steuerung wird durch marktwirtschaftliche Regelungsmechanismen ergänzt und für zivilgesellschaftliches Partizipation und Engagement geöffnet **(lokale Governance)**. In unterschiedlichen Leistungsbereichen kommunaler Sozialarbeitspolitik (Altenhilfepolitik, Inklusionspolitik, Integrationspolitik, Jugendhilfepolitik, kommunale Arbeitsmarktpolitik, Sozialhilfepolitik usw.) bilden sich je spezifische Akteurskonstellationen heraus und kommt eine Vielfalt von Steuerungsformen (Hierarchie, Verhandlung, Netzwerke, Partizipation) und Steuerungsmechanismen zum Einsatz (Roß und Rieger 2018). Je nach Regelungsinhalten und politischen Herausforderungen ergeben sich unterschiedliche Mischformen (Govenancetypen). Lokale Governance mag in bestimmten Politikbereichen weiterhin verwaltungsdominiert und korporatistisch erfolgen, in anderen Bereichen dagegen stärker marktförmig gestaltet sein oder stärker auf Netzwerksteuerung setzen (vgl. Schäfer-Walkmann und Traub 2017; Walter 2017; vgl. auch Abb. 5.2).

Der kommunalen Sozialverwaltung kommt im Rahmen des jeweiligen Governanceregimes dann einerseits die Rolle zu, Rechte und entsprechende gesetzlich geregelte Leistungsansprüche zu garantieren. Denn auch Governancestrukturen benötigen eine Instanz „die wenigstens dem Anspruch nach Verantwortung für das Ganze, eine Art Systemverantwortung trägt" (Benz und Dose 2010, S. 44). Die Sozialverwaltung muss und kann dies leisten, in dem sie entweder (als Dienstleisterin) die notwendigen Leistungen selbst erbringt, in dem sie (als Auftraggeberin, Kundin und Kontrolleurin) orientiert am Subsidiaritätsprinzip bestimmte Leistungen an frei gemeinnützige bzw. privatwirtschaftliche Organisationen vergibt und indem sie (als Rahmensetzerin und Gestalterin) den Interaktionsprozess

5.3 Interessenvertretung in kommunalen Governanceprozessen

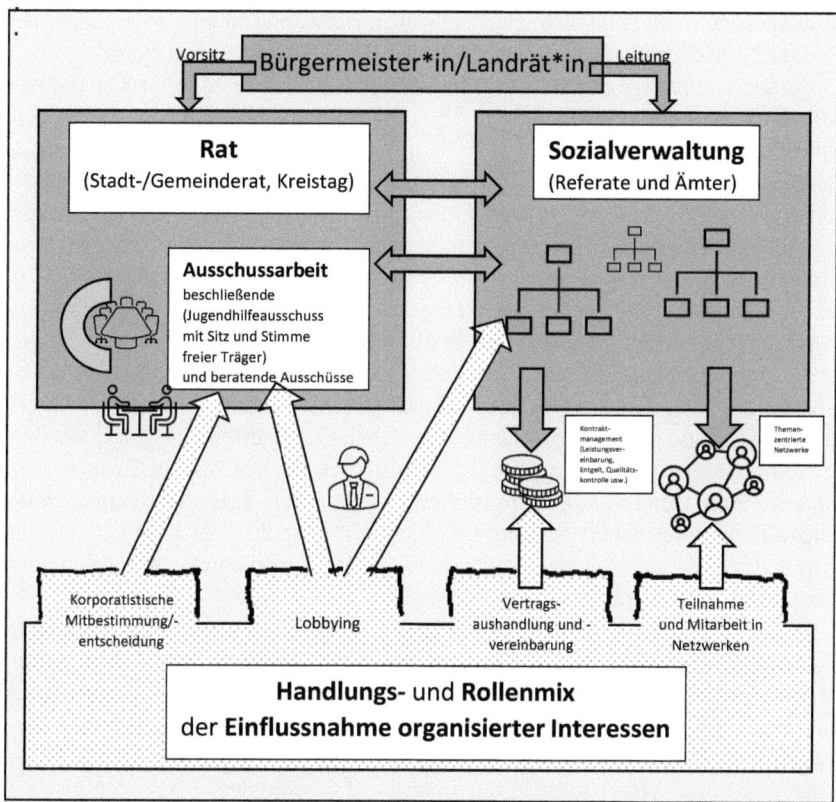

Abb. 5.2 Einflussnahme sozialer Dienstleistungsinteressen im Rahmen kommunaler Implementationspolitik. (Eigene Darstellung)

zwischen unterschiedlichen Stakeholdern initiiert und arrangiert. Sie muss dazu Partizipation ermöglichen und Netzwerkbildung fördern. Denn „Governance als strategisches Konzept setzt auf die gezielte Bildung und Pflege von sektorübergreifenden Politiknetzwerken als neuen Institutionalisierungsformen politischer Steuerung" (Grunwald und Roß 2014, S. 30). Sozialverwaltung kann entsprechende Interaktionsprozesse zwar motivieren, koordinieren und moderieren, bleibt dann aber auf die Mitwirkung der anderen Akteure verwiesen. Sie kann sich bei ihrer zentralen Aufgabe der Politikimplementation immer weniger allein auf weisungsgebundene Administration beschränken, sondern muss betriebswirtschaftliche Instrumentarien in ihr Verwaltungshandeln integrieren und mehr Partizipation der zivilgesellschaftlichen Assoziationen und der Bürger-Klient*innen zulassen.

Freigemeinnützige und private Träger Sozialer Arbeit treten in der Kommunalpolitik dabei weniger als externe Lobbyisten denn als **Mitgestalter** der lokalen Governancesysteme auf. Sie müssen die unterschiedlichen Rollenanforderungen als Dienstleistungsanbieter, Marktteilnehmer, politischer Interessenvertreter oder zivilgesellschaftlicher Akteur annehmen, sich entsprechend positionieren und die lokalen Bedingungen mitgestalten. Sie sind im Sinne von **Koopkurrenz** mal Konkurrenten mal Kooperationspartner (Schönig 2015). In der Gestaltung lokaler Governanceregime treten freie Träger mithin sowohl als selbstbestimmte, eigene Zwecke setzende Assoziationen als auch als politische Interessenvertreter und ökonomisch kalkulierende Verhandlungspartner auf. Gerade die Netzwerkorientierung von Governance eröffnet den freien Trägern – ihr Gewicht als Dienstleister und ihre Einflussnahme als Lobbyisten ergänzende – Möglichkeiten der (Mit-)Steuerung. In den jeweiligen Politiknetzwerken können Regeln, Verfahrensweisen und Aufgabenverteilungen (Rollen) konsensorientiert ausgehandelt und vereinbart werden; hier kann ein gemeinsames Leitbild, das die Mitglieder des Policy-Netzwerks orientiert und verpflichtet, geschaffen und weiterentwickelt werden.

Die für kommunale Implementationspolitik typische Verquickung von Politikformulierung und Ausführung macht die Geschäftsführer*innen und Verbandsvorsitzenden der Einrichtungen zu zentralen Akteuren lokaler Politikgestaltung. Denn mit ihrer Leitungsfunktion haben sie eine Scharnierfunktion zwischen Politik/Verwaltung und der eigenen Organisation. „Die Sozialmanagementakteure handeln aktiv im Sinne einer Kontextsteuerung in den komplexen sozialpolitischen Rahmenbedingungen. Sie beeinflussen und steuern kommunalpolitische Definitions- und Politik-Prozesse, können (Einfluss-)Macht erkennen und gewinnen, haben die Kenntnis und die Fähigkeit der Pflege und Aktivierung von wesentlichen politischen Akteuren, sie haben die Fähigkeit eines politik-strategischen Handelns, über die Kenntnis und Beeinflussung der Sozialmarktregeln bis hin zur Beherrschung von Öffentlichkeits- und Gremienarbeit" (Langer 2013, S. 117).

Kommunalpolitische Einflussnahme bedient sich zwar durchaus der Methoden der Lobbyarbeit, wie sie in Teil 3 dieses Bandes geschildert werden. Das Rollenverständnis und die Strategien der Akteur*innen können mit dem Konzept des Lobbyings aber nicht hinreichend erfasst werden. Der unmittelbare Zusammenhang von politischem Entscheiden und Umsetzung wie Ausführung der Leistungen in der Kommunalpolitik machen sie zu verantwortlichen Netzwerkakteur*innen und Mitentscheider*innen.

Aufgaben und Fragen zur Kontrolle des Lernerfolgs
1. Welche Bedeutung haben kommunalpolitische Entscheidungen in Ihrem Arbeitsfeld?
2. Recherchieren Sie für Ihren Landkreis, Ihre (kreisfreie) Stadt (auf den entsprechenden Webseiten), wo innerhalb des kommunalpolitischen Systems zu Ihren Themen gearbeitet, über Ihre Themen entschieden wird?
3. Was versteht man unter lokaler Governance?
4. Was unterscheidet organisierte Interessenvertretung auf kommunaler Ebene vom Gesetzeslobbying im Bund?

Weiterführende Literatur

Bieker, Rudolf (2006). *Kommunale Sozialverwaltung.* Grundriss für das Studium der angewandten Sozialwissenschaften. München: Oldenbourg.
Brandl, Uwe, Huber, Thomas & Walchshöfer, Jürgen (Hrsg.) (2020). *Praxiswissen für Kommunalpolitiker.* Erfolgreich handeln als Gemeinde-, Stadt-, Kreis- und Bezirksrat in Bayern (5. Aufl.). Heidelberg: Rehm.
Dahme, Heinz-Jürgen & Wohlfahrt, Norbert (2013). *Lehrbuch Kommunale Sozialverwaltung und Soziale Dienste.* Grundlagen, aktuelle Praxis und Entwicklungsperspektiven (2. überarb. Aufl.). Weinheim, München: Beltz Juventa.
Dahme, Heinz-Jürgen & Wohlfahrt, Norbert (Hrsg.) (2011). *Handbuch kommunale Sozialpolitik.* Wiesbaden: VS Verlag für Sozialwissenschaften.
Deutscher Paritätischer Wohlfahrtsverband (Hrsg.) (2022). *Überzeugend sozial!* Paritätische Arbeitshilfe zur kommunalen Lobbyarbeit. Berlin: Eigenverlag (download).
Tabatt-Hirschfeldt, Andrea (2017). *Öffentliche Steuerung und Gestaltung der kommunalen Sozialverwaltung im Wandel.* Eine Einführung. Wiesbaden: Springer VS.
Eine anschauliche Fallgeschichte kommunaler Sozialarbeitspolitik bietet die Lektüre von
Schönig, Werner (2020). *Neustart wird Optionskommune – Eine unterschätzte Zäsur für die Soziale Arbeit.* In Günter Rieger & Jens Wurtzbacher (Hrsg.), *Tatort Sozialarbeitspolitik.* Fallbezogene Politiklehre für die Soziale Arbeit (S. 182–192). Weinheim, Basel: Beltz Juventa.

Webseiten zur Vertiefung

Kommunale Gemeinschaftsstelle für Verwaltungsmanagement (www.kgst.de)
Kommunalpolitik (von Holtkamp, Lars und Garske, Benjamin (2020)) (www.socialnet.de/lexikon/Kommunalpolitik)

Verwendete Literatur

Backes, Gertrud M. & Amrhein, Ludwig (2011). *Kommunale Alten- und Seniorenpolitik.* In Heinz-Jürgen Dahme & Norbert Wohlfahrt (Hrsg.), *Handbuch kommunale Sozialpolitik* (S. 243–253). Wiesbaden: VS Verlag für Sozialwissenschaften.

Benz, Arthur & Dose, Nicolai (Hrsg.) (2010). *Governance. Regieren in komplexen Regelsystemen. Eine Einführung* (2. Aufl.). Wiesbaden: VS Verlag für Sozialwissenschaften.

Bieker, Rudolf (2020). Kommunale Selbstverwaltung. socialnet Lexikon (https://www.socialnet.de/lexikon/Kommunale-Selbstverwaltung).

Bieker, Rudolf (2006). *Kommunale Sozialverwaltung.* Grundriss für das Studium der angewandten Sozialwissenschaften. München: Oldenbourg.

Bödege-Wolf, Johanna & Schellberg, Klaus (2005). *Organisationen der Sozialwirtschaft* (2010, 2. Aufl.). Baden-Baden: Nomos.

Bogumil, Jörg & Holtkamp, Lars (2006). *Kommunalpolitik und Kommunalverwaltung.* Eine policyorientierte Einführung. Grundwissen Politik Bd. 42. Wiesbaden: VS Verlag für Sozialwissenschaften.

Bossong, Horst (2004). Sozialverwaltung. Ein Grundkurs für Soziale Berufe. Weinheim. München: Beltz Juventa.

Brandl, Uwe, Huber, Thomas & Walchshöfer, Jürgen (Hrsg.) (2020). *Praxiswissen für Kommunalpolitiker.* Erfolgreich handeln als Gemeinde-, Stadt-, Kreis- und Bezirksrat in Bayern (5. Aufl.). Heidelberg: Rehm.

Buestrich, Michael (2011). *Kommunale Arbeitsmarktpolitik: Zwischen lokaler Autonomie und zentralistischer Steuerung.* In Heinz-Jürgen Dahme & Norbert Wohlfahrt (Hrsg.), *Handbuch kommunale Sozialpolitik* (S. 143–161). Wiesbaden: VS Verlag für Sozialwissenschaften.

Dahme, Heinz-Jürgen & Wohlfahrt, Norbert (2013). *Lehrbuch Kommunale Sozialverwaltung und Soziale Dienste.* Grundlagen, aktuelle Praxis und Entwicklungsperspektiven (2. überarb. Aufl.). Weinheim, München: Beltz Juventa.

Dahme, Heinz-Jürgen & Wohlfahrt, Norbert (2010). *Die Kommunalisierung und ihre sozialwirtschaftliche Antwort. SOZIALwirtschaft* (S. 13–16). Jg. 20, H. 4.

Dahme, Heinz-Jürgen & Wohlfahrt, Norbert (Hrsg.) (2011). *Handbuch kommunale Sozialpolitik.* Wiesbaden: VS Verlag für Sozialwissenschaften.

Deutscher Paritätischer Wohlfahrtsverband (Hrsg.) (2022). *Überzeugend sozial!* Paritätische Arbeitshilfe zur kommunalen Lobbyarbeit. Berlin: Eigenverlag (download).

Grunwald, Klaus & Roß, Paul-Stefan (2014). *Governance Sozialer Arbeit.* Versuch einer theoriebasierten Handlungsorientierung für die Sozialwirtschaft. In Andrea Tabatt-Hirschfeldt (Hrsg.), *Öffentliche und Soziale Steuerung* – Public Management und Sozialmanagement im Diskurs (S. 17–64). Baden-Baden: Nomos.

Heinelt, Hubert (2004). *Governance auf lokaler Ebene.* In Arthur Benz & Nicolai Dose (Hrsg.), *Governance* – Regieren in komplexen Regelsystemen. Eine Einführung (S. 29–44). Wiesbaden: VS Verlag für Sozialwissenschaften.

Heinze, Rudolf G. (1985). *Verbandlichung der Sozialpolitik.* Zur Neuen Diskussion des Subsidiaritätsprinzips. In Jürgen Krüger & Eckart Pankoke (Hrsg.), *Kommunale Sozialpolitik* (S. 196–221). München, Wien: Oldenbourg.

Heinze, Rudolf G. & Voelzkow, Helmut (1993). *Verbände und Neokorporatismus.* In Roland Roth & Hellmuth Wollmann (Hrsg.), *Kommunalpolitik.* Politisches Handeln in den Gemeinden (S. 245–255). Bonn: Bundeszentrale für politische Bildung.

Weiterführende Literatur

Holtkamp, Lars (2011): *Kommunale Entscheidungsstrukturen im Wandel*. In Heinz-Jürgen Dahme & Norbert Wohlfahrt (Hrsg.), *Handbuch kommunale Sozialpolitik* (S. 53–64). Wiesbaden: VS Verlag für Sozialwissenschaften.

Kitzeder, Peter (1997). *Gemeinde – Landkreis – Kommune*. Bürger und Kommunen in Bayern (3. Aufl.; neu 2010) München: Bayerische Landeszentrale für Politische Bildungsarbeit.

Klammer, Ute & Brettschneider, Antonio (Hrsg.) (2021). *Vorbeugende Sozialpolitik*. Ergebnisse und Impulse. Schwalbach: Wochenschau.

Krüger, Jürgen & Pankoke, Eckart (Hrsg.) (1985). *Kommunale Sozialpolitik*. München, Wien: Oldenbourg.

Kühnlein, Gertrud & Klein, Birgit (2011). *Kommunale Bildungslandschaften*. In Heinz-Jürgen Dahme & Norbert Wohlfahrt (Hrsg.), *Handbuch kommunale Sozialpolitik* (S. 175–187). Wiesbaden: VS Verlag für Sozialwissenschaften.

Krummacher, M. 2011: *Kommunale Integrationspolitik*. In Heinz-Jürgen Dahme & Norbert Wohlfahrt (Hrsg.), *Handbuch kommunale Sozialpolitik* (S. 189–200). Wiesbaden: VS Verlag für Sozialwissenschaften.

Langer, Andreas (2013). *Professionell managen*. Kompetenz, Wissen und Governance im Sozialen Management. Wiesbaden: Springer VS.

Naßmacher, Hiltrud & Naßmacher, Karl-Heinz (1999). *Kommunalpolitik in Deutschland* (2007, 2. Aufl.). Opladen: Westdeutscher Verlag (utb.).

Olk, Thomas, Klein, Ansgar & Hartnuß, Birger (Hrsg.) (2010). *Engagementpolitik*. Die Entwicklung der Zivilgesellschaft als politische Aufgabe. Wiesbaden: VS Verlag für Sozialwissenschaften.

Rieger, Günter (2014a). *Die lokale Ebene der Sozialpolitik*. In Ulrich Arnold, Klaus Grunwald & Bernd Maelicke (Hrsg.), *Lehrbuch der Sozialwirtschaft* (4. erw. Aufl.) (S. 131–156). Baden-Baden: Nomos.

Roth, Roland & Wollmann, Hellmut (Hrsg.) (1993). *Kommunalpolitik*. Politisches Handeln in den Gemeinden. Bonn: Bundeszentrale für politische Bildung.

Roß, Paul-Stefan & Rieger, Günter (2018). *Governance*. In Hans-Uwe Otto et al. (Hrsg.), *Handbuch Soziale Arbeit* (6. Aufl.) (S. 644–657). München, Basel: Ernst Reinhardt.

Schmidt, Bettina (2011). *Kommunale Gesundheitsförderungspolitik*. In Heinz-Jürgen Dahme & Norbert Wohlfahrt (Hrsg.), *Handbuch kommunale Sozialpolitik* (S. 215–226). Wiesbaden: VS Verlag für Sozialwissenschaften.

Schäfer-Walkmann, Susanne & Traub, Franziska (Hrsg.) (2017). *Evolution durch Vernetzung*. Beiträge zur Interdisziplinären Versorgungsforschung. Wiesbaden: Springer VS.

Schneider, Armin, Beckmann, Kathinka & Roth, Daniel (2011). *Jugendhilfe. Ausschuss?* Ein Gremium zwischen uneingelösten Versprechen und abgebremsten Möglichkeiten. Opladen: Barbara Budrich.

Schönig, Werner (2020). *Neustart wird Optionskommune – Eine unterschätzte Zäsur für die Soziale Arbeit*. In Günter Rieger & Jens Wurtzbacher (Hrsg.), *Tatort Sozialarbeitspolitik*. Fallbezogene Politiklehre für die Soziale Arbeit (S. 182–192). Weinheim, Basel: Beltz Juventa.

Schönig, Werner (2015). *Koopkurrenz in der Sozialwirtschaft*. Zur sozialpolitischen Nutzung von Kooperation und Konkurrenz. Weinheim, Basel: Beltz Juventa.

Tabatt-Hirschfeldt, Andrea (2017). *Öffentliche Steuerung und Gestaltung der kommunalen Sozialverwaltung im Wandel*. Eine Einführung. Wiesbaden: Springer VS.

Walter, Andrea (2017). *Administrative Governance*. Kommunalverwaltung in lokaler Politikgestaltung mit Zivilgesellschaft. Wiesbaden: Springer VS.

Weiß, Wolfgang W. (2011). *Kommunale Bildungslandschaften*. Chancen, Risiken und Perspektiven. Weinheim, München: Beltz Juventa.

Zühlke, Werner (2011). *Die Gestaltung kommunaler Politik: Welche Rolle spielt das Soziale in der Ratspolitik?* In Heinz-Jürgen Dahme & Norbert Wohlfahrt (Hrsg.), *Handbuch kommunale Sozialpolitik* (S. 41–52). Wiesbaden: VS Verlag für Sozialwissenschaften.

Soziallobbying in der Europäischen Union 6

Zusammenfassung

In diesem Kapitel wird Lobbying auf supranationaler Ebene erörtert. Für die Lobbyarbeit sozialer Organisationen eröffnet das supranationale politische System der EU neue Chancen, stellt aber auch eine spezifische Herausforderung dar. Zunächst (Abschn. 6.1.) wird die zunehmende Relevanz sozialpolitischer Entscheidungen der EU für soziale Dienstleister herausgearbeitet. Im Anschluss (Abschn. 6.2.) wird erklärt, wie das politische System der EU funktioniert und welche Ansatzpunkte sich dabei für das Lobbying ergeben. Schließlich (Abschn. 6.3.) werden die Akteure des Soziallobbyings vorgestellt. Die Ausweitung und Differenzierung der Lobbyaktivitäten auf europäischer Ebene geht einher mit ihrer Professionalisierung. Aus deutscher Sicht ist in der Sphäre sozialarbeitspolitischer Interessen eine fortgesetzte Dominanz der großen Wohlfahrtsverbände, eingebunden in eine Strategie des Lobbyings in Netzwerken, zu beobachten.

6.1 Die zunehmende Lobbyattraktivität der EU: „Shoot where the ducks are"

Sozialpolitik in Europa ist weiterhin eine weitgehend nationale Angelegenheit. Dabei könnte die lange Liste von Richtlinien, Beschlüssen, Empfehlungen und Aktionsprogrammen sowie die Entscheidungen des Europäischen Gerichtshofs (EuGH) durchaus den Eindruck erwecken, es gäbe ein flächendeckendes Engagement der Europäischen Union (EU) im „Bereich der abhängigen Arbeit und sozialer Mangellagen". Doch ein europäischer Sozialstaat existiert nicht und ist politisch bislang auch nicht gewollt. „(M)indestens 95 % aller Fragen des Arbeits- und Sozialrechts (werden) weiter auf rein nationaler Grundlage entschieden" (Däubler 2004, S. 280).

Das die Sozialpolitik der EU prägende Prinzip der Subsidiarität schützt die vorrangige Zuständigkeit der Mitgliedstaaten. Die Mitgliedstaaten folgen dabei unterschiedlichen sozialpolitischen Traditionen. Liberale, konservative und sozialdemokratische Wohlfahrtsstaatstypen (Esping-Anderson 1998) differieren hinsichtlich Gewichtung, Umfang und Finanzierung der sozialen Sicherung (www.missoc.org sowie Schmid 2010). Über weitere Wohlfahrtsstaatstypen (residualer Wohlfahrtsstaat, postkommunistische Wohlfahrtssysteme, garantistischer Typ) wird diskutiert. Organisation wie Erbringung sozialer Dienstleistungen sowie Gestalt und Bedeutung der Profession Soziale Arbeit unterscheiden sich erheblich (Erath 2011; Kessl et al. 2019; Puhl 1997).

Erst spät entwickelt sich im Rahmen des europäischen Integrationsprozesses überhaupt so etwas wie eine eigenständige, gemeinsame europäische Sozialpolitik. Diese gewinnt dann aber seit Ende der 1980er-Jahre an Dynamik und hat inzwischen durchaus erheblichen Einfluss auf die Gestaltung sozialer Dienstleistungen vor Ort.

Zunächst wird der Prozess der europäischen Einigung vorrangig durch ökonomische Zielvorgaben bestimmt. Im Kern geht es um die Schaffung eines gemeinsamen Marktes mit freiem Waren-, Kapital-, Personen-, und Dienstleistungsverkehr. Soziale Belange werden dabei nur insofern berücksichtigt, als sie ökonomisch notwendig und nützlich erscheinen. Dies gilt für die frühen Bemühungen um die Gleichstellung von Mann und Frau ebenso wie für den mit der Freizügigkeit der Arbeitnehmer*innen verbundenen, sozialrechtlichen Regelungsbedarf. Eine stärker sozialpolitische Ausrichtung des Integrationsprozesses ist erst seit Ende der 80er-Jahre zu beobachten: 1989 wird die Charta der Grundrechte der Arbeitnehmer (Sozialcharta) verabschiedet (ohne Großbritannien); 1993 begründet dann der Vertrag von Maastricht mit dem auch von Großbritannien (1997) unterzeichneten Protokoll und Abkommen zur Sozialpolitik eine gemeinsame Arbeitsmarkt- und Beschäftigungspolitik; schließlich erweitert 1999 der Vertrag von Amsterdam den rechtlichen Spielraum für eine eigenständige europäische Sozialpolitik, die dann mit dem Vertrag von Lissabon 2007 (in Kraft seit 2009) in den Vertrag über die „Arbeitsweise der Europäischen Union" (AEUV) überführt wird. Im AEUV finden sich dann unter den insgesamt 358 Artikeln „auch sämtliche Artikel zu den Bereichen Soziales, Beschäftigung, Bildung und Gesundheit" (Möhle 2020, S. 20; siehe Tab. 6.1).

Tab. 6.1 AEUV, Dritter Teil, Titel X, Artikel 151–161

ARTIKEL	INHALTE
ART. 151	**Grundlegende Ziele:** – Förderung der Beschäftigung – Die Verbesserung der Lebens- und Arbeitsbedingungen, um dadurch auf dem Wege des Fortschritts ihre Angleichung zu ermöglichen – Einen angemessenen sozialen Schutz – Den sozialen Dialog – Die Entwicklung des Arbeitskräftepotenzials im Hinblick auf ein dauerhaft hohes Beschäftigungsniveau – Die Bekämpfung von Ausgrenzungen
ART. 152	**Sozialpartnerschaft und Sozialer Dialog**
ART. 153	**Sozialpolitische Kompetenzen** insb. für ArbeitnehmerInnen, Sozialschutz, Chancengleichheit, Bekämpfung von Ausgrenzung
ART. 154	**Sozialpartnerschaft**
ART. 155	**Sozialpartnerschaft**
ART. 156	**Förderung der Zusammenarbeit der Mitgliedstaaten in der Sozialpolitik**
ART. 157	**Antidiskriminierung:** Gleiches Entgelt für Männer und Frauen
ART. 158	**Beschäftigung** – bezahlte Freizeit/Urlaub
ART. 159	**Jährlicher Sozialbericht** über die in Art. 151 genannten Ziele (von Kommission an Rat, Parlament und EWSA zu übermitteln)
ART. 160	**Ausschuss für Sozialschutz** (durch Rat und Parlament eingesetzt)
ART. 161	**Jahresbericht – Kapitel über die soziale Lage der EU** (von Kommission an Parlament zu übermitteln)

Zusammenstellung Möhle 2020, S. 30

Letztgenannte Verträge bilden die Grundlage für das mit der Lissabonner Strategie (2000) angestrebte und als Strategie Europa 2020 (2010) erneuerte Programm für ein „intelligentes, nachhaltiges sowie integratives Wachstum" (Möhle 2020, S. 37) sowie die sozialpolitischen Agenden I (2000–2005) und II (2005–2010). Schließlich markiert die „Einführung einer ‚Europäischen Säule sozialer Rechte' (ESSR) (Europäische Union 2017), die im November 2017 auf dem Göteborger Sozialgipfel von Parlament, Rat und Kommission angenommen wurde, ... eine neue Phase der europäischen Sozialpolitik" (ebd., S. 38). Dort wurden in 20 Prinzipien grundlegende soziale Rechte der Bürger*innen festgeschrieben (ebd., S. 38 f.).

Die sozialpolitischen Maßnahmen der EU zielen vor dem Hintergrund eines verschärften globalen Wettbewerbs sowie tiefgreifender Prozesse demografischen und sozialen Wandels in den Mitgliedstaaten auf eine **Modernisierung des europäischen Sozialmodells**. Es geht um die Harmonisierung und Weiterentwicklung sozialer Sicherung unter Berücksichtigung der gewachsenen Strukturen in den

Mitgliedstaaten (Subsidiaritätsprinzip). Es gilt Sozialdumping zu verhindern und soziale Mindeststandards zu garantieren. Als Aufgabenschwerpunkte werden regelmäßig (1) eine nachhaltige Beschäftigungspolitik, (2) Bildung und Chancengleichheit, (3) die Bekämpfung von Armut und Ausgrenzung sowie (4) Nichtdiskriminierung genannt.

Zur Umsetzung einer europäischen Sozialpolitik steht inzwischen ein differenziertes Instrumentarium zur Verfügung: (1) **Rechtsvorschriften** (Verordnungen, Richtlinien, Beschlüsse, Entscheidungen) sowie **Empfehlungen und Stellungnahmen**,[1] (2) **finanzielle Förderung** von Projekten für spezifische Problemgruppen und strukturschwache Regionen (insb. Europäischer Sozialfond (ESF), der Europäische Hilfsfond für die am stärksten benachteiligten Personen (EHAP oder FEAD) oder der Asyl-, Migrations- und Integrationsfond (AMIF) sowie weitere spezifische Aktionsprogramme für bestimmte Zielgruppen), (3) **MISSOC** (Mutual Information System on Social Protection) als Datenbank zu Information und Vergleich der Sozialpolitiken der Mitgliedstaaten (www.missoc.org), (4) das **Europäische Semester** als institutionalisierter, kontinuierlicher Prozess zur Überwachung der Entwicklungen in den Mitgliedstaaten auch in den Bereichen Beschäftigung, Bildung sowie soziale Eingliederung und Armutsbekämpfung, (5) **Mainstreaming** (die systematische Hinterfragung aller Maßnahmen aus einer spezifischen Perspektive (z. B. Gender-Perspektive)), (6) das **sozialpolitische Scoreboard** zur Messung der sozialpolitischen Fortschritte in den Mitgliedstaaten (https://ec.europa.eu/eurostat/de/web/european-pillar-of-social-rights/indicators/social-scoreboard-indicators) und (7) die **Offene Methode der Koordinierung** (OMK).

Insbesondere die **Offene Methode der Koordinierung** (OMK) unterstützt die Mitgliedstaaten in ihrem Bemühen um eine Modernisierung der Sozialschutzsysteme. Die „OMK-Soziales" gliedert sich in die drei „Politikfelder" „Armut und soziale Ausgrenzung – Altersversorgungssysteme – Gesundheitsversorgung und Langzeitpflege" (Möhle 2020, S. 50). Weg und Ziel ist es, über einen gemeinsamen Lernprozess die Weiterentwicklung des europäischen Sozialmodells zu gewährleisten, ohne gewachsene Strukturen und regionale Besonderheiten zu vernachlässigen. Auf der Grundlage von durch die Kommission erstellten Weiß-

---

[1] Verordnung ist ein unmittelbar in jedem Mitgliedstaat geltender Rechtsakt. Richtlinie ist ein die adressierten Mitgliedstaaten bindender Rechtsakt, der allerdings von den Mitgliedstaaten auszugestalten und zu ratifizieren ist. Beschlüsse und Entscheidungen sind ein verbindlicher Rechtsakt für die darin Bezeichneten. Empfehlungen und Stellungnahmen sind dagegen nicht verbindliche Handlungsformen (darüber hinaus gibt es weitere Handlungstypen (Entschließungen, Leitlinien, Erklärungen, Programme, Pläne usw.)).

6.1 Die zunehmende Lobbyattraktivität der EU: „Shoot where the ducks are"

büchern zu bestimmten Themenbereichen erarbeitet der vom Rat eingesetzte Ausschuss für Sozialschutz (Social Protection Committee (SPC)) Indikatoren. Die Zielvorstellungen sollen dann in einem zweiten Schritt in Nationale Aktionspläne (NAP) umgesetzt werden, wobei die einzelnen Mitgliedstaaten ihre je eigene, traditionsabhängige Vorgehensweise wählen können. Die nationalen Politiken werden in Nationalen Sozialberichten (NSB) dokumentiert, und schließlich bündelt im dritten Schritt die Kommission in einem Benchmarking-Prozess die erzielten Fortschritte und veröffentlicht sie. Bei der notwendig gewordenen Anpassung der OMK an die Strategie Europa 2020 wurden die „Mitgliedstaaten vom Social Protection Committee dazu aufgefordert, Nationale Sozialberichte in enger Partnerschaft mit Akteuren der Zivilgesellschaft zu erstellen" (ebd., S. 52).

Es kann festgehalten werden: Die Sozialpolitik der EU (www.europarl.europa.eu/news/de/headlines/eu-affairs/20170616STO77648/soziales-europa-die-sozialpolitik-der-eu) ist für die Lobbyarbeit der Sozialwirtschaft aus vier Gründen von zunehmender Bedeutung:

- **Rechtliche Normen und Empfehlungen** der EU haben inzwischen erhebliche Auswirkungen auf die nationale und lokale Gestaltung der Sozialpolitik. Sie beeinflussen dabei direkt oder indirekt zunehmend die Handlungsbedingungen gesundheitsbezogener und sozialer Dienstleistungen.[2]
- Über unterschiedliche **Fonds und Förderprogramme** stellt die EU erhebliche Mittel zur Verfügung, die zusammen mit nationaler Kofinanzierung Möglichkeiten eröffnen, um bisher vernachlässigte Problemlagen aufzugreifen und neue, innovative Formen der Dienstleistungserbringung zu erproben. **Beschaffungslobbyismus** versucht hier sowohl die Ausgestaltung der Förderprogramme zu beeinflussen als auch die Antragstellung zu unterstützen.
- Kernthemen der Sozialen Arbeit und ihrer Adressat*innen werden nicht mehr nur als Randthemen behandelt. Längst haben sich eigenständige Policy-Arenen gebildet, die sich mit spezifischen Themen der Sozialarbeitspolitik befassen. Solche thematisch ausgerichteten und institutionalisierten Arenen zeigen sich an den Arbeitsgebieten und Organisationseinheiten der Europäischen Kommission. Insbesondere die Generaldirektion (GD) Beschäftigung, Soziales und In-

---

[2] Einen beeindruckenden Überblick über die Regelung und Maßnahmen mit Fokus auf Beschäftigungspolitik (S. 67–83), Gleichstellungs- und Antidiskriminierungspolitik (S. 84–112), Gesundheits- und Pflegepolitik (S. 113–131), Armutsbekämpfung und soziale Inklusion (S. 133–153), Alterssicherungspolitik (S. 155–166), Bildungspolitik (S. 167–187), Jugendpolitik (S. 189–204) und Migrationspolitik (S. 205–222) bietet die „Einführung in die Europäische Sozialpolitik" von Marion Möhle (2020). Zur besonderen Bedeutung der Diskussion um die Europäische Dienstleistungsrichtlinie Anne Hans 2016.

tegration (https://ec.europa.eu/social/home.jsp?langId=de) weist mit den Schwerpunkten „Armutsbekämpfung und Förderung der sozialen Inklusion" und „Menschen mit Behinderung" für die Soziale Arbeit zentrale Arbeitsgebiete aus und institutionalisiert über Plattformen zur „Bekämpfung der Obdachlosigkeit", „Investition in Kinder" usw. Dialog und Mitarbeit.

- Schließlich bietet die zusätzliche (supranationale) Ebene der Sozialpolitik den Lobbyisten die Chance, **über Bande zu spielen**. Über das Lobbying in der EU können Probleme politisiert, Lösungsalternativen aufgezeigt und Best-Practice-Beispiele propagiert werden, die im nationalen Diskurs bisher nicht durchdringen konnten.

6.2 Lobbying im supranationalen politischen System EU

Die Europäische Union (EU) ist ein supranationales Gebilde. Ihre Mitgliedstaaten haben deutlich mehr Souveränitätsrechte an das politische System der EU abgegeben, als dass man noch von einem bloßen Staatenbund sprechen könnte, ohne dass die EU schon zu einem souveränen Bundesstaat geworden wäre. Das Bundesverfassungsgericht spricht deshalb seit den 90er-Jahren von einem **Staatenverbund** (Classen 2014, S. 50). Nach wie vor hat die EU keine Verfassung,[3] sondern legitimiert ihre Institutionen, Verfahren und Kompetenzen durch ihr sogenanntes **Primärrecht**. Dieses Primärrecht besteht aus dem Vertrag über die Europäische Union (EUV) und dem Vertrag über die Arbeitsweise der Europäischen Union (AEUV). Diese seit 2009 existierende Form ist das Ergebnis der ständigen Weiterentwicklung der Verträge durch die Mitgliedstaaten. „Seit Mitte der 1980er-Jahre haben die Regierungschefs und Parlamente der Mitgliedstaaten in der Einheitlichen Europäischen Akte (EEA; 1987 in Kraft getreten), im Maastrichter Vertrag über die Europäische Union (1993 in Kraft getreten), im Amsterdamer Vertrag (1999 in Kraft getreten) und im Vertrag von Nizza (2003 in Kraft getreten) zentrale Sektoren staatlichen Handelns als Aufgaben der EU definiert sowie die Rolle von Institutionen und Verfahren in der Bearbeitung dieser Politikbereiche festgelegt und immer wieder ergänzt und revidiert" (Wessels 2004, S. 83; Wessels 2018), um schließlich im Vertrag von Lissabon (2009) die heute gültige Rechtsgrundlage aus EUV und AEUV zu schaffen.

Entscheidende Organe der EU sind der **Europäische Rat**, der **Rat der Europäischen Union**, das **Europäische Parlament**, die **Europäische Kommission**

---

[3] Nachdem der Versuch, sich eine Verfassung zu geben, 2005 gescheitert ist.

und der **Europäische Gerichtshof**. Eine lediglich beratende Funktion haben der **Europäische Wirtschafts- und Sozialausschuss** und der **Ausschuss der Regionen**[4] (eine kompakte Darstellung der zentralen Institutionen der EU findet sich in Tab. 6.2).

Alle Rechtsakte der EU (**Sekundärrecht**) müssen ihre Grundlage in den EU-Verträgen (Primärrecht) haben. Die unterschiedlichen rechtlichen Normen (Verordnungen, Richtlinien, Beschlüsse) werden entweder über das ordentliche Gesetzgebungsverfahren (früher Mitentscheidungsverfahren) (Art. 294 AEUV) oder über besondere Gesetzgebungsverfahren (Anhörungs- oder Konsultationsverfahren, Zustimmungsverfahren oder Verfahren der Zusammenarbeit) gesetzt.

Das inzwischen vorherrschende **ordentliche Gesetzgebungsverfahren** vollzieht sich **im Dreieck** von **Kommission, Europäischem Parlament** und **Rat der Europäischen Union**. Dabei liegt das alleinige Initiativrecht für Rechtsakte bei der Europäischen Kommission (wenngleich die Möglichkeit besteht, dass das Parlament die Kommission dazu auffordert, Vorschläge für ein bestimmtes Thema zu erarbeiten). Es obliegt also zunächst der Kommission, einen für das Parlament und den Rat konsensfähigen Vorschlag zu erarbeiten. Der Kommissionsvorschlag geht dann gleichzeitig an Parlament und Ministerrat. Das Parlament kann nach entsprechender Beratung in Ausschüssen und Plenum zustimmen oder Änderungen vorschlagen. Anschließend ist der Ministerrat (Rat der Europäischen Union) gefragt. Stimmt er zu, ist der Rechtsakt angenommen. Ist der Rat nicht einverstanden, beginnt das Wechselspiel zwischen Parlament und Rat – ggf. mit Stellungnahmen der Kommission und bis hin zum Vermittlungsausschuss. Eigene Vorschläge und Änderungen an Kommissionsvorschlägen können also weder das Parlament noch der Rat alleine durchsetzen (Abb. 6.1).

Europäisches Regieren erfordert dabei stets die Einbindung der jeweiligen nationalen Regierungen und Ministerialbürokratien in das „Mehrebenensystem" EU (Jachtenfuchs und Kohler-Koch 2004, S. 91 ff.), muss aber auch Wirtschaft und Zivilgesellschaft in den Mitgliedstaaten berücksichtigen. Hierarchische Steuerung ist hier noch viel weniger möglich als auf nationaler Ebene. Mehrebenenverflechtung, Mehrebenensteuerung (Multi-Level Governance) kennzeichnen europäisches Regieren. „Governance in der Europäischen Union" (ebd.) ist ein Regie-

---

[4] Der **Europäische Bürgerbeauftragte** soll zwischen den Bürgern und den Behörden der EU vermitteln. Seine Aufgabe ist es, Missstände (Diskriminierung, Machtmissbrauch, Fehlen oder Verweigern von Informationen, unnötige Verzögerungen, falsche Verfahren usw.) aufzudecken und entsprechende Lösungsvorschläge zu präsentieren. Grundsätzlich kann sich jede und jeder, die/der von Entscheidungen der Institutionen der EU betroffen ist, beim Ombudsmann der EU beschweren. Jede Beschwerde muss beantwortet werden.

Tab. 6.2 Organe der Europäischen Union

Europäischer Rat	Rat der Europäischen Union (Ministerrat oder kurz Rat)	Europäisches Parlament	Europäische Kommission	Wirtschafts- und Sozialausschuss sowie Ausschuss der Regionen	Europäischer Gerichtshof
besteht aus den Staats- und Regierungschefs der jeweiligen Mitgliedstaaten und der Präsidentin der Europäischen Kommission. Unterstützt wird der Rat von den Außenminister*innen und einem Mitglied der Kommission. Der „Europäische Rat (ist) seit dem Maastrichter Vertrag … oberhalb der Europäischen Gemeinschaft und damit außerhalb der konstitutionellen „checks and balances" durch das Europäische Parlament und den Europäischen Gerichtshof angesiedelt" (Wessels 2004, S. 86). Er gibt die Entwicklungslinien europäischer Politik vor. Er gilt als „konstitutioneller Architekt und Bauherr" (ebd.),	bildet zusammen mit dem Europäischen Parlament die Legislative und ist dabei die Interessenvertretung der Mitgliedstaaten für den jeweiligen Politikbereich. Der Rat setzt sich je nach Politikbereich aus den zuständigen Minister*innen der 28 Mitgliedstaaten zusammen. Rechtlich ein einziges Gremium, tagt der Rat der EU in 10 unterschiedlichen Ratsformationen (z. B. Beschäftigung, Sozialpolitik, Gesundheit und Verbraucherschutz, Bildung, Jugend, Kultur und Sport usw.). Die Entscheidungen des Rates werden aber auf zwei vorgeschalteten Ebenen fachlich und politisch vorbereitet.	hat 705 Abgeordnete (nach dem Austritt von Großbritanniens) mit Sitz in Straßburg und Brüssel und wird von den Bürger*innen der EU im Rahmen von Europawahlen direkt gewählt. Das Europäische Parlament hat zusammen mit dem Rat der Europäischen Union die Gesetzgebungsfunktion, teilt sich mit dem Rat die Entscheidung über den Haushalt, hat Kontroll- und Informationsfunktionen, ist allerdings in seiner Wahlfunktion erheblich eingeschränkt. Die legislative Detailarbeit des Parlaments ist in 20 ständigen Ausschüssen organisiert. Sozialpolitisch relevante Fragen werden insbesondere im	wird als „Hüterin der Verträge" bezeichnet. Sie ist das Exekutivorgan der EU. Sie hat das Initiativmonopol, d. h., Rat und Parlament können Rechtsakte nur auf Vorschlag der Kommission beschließen. Aufgaben der Kommission sind, (1) Vorschläge für neue Rechtsvorschriften zu erarbeiten (Initiativrecht), (2) die EU-Politik umzusetzen und insbesondere den EU-Haushalt zu verwalten, (3) die Umsetzung europäischen Rechts zu kontrollieren und schließlich (4) die EU auf internationaler Ebene zu vertreten. Die „Kommission" besteht einerseits aus dem engeren Kreis der sogenannten „Kommissare" und andererseits aus der Verwaltung und ihren Bediensteten (2021: Staff ca. 32.000 (davon 366 Senior Manager)).	(WSA) soll die Stimme der Zivilgesellschaft sein. Bereits 1953 durch die Verträge von Rom gegründet, bildet der WSA die Vertretung der organisierten Bürgergesellschaft in der EU. Zu seinen 329 Mitgliedern zählen Vertreter der Arbeitgeber, Gewerkschaften, Landwirte, Verbraucher und anderer Interessengruppen, die in Arbeitgeber (I), Arbeitnehmer (II) und Vielfalt Europa (II) gruppiert sind. Die Bundesrepublik stellt und ernennt 24 Mitglieder des WSA. Der WSA ist ein beratendes Organ, der in allen Fragen der europäischen Wirtschafts- und Sozialpolitik gehört werden muss.	wurde 1952 mit Sitz in Luxemburg eingerichtet. Jeder EU-Staat stellt einen Richter. Der EuGH kontrolliert die richtige Auslegung und Anwendung des primären und sekundären EU-Rechts. Zu ihren Aufgaben gehören (1) Vorabentscheidungen, (2) Vertragsverletzungsklagen, (3) Nichtigkeitsklagen und (4) Untätigkeitsklagen. Nationale Gerichte können den EuGH um Auslegung von EU-Recht ersuchen. Die Rechtsprechung des EuGH hatte und hat einen großen Einfluss auf die Gestaltung der Sozialpolitik der Europäischen Union. Zwar sind seine Entscheidungen keine

6.2 Lobbying im supranationalen politischen System EU

nimmt zu internationalen Fragen Stellung und verabschiedet wirtschaftspolitische und sozialpolitische Leitlinien und Strategien. Hier werden die Verhandlungspakte geschnürt, welche die grundlegende Weiterentwicklung der EU in unterschiedlichen Politikfeldern erst möglich machen.	Auf der untersten Ebene des Willensbildungsprozesses des Rates agieren über 150 themenbezogene Arbeitsgruppen und Ausschüsse. Darüber tagt der Ausschuss der ständigen Vertreter (ASTV) der Regierungen der Mitgliedstaaten. Abstimmungen in den Ratsformationen erfolgen in der Regel mit qualifizierter Mehrheit. Der Ministerrat gilt als „lobbyresistent" (Classen 2014, S. 63), weil hier die Regierungen der Mitgliedstaaten ihre Interessen vertreten.	Ausschuss „Beschäftigung und soziale Angelegenheiten" (EMPL) diskutiert. Das EP hat auch die Möglichkeit, Sonderausschüsse einzurichten, und organisiert ihre Arbeit darüber hinaus in informellen „Intergroups" als Diskussionsforen der Parlamentarier zu bestimmten Themen (Möhle 2020, S. 20).	Die Kommissar*innen und ihre Präsidentin werden durch die Mitgliedstaaten unter Beteiligung des Europäischen Parlaments bestimmt. Sitz der Kommission ist Brüssel. Sie unterhält aber auch Vertretungen in und außerhalb der EU-Staaten. Der Willensbildungsprozess innerhalb der Kommission erfolgt in verschiedenen Stufen. Erste Entwürfe werden bei den zuständigen Generaldirektionen (GD) ausgearbeitet. Diese Generaldirektionen entsprechen in ihrer Aufgabenstellung und Struktur nationalen Ministerien. Sie erarbeiten Strategien, Rechtsvorschriften und Förderprogramme. Sie sind hierarchisch aufgebaut und bearbeiten spezifische Politikbereiche (erste Ebene/Arbeitsebene). Für das Lobbying der Sozialwirtschaft sind von besonderer Bedeutung die Generaldirektion „Employment, Social Affairs and Inclusion" oder die Generaldirektion „Education,	Der Ausschuss gliedert sich in die Vollversammlung, die von einer Präsident*in geleitet wird, und sechs Unterausschüsse (Fachgruppen), die jeweils für bestimmte Politikbereiche zuständig sind (z. B. Fachgruppe Beschäftigung, Sozialfragen, Unionsbürgerschaft). Unterstützt wird der EWSA von einem Generalsekretariat mit ca. 700 Mitarbeiter*innen (AdR) ist ebenfalls ein rein beratendes Gremium. Seine 329 Mitglieder (und 329 stellvertretenden Mitglieder) (je 24 aus Deutschland) vertreten die Interessen von regionalen und lokalen Gebietskörperschaften in der EU. Die Arbeit des Ausschusses der Regionen (Stellungnahmen, Berichte, Entschließungen) verteilt sich auf sechs Fachkommissionen	Rechtsquellen im eigentlichen Sinne, sie entfalten aber dennoch nachhaltige Wirkung, weil sie direkt auf konkrete Streitfragen durchschlagen, weil sie kritische Fragen der Rechtsauslegung klären, die Rechte von Bürger*innen durchsetzen helfen und damit auf die nationale Rechtsprechung rückwirken.

(Fortsetzung)

Tab. 6.2 (Fortsetzung)

Europäischer Rat	Rat der Europäischen Union (Ministerrat oder kurz. Rat)	Europäisches Parlament	Europäische Kommission	Wirtschafts- und Sozialausschuss sowie Ausschuss der Regionen	Europäischer Gerichtshof
			Youth, Sport and Culture". Die Arbeitsebene steht für die Formulierung der Politiken und der Entwicklung neuer Rechtsvorschriften notwendigerweise in vielfältigem Kontakt mit den Interessengruppen, dem Wirtschafts- und Sozialausschuss, dem Ausschuss der Regionen, dem Europäischen Parlament, dem Ministerrat sowie den zuständigen Ressorts der nationalen Regierungen. Die Arbeitsebene ist – ähnlich wie auf nationaler Ebene – der zentrale Ort der Einflussnahme durch Lobbygruppen. Jede Generaldirektion wird von einer Generaldirektor*in geleitet, die einem Kommissionsmitglied gegenüber verantwortlich ist. Jeder der Kommissar*innen steht ein Kabinett aus politischen Vertrauten zur Verfügung,	(z. B. Fachkommission Sozialpolitik, Bildung, Beschäftigung, Forschung und Kultur (SEDEC)). Beim AdR handelt es sich um eine institutionalisierte Interessenvertretung öffentlicher Träger.	

die die Vorschläge der Generaldirektionen einer weiteren politischen Diskussion und Bewertung unterziehen und deren Chefs sich über das weitere Verfahren verständigen (zweite Ebene). Das politische Entscheidungsgremium innerhalb der Kommission ist schließlich das Kollegium. Es besteht aus den Kommissar*innen und der Kommissionspräsidentin (dritte Ebene).

Eigene Darstellung

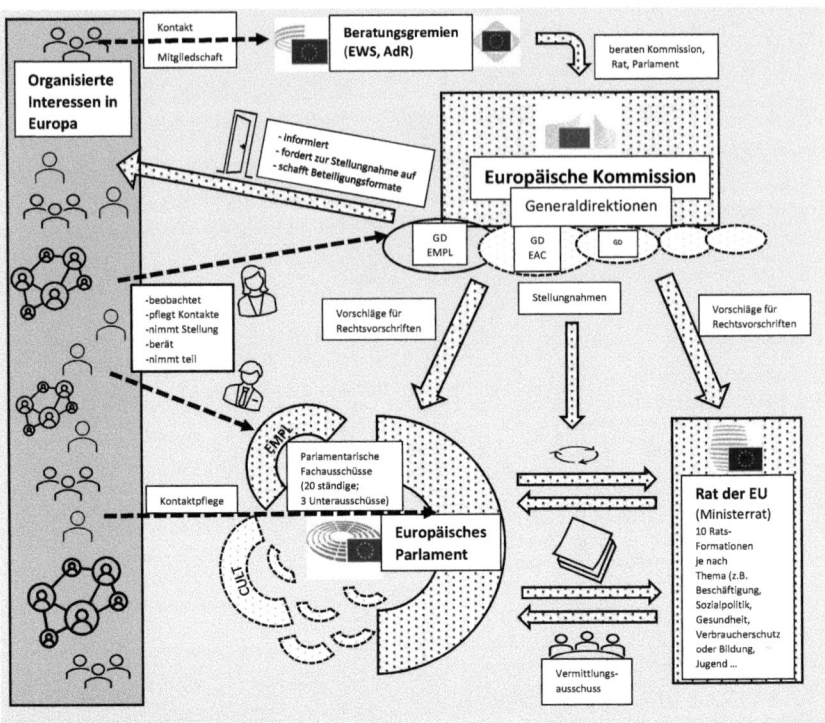

Abb. 6.1 Lobbying im politischen System EU. (Eigene Darstellung (zu den Institutionen und Abkürzungen vgl. Tab. 6.2))

ren in Netzwerken. Gerade die Kommission ist „in ein fast unüberschaubares Netz von Beziehungen eingesponnen" (ebd., S. 88). Sie braucht und will diese Beziehungen zur Rückbindung an die jeweiligen nationalen politischen Diskurse, um externen Sachverstand zu nutzen (Informationsbedürfnis), sich als Sachwalterin der Gemeinschaftsinteressen zu legitimieren (Legitimationsbedürfnis) und die Umsetzung ihrer Entscheidungen zu erleichtern (Akzeptanzbedürfnis).

In ihrem Weißbuch zum „Europäischen Regieren" plädiert die Europäische Kommission (2001) deshalb entschieden für eine „Konsultations- und Dialogkultur", welche die Legitimität der EU von zwei Seiten absichert: zum einen die *input*-Legitimität über das Element der ‚zivilgesellschaftlichen Partizipation', zum anderen die *output*-Legitimität durch die sachgemäße, weil durch Experten abgesicherte Politik" (ebd., S. 89). „‚Offenheit' und ‚Transparenz' sind zentrale Prinzipien, die für die Arbeit der EU-Institutionen gelten sollen, um den gesellschaft-

6.2 Lobbying im supranationalen politischen System EU

lichen Gruppen den Zugang und die Beteiligung an der europäischen Willensbildung zu eröffnen. Eine möglichst umfassende Einbeziehung in die Formulierung und auch in die Implementierung von Politik soll vorhandene Defizite an demokratischer Partizipation ausgleichen und eine größere Bürgernähe europäischer Politik gewährleisten" (ebd., S. 88). Die Kommission hat hierfür eine Reihe von Konsultationsinstrumenten entwickelt, die sich an unterschiedliche Adressatengruppen (Expert*innen, Stakeholder, interessierte Öffentlichkeit) richten (Expertenseminare/-gruppen, Politikforen und Plattformen sowie Konferenzen und Online-Konsultationen) (Kotzian und Quittkat 2014, S. 75 ff.).

Gerade die Komplexität des Verfahrens, das Fehlen bzw. die Vervielfältigung dominanter politikfeldspezifischer Traditionen und parteipolitischer Versäulung sowie die daraus resultierende notwendige Offenheit für mannigfaltige nationale Besonderheiten und Interessen verursachen einen hohen Beratungsbedarf und eröffnen vielfältige Einflusschancen für gut organisierte Interessenvertretung. Der systembedingte hohe Abstimmungs-, Koordinations- und Verhandlungsaufwand steigert den Informations- und Beratungsbedarf. Gefragt sind fachlich kompetenter Rat und innovative Lösungen. Dabei sind die Arbeitsebenen der **Generaldirektionen** und die **Fachausschüsse des Europäischen Parlaments** die zentralen Einflusssphären effektiver Interessenvertretung (vgl. Abb. 6.2).

Die **Generaldirektionen** (GD) als **Arbeitsebene der Kommission** (vgl. das Organigramm der GD Beschäftigung, Soziales und Integration in Abb. 6.2) sind für Lobbyisten die erste Adresse, weil hier in einem frühen Stadium Themen gesetzt und Vorschläge für Rechtsakte und Programme entwickelt werden. Diese Arbeitseinheiten der Kommission sind vergleichsweise klein und überschaubar. Abb. 6.2 zeigt beispielhaft den hierarchisch gegliederten Aufbau der Generaldirektion Beschäftigung, Soziales und Integration. „Der Beamtenapparat ist ... kleiner als derjenige vieler Ministerien in den Mitgliedstaaten. Im Durchschnitt beschäftigen die rund 25 Generaldirektionen (GD; eine Art Mini-Ministerium) ... jeweils etwa 400 Mitarbeiter. Die internen Policy Units die z. B. an ... Programmen der sozialen Absicherung arbeiten, bestehen aus etwa 20 Personen" (Schendelen 2006, S. 136; Schendelen 2013).

Die Zahl der handelnden Personen bleibt überschaubar, während das große Arbeitspensum die „Chefs de Dossier" von Policy Units dazu zwingt, sich „bei der Erarbeitung von Grünbüchern (welche ‚das Problem' definieren), Weißbüchern (welche ‚die Lösung' des Problems präsentieren) und den konkreten Vorschlägen für Rechtsakte" externen Rats zu bedienen. Sie öffnen ihre Türen für Informationen und Unterstützung durch jegliche Art von öffentlichen oder privaten Interessengruppen, von nationalen Ministerien bis hin zu kommunalen Mitarbeitern und von Unternehmen bis zu NGOs" (ebd., S. 135). Dafür müssen sie ihre Vorhaben publik machen und entsprechende Informationen verbreiten. Markantes Beispiel sind hier

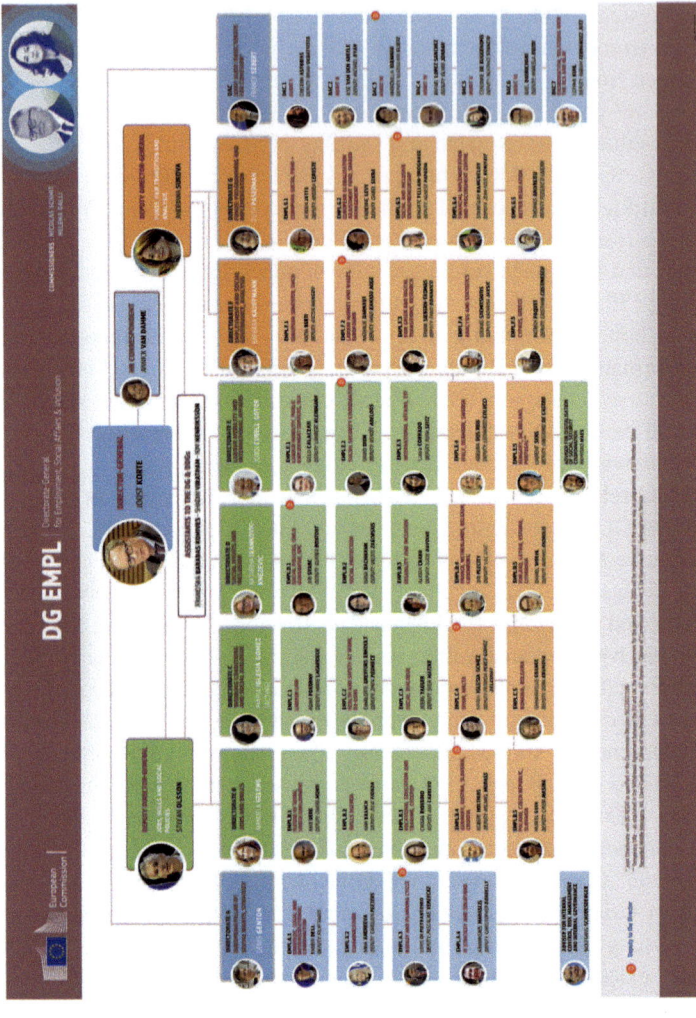

Abb. 6.2 Generaldirektion (GD) Beschäftigung, Soziales und Integration. (https://commission.europa.eu/system/files/2023-10/Organigramme_Oct_2_2023_0.pdf; aufgerufen: 01.12.2023)

6.2 Lobbying im supranationalen politischen System EU

die regelmäßigen „Aufrufe zur Interessenbekundung" (calls for interests) durch die Kommission und ihre vielfältigen Konsultationsinstrumente. Aber auch durch „die frühzeitige Publikation von Tagesordnungen, Protokollen, Entwürfen und weiteren Informationen über Vorhaben, die sich in der Planungsphase befinden, ist die Arbeit von Kommission, Parlament und sogar des Ministerrats transparenter als die seiner funktionalen Äquivalente in den meisten Mitgliedstaaten" (ebd., S. 136).

Zweite Adresse der Lobbyist*innen sind dann die **Fachausschüsse** (Committees) des Europaparlaments und dort vor allem die Berichterstatter*innen, durch die Fraktionen ernannte Schattenberichterstatter*innen sowie die sogenannten Koordinator*innen der Fraktionen. Die ständigen Ausschüsse spiegeln die Zusammensetzung des Parlaments und sind mit 25–88 EU-Abgeordneten besetzt. In den Fachausschüssen werden Vorschläge der Kommission oder des Ministerrates geprüft, Berichte verfasst, Änderungen von Rechtsakten diskutiert und vorgeschlagen oder gebilligt. In den Ausschüssen und bei den Berichterstatter*innen können und sollen Interessenvertreter*innen ihre Anliegen platzieren und ihre Expertise einbringen.

Der **Ministerrat** als weiteres legislatives Organ und die ihm zuarbeitende Verwaltung ist dagegen weitgehend „lobbyresistent" (Classen 2014, S. 63). Denn der Ministerrat ist das Organ der jeweiligen nationalen Regierungen der Mitgliedstaaten. Die Beeinflussung ihrer Positionen muss entsprechend bereits auf nationaler Ebene erfolgen. Professionelles Lobbying beschränkt sich in der Regel allerdings nicht auf einen Zugang, sondern ist mehrdimensional angelegt (multichannel, multi-voice, multi-instrument Lobbying (Plehwe 2015, S. 123)).

„Die Strukturen der politischen Interessenvertretung … stehen in einem engen Verhältnis zum institutionellen Aufbau des politischen Systems" (ebd., S. 127). Die Fortentwicklung der Institutionen der EU wird begleitet von einem koevolutionären Prozess der Zunahme, Ausdifferenzierung und Professionalisierung des europäischen Lobbysystems:

- **Ausweitung:** Die Zunahme des Lobbyings auf europäischer Ebene folgt – getreu dem Motto der Lobbyisten: „Shoot where the ducks are" (ebd., S. 129) – der wachsenden Bedeutung einer europäischen Sozialpolitik. Waren 1996 noch 2221 Interessengruppen registriert, so ist ihre Zahl bis 2007 auf 3700 angestiegen und hat sich bis 2013 auf 6000 mehr als verdoppelt. Schätzungen zufolge sind für diese Interessengruppen mehr als 15.000 Lobbyist*innen tätig (ebd., S. 129 f.) (vgl. Abb. 6.3).
- **Ausdifferenzierung:** Die zahlenmäßige Zunahme der registrierten Interessengruppen fällt zusammen mit ihrer Ausdifferenzierung. Längst wird das Feld nicht mehr allein von den klassischen Großverbänden der Arbeitnehmer*innen und Arbeitgeber*innen geprägt. Multinationale Konzerne und Großunter-

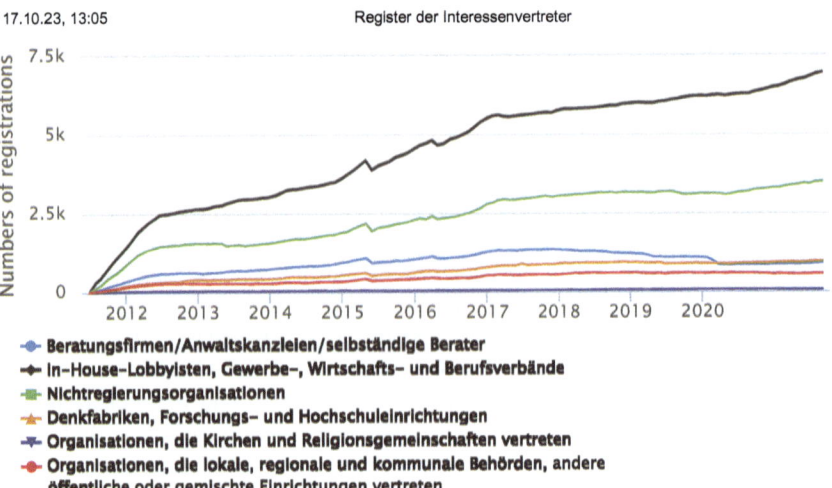

Abb. 6.3 Eintragungen im europäischen Transparenzregister nach Kategorien (2011–2021). (https://ec.europa.eu/transparencyregister/public/consultation/statistics.do?locale=de&action=prepareView; aufgerufen: 01.03.2022)

nehmen haben eigene Lobbyabteilungen aufgebaut und sind mit eigenen Lobbybüros vertreten. Gleichzeitig nimmt in diesem Bereich die Zahl der Kanzleien für professionelle Lobbydienstleistungen zu. „In der jüngeren Zeit besonders stark gewachsen sind die anderen Interessen. Zu ihnen zählen neben zivilgesellschaftlichen Interessengruppen (NGOs, Sozialverbände) auch konfessionelle Interessengruppen, aber auch ein starker Block regionaler Gebietskörperschaften" (ebd., S. 134; vgl. Abb. 6.4). Im europäischen Mehrebenensystem treten auch regionale staatliche Einheiten und kommunale Gebietskörperschaften als Interessenvertreter auf. Systematisch sind sie als öffentliches Lobbying von privatem Lobbying (Classen 2014, S. 39) zu unterscheiden. So unterhalten die Bundesländer z. T. eigene Vertretungen in Brüssel und sind einzelne Kommunen wie auch kommunale Spitzenverbände auch außerhalb der institutionalisierten Einflussmöglichkeiten des Ausschusses der Regionen als Lobbyisten unterwegs. Selbst der Bundestag unterhält ein eigenes Europabüro, denn unmittelbar eingebunden in das europäische Entscheidungssystem sind nur die Regierungen der Mitgliedstaaten. Schließlich wurde (gerade nach der 2005 gescheiterten europäischen Verfassung die Möglichkeit direkter Bürgerbeteiligung (Online-Konsultationen, europäisches Bürgerbegehren, Finanzierung von europäischen (Partei-)Stiftungen) ausgeweitet.

6.2 Lobbying im supranationalen politischen System EU

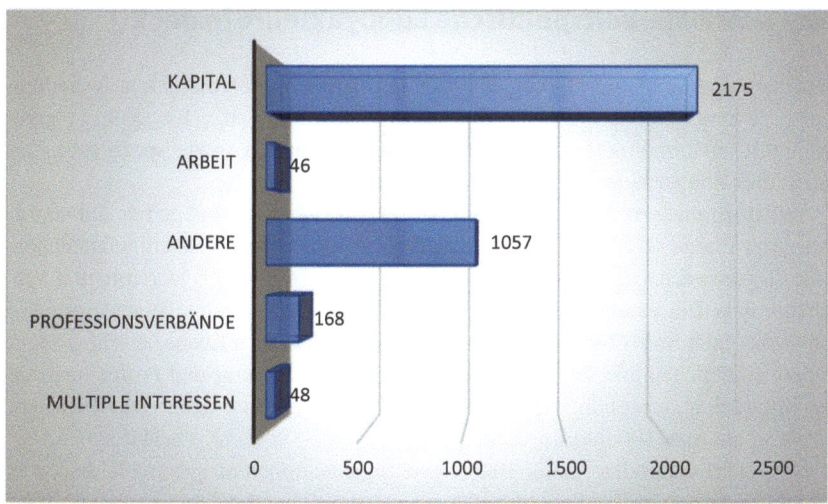

Eigene Darstellung; Daten Plehwe 2015, S. 133

Abb. 6.4 Anzahl der Interessenorganisationen nach Interessengruppen 2007/2008. (Eigene Darstellung; Daten Plehwe 2015, S. 133)

- **Professionalisierung:** Der Trend zur Professionalisierung zeigt sich einerseits an der Ausdehnung des „europäischen Beratungsgeschäfts in Sachen Public Affairs und Interessenvertretung". Immer mehr Rechtsanwaltskanzleien bieten umfassende Lobbypakete zu „Verbandsmanagement, politischer Analyse und Beratung, Kampagnenentwicklung, systematischer Einsatz von Klagen vor europäischen Gerichten und vieles mehr" (Plehwe 2015, S. 136). „Längst wurden Schulen gegründet, die sich um die Professionalisierung des Lobbynachwuchses kümmern, z. B. eine Tochter der American University in Washington DC, das European Public Affairs Institute. 2005 wurde die Professionalisierung des Public Affairs-Gewerbes in Brüssel schließlich mit der Gründung der European Public Affairs Consultancies Association (APACA) abgerundet" (ebd., S. 121). Auch die rasante Zunahme von Denkfabriken (Think Tanks), Forschungsinstituten und Hochschuleinrichtungen im Transparenzregister spricht für die Professionalisierung des europäischen Lobbyings. Bei der Beauftragung und Nutzung von Think Tanks geht es um die Beeinflussung von Politik über Dritte („third party endorsement" (ebd., S. 137)). Eine wissenschaftliche Studie eines renommierten Instituts wirkt überzeugend, verschafft Legitimität und Öffentlichkeit (ein Verzeichnis der wichtigsten Think Tanks auf europäischer Ebene findet sich unter European Union Think Tanks (thinktankdirectory.org). Ratgeberliteratur für professionelles Lobbying in der EU ist längst vorhanden (z. B. Geiger 2007).

6.3 Sozialarbeitspolitische Lobbyakteure in der EU

In diesem umkämpften Feld von Chancen und Hindernissen müssen sich die Vertreter sozial(arbeits)politischer Interessen positionieren. Es gilt, eigene Organisationsformen auf europäischer Ebene zu schaffen sowie spezifische Zugänge und Kooperationsformen zu finden.

Selbstorganisierte Betroffeneninteressen haben es auch und gerade auf supranationaler Ebene schwer. Die Organisationsproblematiken und Beteiligungshindernisse für schwache Interessen auf nationaler Ebene setzen sich hier fort und verstärken sich. Ein erstes und ernstes Hindernis für eine effektive Eigenvertretung schwacher Interessen (Toens und Benz 2019) auf europäischer Ebene besteht schlicht in dem erheblichen finanziellen Aufwand, der für Infrastruktur und Professionalität der Mitarbeiter notwendig ist, wenn sich schon die Kosten „eines bescheidenen Büros ... auf rund 100.000 € pro Jahr" (Schendelen 2006, S. 138) belaufen.

Dies führt dazu, dass es für Betroffenenorganisationen ausgesprochen schwer ist, kontinuierlich in Brüssel präsent zu sein und sich in relevante europapolitische Diskurse einzumischen. Es gelingt in der Regel nur jenen Betroffenenorganisationen, stärker Präsenz in den für sie relevanten Politikfeldern der EU zu zeigen, die sich auch auf nationaler Ebene als organisations- und handlungsfähig erweisen. Beispielhaft ist hier erneut die „durchsetzungsfähige und starke Lobby der behinderten Menschen ..., die aus einer heterogenen Zusammensetzung von Selbstorganisationen, Eltern- bzw. Angehörigeninitiativen und Professionellen hervorgeht" (Hamburger et al. 2002, S. 17; Malleier 2011).

Mit dem European Disability Forum (EDF) (www.edf-feph.org) ist es den Verbänden behinderter Menschen beispielsweise gelungen, eine eigne transnationale NGO mit Büro in Brüssel zu etablieren. Dagegen bleiben klassische Randgruppen und ihre Initiativen in Deutschland (Arbeitslosen-/Sozialhilfeinitiativen, Wohnungsloseninitiativen usw.) auf advokatorische Interessenvertretung durch die Wohlfahrtsverbände verwiesen. Es spiegelt sich auf europäischer Ebene die schon im nationalen Rahmen festgestellte Dichotomie in der (Selbst-)Organisationsfähigkeit und Durchsetzungsfähigkeit von Betroffeneninteressen. Allerdings eröffnet die EU für diese Gruppen durch ihre Netzwerk- und Einbindungsstrategie durchaus auch neue Beteiligungsmöglichkeiten (wenngleich Betroffenenbeteiligung auch hier stark auf die Unterstützung durch Dachverbände angewiesen ist). Zu nennen wären hier beispielsweise das European Anti-Poverty Network (EAPN) (www.eapn.eu) oder die European Federation of National Organisations Working with the Homeless (FEANTSA) (www.feantsa.org).

Interessenvertretung in der europäischen Sozialpolitik ist deshalb – zumindest aus deutscher Perspektive – mehr noch als in der nationalen Sozialpolitik eine **Domäne der Wohlfahrtsverbände**. Die Spitzenverbände der freien Wohlfahrtspflege

6.3 Sozialarbeitspolitische Lobbyakteure in der EU

reagieren auf die europäische Herausforderung, indem sie Europareferent*innen und Fachstellen installieren, um die Interessenvertretung in den relevanten Gremien der EU (Ministerrat, Europäisches Parlament, Kommission, Wirtschafts- und Sozialausschuss) wie auf nationaler Ebene (Parlamentsausschüsse und Ministerien in Bund und Ländern) zu gewährleisten. Darüber hinaus forcieren sie den Zusammenschluss von Nichtregierungsorganisationen (NGOs) in transnationalen, europaweiten Vereinigungen und Netzwerken (Europäisches Armutsnetzwerk, Social Platform usw.). Ziel ist es, bereitgestellte Ressourcen optimal zu nutzen und einen stärkeren Einfluss auf die sozialpolitische Gestaltung des europäischen Integrationsprozesses zu nehmen.

Insbesondere die kirchlichen Verbände Caritas und Diakonie verfügen über eine ausgebaute Infrastruktur zur direkten Vertretung ihrer Interessen auf europäischer Ebene. Sie unterhalten nicht nur auf nationaler Ebene in ihren regionalen Gliederungen (Landes-, Diözesan- oder Bundesebene) entsprechende Europareferate, sondern sind mit eigenständigen Vertretungen vor Ort in Brüssel präsent und in einer Vielzahl verbandsübergreifender bzw. transnationaler Netzwerke eingebunden. Ihre Repräsentanzen in Brüssel leisten klassische Lobbyarbeit.

Zur Lobbyarbeit der Hauptvertretung des Caritasverbandes oder der Niederlassung des Diakonischen Werkes der EKD in Brüssel gehören (1) ein intensives Monitoring der sozialpolitisch relevanten Politikprozesse im Sinne eines Frühwarnsystems: Welche Themen werden diskutiert? Welche sozialpolitischen Ziele kristallisieren sich heraus? Welche Entscheidungen stehen an? Sodann finden (2) die üblichen Techniken der Interessenvertretung Anwendung: Stellungnahmen und Gutachten in Konsultationsprozessen auf der Arbeitsebene der EU-Kommission, Teilnahmen bei Anhörungen im Europäischen Parlament, Organisation von Fachgesprächen und Tagungen, Jahresempfänge, informelle Kontakte, Lobbybriefe usw. Dabei ist (3) die generelle Strategie und Vorgehensweise mit den Verbandszentralen in Deutschland abzustimmen, einerseits um die strategischen und inhaltlichen Ziele der Lobbyarbeit festzulegen und andererseits um die Lobbyarbeit in der EU durch entsprechende Einflussnahme auf die nationale Regierung zu flankieren und so indirekten Einfluss zu organisieren. Die Lobbybüros erfüllen hier eine wichtige „Koordinations- und Vermittlungsfunktion" (Golbeck 2012, S. 209). Schließlich werden (4) Serviceleistungen bei der Stellung von EU-Förderanträgen für die eigenen kirchlichen und diakonischen Träger angeboten. Über relevante Entscheidungen und Förderprogramme muss informiert und hinsichtlich der Konsequenzen und Möglichkeiten der Inanspruchnahme beraten werden.

Zugleich werden die Interessen der Spitzenverbände der freien Wohlfahrtspflege über die Arbeit des **Europabüros der Bundesarbeitsgemeinschaft der Freien Wohlfahrtspflege** (BAGFW) repräsentiert. Das Europabüro der BAGFW vertritt den Zusammenschluss der sechs Spitzenverbände der Freien Wohlfahrtspflege in Deutschland – AWO, DCV, DRK, Diakonie, DPWV, ZWST – gegenüber den Institutionen der EU. Die Europareferenten der Verbände stimmen ihre Positionen in regelmäßigen Treffen im BAGFW-Europaausschuss ab.

Schließlich sind die deutschen Wohlfahrtsverbände in diverse transnationale Netzwerke Sozialer Arbeit in Europa eingebunden. Die in Zusammenarbeit mit dem Deutschen Verein seit 2008 regelmäßig (zuletzt 2021) aktualisierte Zusammenstellung sozialpolitisch relevanter Organisationen auf europäischer Ebene – unter Berücksichtigung der deutschen Verbandslandschaft – verschafft einen ersten Überblick über die europäische Netzwerklandschaft des Soziallobbyings und versorgt mit den notwendigen Kontaktdaten.

Grundsätzlich gilt, dass mit Bezug auf die Organisationen Sozialer Arbeit eine zunehmende **Vernetzung auf europäischer Ebene** zu beobachten ist (vgl. Abb. 6.5). Dies ist eine (europa-)politisch gewollte und geförderte Entwicklung. „Lokale und regionale einerseits und europäische Vernetzung andererseits wird zum operativen Element des europäischen Sozialmodells. Die Netzwerkarbeit auf europäischer Ebene wird von politischer Seite zum strategischen Instrument der Sicherung von Innovation und Effektivität und zur Realisierung der ‚offenen Methode der Koordinierung'. So wurde die Förderung der Netzwerkarbeit der verschiedenen Akteure Sozialer Arbeit als eigene Gemeinschaftsaufgabe der Kommission definiert" (Hamburger et al. 2002, S. 3 f.; Rieger 2008a).

Eigene Darstellung nach DV 2021. Die Darstellung bildet nur einen Teil der vielfältigen Zusammenschlüsse und Netzwerke ab und gibt auch nur eine Auswahl existierender Verbindungen wieder; die Beteiligung und Einbindung in fachspezifische Netzwerke erfolgt zum Teil auch indirekt über die Trägerschaft bzw. Mitgliedschaft der Wohlfahrtsverbände in entsprechenden nationalen Bundesarbeitsgemeinschaften (FEANTSA, BAG W (BAG Wohnungslosenhilfe), Eurochild, AGJ (Arbeitsgemeinschaft Jugendhilfe), EASPD, BAGWfB (BAG Werkstätten für Menschen mit Behinderung), EAPN, NAK (Nationale Armutskonferenz); NB in den Dreiecksformen steht für eine eigene Niederlassung in Brüssel.

Je nach Intensität lassen sich vier Formen der Kooperation und Vernetzung unterscheiden: (1) der „round table (Typus I), der i. d. R. auf dem Niveau eines „multilateralen Informationsaustauschs" verbleibt; (2) die „Allianz (Typus II), die bereits „Aufgaben der Koordination und Kooperation erfüllt"; (3) die „internationale pressure-group (Typus III)", die gemeinsame Interessen auf europäischer Ebene und gegenüber ihren jeweiligen nationalen Regierungen vertritt. „Eher als Zukunftsszenario denn als reale gesellschaftliche Größe wäre schließlich der Typus IV, die „transnationale intermediäre Organisation" zu nennen. Diese wäre ein weitgehend autonomer, transnationaler Akteur mit Führungs- und Kontrollkompetenzen gegenüber den nationalen Mitgliedern" (Platzer 2004, S. 192).

6.3 Sozialarbeitspolitische Lobbyakteure in der EU

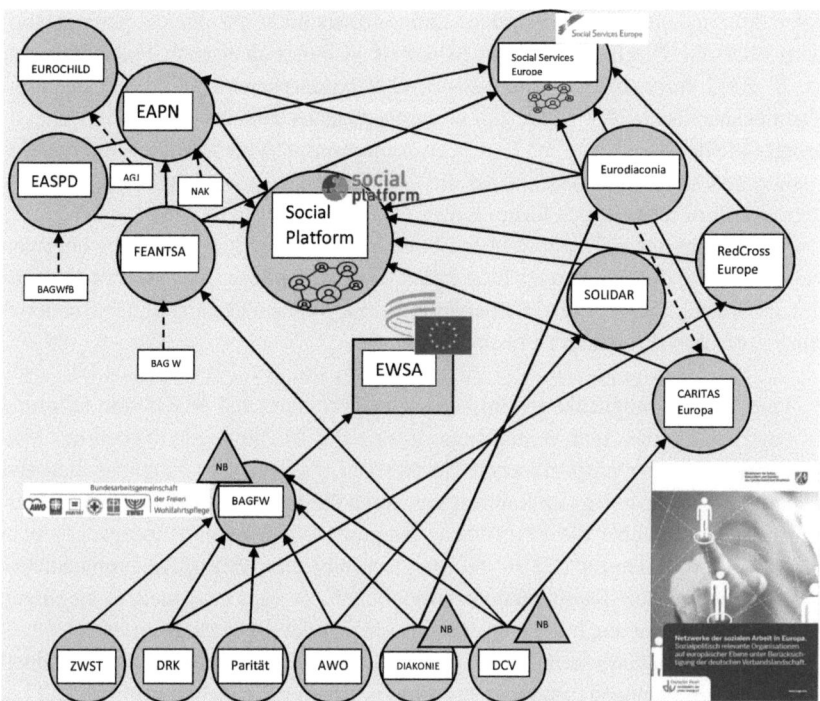

Abb. 6.5 Die Wohlfahrtsverbände im Netzwerk europäischen Soziallobbyings (eigene Darstellung)

Die Wohlfahrtsverbände sind dabei einerseits entsprechend ihrer religiösen oder weltanschaulichen Ausrichtung in transnationale Netzwerke eingebunden (AWO: www.solidar.org, DCV: www.caritas.eu, Diakonie: www.eurodiaconia.eu, DRK: www.redcross.eu). Diese sind wiederum Mitglied in übergreifenden Dachorganisationen für gemeinwohlorientierte soziale Dienstleister wie die Social Services Europe (https://www.socialserviceseurope.eu/) oder die Platform of European NGO's (Social Platform) (www.socialplatform.org), der sich auch Dachorganisationen wie die European Association of Sevice Providers for Persons with Disabilities (EASPD) (www.easpd.eu) oder das Europäische Soziale Netzwerk (ESN) (www.esn-eu.org) als Organisation kommunaler sozialer Dienstleistungen angeschlossen haben. Anderseits sind sie über ihre transnationalen Netzwerke oder qua eigener Mitgliedschaft oder Kooperation in themenspezifische Netzwerke wie das European Anti-Poverty Network (EAPN) (www.eapn.eu) oder die European Federation of Organisations Working with Homeless (FEANTSA) (www.feantsa.de) eingebunden. Dort sind sie dann oftmals nicht nur direkt vertreten, sondern über die Mitgliedschaft und Mitarbeit in bundesdeutschen Fachverbänden (z. B. BAG Wohnsitzlosenhilfe oder BAG Schuldnerberatung) indirekt beteiligt. Themenspezifische Netzwerke gibt es darüber hinaus auch im Bereich der Jugendarbeit (wie beispielsweise das European Youth Forum (www.youthforum.org), Eurochild (www.eurochild.org), Save the Childern (www.savethechildern.net) oder dem Yes-Forum (www.yes-forum.eu)).

Soziallobbying auf europäischer Ebene ist also weiterhin gekennzeichnet von der Dominanz der Spitzenverbände freier Wohlfahrtspflege. Dennoch ist auch für die Sphäre europäischer Sozialarbeitspolitik eine Vervielfältigung und Differenzierung der Lobbyaktivitäten zu beobachten:

- Partizipationsmöglichkeiten unabhängiger Initiativen und NGOs sind aufgrund der Beteiligungs- und Vernetzungsstrategie der EU gestiegen. Neben der Mitwirkung in themenspezifischen Netzwerken ergeben sich Möglichkeiten des Grassroots-Lobbyings im Rahmen von durch die Kommission initiierten Bürgerdialogen oder über die Europäische Bürgerbeauftragte beim Europaparlament (www.europarl.europa.eu/at-your-service/de/be-heard/european-ombudsman). Aber auch Online-Konsultationen ermöglichen es wegen ihres niederschwelligen Zugangs, kleineren Initiativen bei entsprechender Beharrlichkeit an Themensetzungen mitzuarbeiten und auf den Schirm der entsprechenden Arbeitseinheit der GD zu gelangen, um dann in weiteren, engeren Konsultationsprozessen berücksichtigt zu werden (Kotzian und Quittkat 2014, S. 87).
- Die fachpolitische Vertretung des Berufsverbands Sozialer Arbeit (DBSH) erfolgt im Rahmen der Regionalvertretung der International Federation of Social Workers (IFSW Europe) (www.ifsw.org/regions/europe) und die Disziplin Sozialer Arbeit organisiert sich über die European Association of Schools of Social Work (EASSW) (www.eassw.org). Allerdings setzt sich auch hier die Organisationsschwäche der nationalen Ebene auf der supranationalen Ebene fort.
- Öffentliche (staatliche und kommunale) Träger sozialer Dienstleistungen sind einerseits über den formalen Weg des Ausschusses der Regionen (AdR) eingebunden, haben zum Teil eigene Repräsentanzen, sind über die Europaabteilung des Deutschen Vereins mitvertreten und unternehmen eigene Vernetzungsbemühungen wie beispielsweise im European Social Network (ESN-EU) (www.esn-eu.org), um Erfahrungen auszutauschen, voneinander zu lernen und Interessen zu vertreten.
- Zu beobachten sind auch Bestrebungen, dass sich große Anbieter Sozialer Dienstleistungen im Zuge der Ökonomisierung Sozialer Arbeit eigene Netzwerke des Austauschs, wechselseitigen Lernens und der Interessenvertretung aufbauen So haben sich parallel zu ihren Mutterverbänden 13 gemeinnützige sozial- und

gesundheitswirtschaftliche Unternehmen der Caritas und Diakonie (z. B. die Katholische Jugendfürsorge Regensburg und Augsburg oder die Diakonie Stetten usw. mit insgesamt 49.000 Mitarbeitenden und einem Jahresumsatz von 2,5 Mrd. €) im Brüsseler Kreis (www.bruesseler-kreis.de) zusammengeschlossen.

Die Entwicklungen auf europäischer Ebene zwingen einerseits zu einer Professionalisierung des Soziallobbyings und fordern andererseits insbesondere die Wohlfahrtsverbände zur Reflexion ihres Selbstverständnisses heraus. Denn die Wohlfahrtsverbände können ihre Sonderstellung im Wettbewerb mit privatwirtschaftlichen Dienstleistungsanbietern im Rahmen des Gestaltungsspielraums des Art. 106 Abs. 2 AEUV als Anbieter von Dienstleistungen von allgemeinem Interesse (Social Services of General Interest (SSGI)) nur erhalten und legitimieren, wenn sie den advokatorischen und integrierenden Mehrwert ihrer gemeinwohlorientieren Dienstleistungen erfolgreich herausarbeiten und kommunizieren (Golbeck 2012, S. 224 f.) (vgl. Abschn. 3.4.).

Aufgaben und Fragen zur Kontrolle des Lernerfolgs
1. Welchen Einfluss haben Entscheidungen auf europäischer Ebene auf Ihr Tätigkeitsfeld Sozialer Arbeit?
2. Die EU wird oftmals als undurchsichtiger, überkomplexer, bürokratischer Moloch wahrgenommen. Warum schätzen Expert*innen die Beteiligungschancen an politischen Prozessen der EU trotzdem als relativ hoch ein?
3. Was kennzeichnet das Lobbying der Wohlfahrtsverbände in der EU?
4. Was ist den Webseiten europäischer Lobbynetzwerke (bspw. EAPN, FEANTSA, Eurochild etc.) hinsichtlich Aufgabenstellung, Organisationsstruktur, Mitgliedschaften und Lobbyaktivitäten zu entnehmen?

Weiterführende Literatur

Dialer, Doris & Richter, Margarete (Hrsg.) (2014). *Lobbying in der Europäischen Union.* Zwischen Professionalisierung und Regulierung. Wiesbaden: Springer VS.
Kessl, Fabian, Lorenz, Walter, Otto, Hans-Uwe & White, Sue (Hrsg.) (2019). *European Social Work.* A Compendium. Opladen, Berlin, Toronto: Barbara Budrich.
Möhle, Marion (2020). *Europäische Sozialpolitik.* Eine Einführung. Wiesbaden: Springer VS.
Wessels, Wolfgang (2020). *Das Politische System der Europäischen Union* (Neuauflage). Wiesbaden: Springer VS.
Einen ausgesprochen anschaulichen Praxisfall europäischen Politikmachens, der sich auch hervorragend für die Fallarbeit in Seminaren eignet, bietet die Lektüre von:
Toens, Katrin & Klute, Jürgen (2020). *Basiskonto für alle! Soziale Arbeit erzielt europapolitische Erfolge.* In Günter Rieger & Jens Wurtzbacher (Hrsg.), *Tatort Sozialarbeitspolitik.* Fallbezogene Politiklehre für die Soziale Arbeit (S. 101–111). Weinheim, Basel: Beltz Juventa.

Webseiten zur Vertiefung

Portal zur Europäischen Union (https://european-union.europa.eu)
BAGFW und Europafragen (https://www.bagfw.de/themen/europa)
Netzwerke der sozialen Arbeit in Europa (https://www.deutscher-verein.de/de/uploads/hauptnavigation/europa/pdf/netzwerke-der-sozialen-arbeit-in-europa_mags-dv.pdf)

Verwendete Literatur

Classen, Alexander (2014). *Interessenvertretung in der Europäischen Union.* Zur Rechtmäßigkeit politischer Einflussnahme. Wiesbaden: Springer VS.

Däubler, Wolfgang (2004). *Die Europäische Union als Wirtschafts- und Sozialunion.* In Werner Weidenfeld (Hrsg.), *Die Europäische Union.* Politisches System und Politikbereiche (S. 273–288). Bonn: Bundeszentrale für politische Bildung.

Deutscher Verein für öffentliche und private Fürsorge (DV) & Ministerium für Arbeit, Soziales und Gesundheit des Landes Nordrhein-Westfalen (Hrsg.) (2021). *Netzwerke der Sozialen Arbeit in Europa.* Sozialpolitisch relevante Organisationen auf europäischer Ebene unter Berücksichtigung der deutschen Verbandslandschaft. Düsseldorf: Eigenverlag (www.mags.nrw).

Dialer, Doris & Richter, Margarete (Hrsg.) (2014). *Lobbying in der Europäischen Union.* Zwischen Professionalisierung und Regulierung. Wiesbaden: Springer VS.

Erath, Peter (2011). *Sozialarbeit in Europa.* Fachliche Dialoge und transnationale Entwicklungen. Stuttgart: Kohlhammer.

Europäische Kommission (Hrsg.) (2001). *Europäisches Regieren.* Ein Weißbuch. KOM (2001) 428. Brüssel.

Esping-Anderson, Gøsta (1998). *Die drei Welten des Wohlfahrtskapitalismus.* In Stephan Lessenich & Ilona Ostner (Hrsg.), *Welten des Wohlfahrtskapitalismus.* Der Sozialstaat in vergleichender Perspektive (S. 19–58). Frankfurt/M., New York: Campus.

Geiger, Andreas (2007). *EU Lobbying Handbook* (2012, 2. Aufl.). Berlin: Helios Media.

Golbeck, Christoph (2012). *Soziale Dienste in Europa zwischen Kooperation und Konkurrenz.* Deutsche und englische NPOs als Governance-Akteure. Berlin: Eigenverlag des Deutschen Vereins.

Hamburger, Franz et al. (2002). *Strickwerk oder Strategie.* Netzwerke der Sozialen Arbeit in Europa. Arbeitspapier Nr. 9. Frankfurt/M.: Observatorium für die Entwicklung der Sozialen Dienste in Europa (ISS).

Hans, Anne (2016). *Die Europäische Dienstleistungsrichtlinie.* Eine Gefahr für den Sozialsektor in Deutschland? In Peter Hammerschmidt, Ute Kötter & Juliane Sagebiel (Hrsg.), *Die Europäische Union und Soziale Arbeit* (S. 119–140). Neu-Ulm: AG SPAK.

Jachtenfuchs, Markus & Kohler-Koch, Beate (2004). *Governance in der Europäischen Union.* In Arthur Benz (Hrsg.), *Governance.* Regieren in komplexen Regelsystemen. Eine Einführung (S. 77–102). Wiesbaden: VS Verlag.

Kessl, Fabian, Lorenz, Walter, Otto, Hans-Uwe & White, Sue (Hrsg.) (2019). *European Social Work.* A Compendium. Opladen, Berlin, Toronto: Barbara Budrich.

Weiterführende Literatur

Kotzian, Peter & Quittkat, Christine (2014). *Konsultationsprozess der Kommission: Steuerung von EU-Lobbying?* In Doris Dialer & Margarethe Richter (Hrsg.), *Lobbying in der Europäischen Union.* Zwischen Professionalisierung und Regulierung (S. 73–89). Wiesbaden: Springer VS

Malleier, Joachim (2011). *Lobbying für Behinderte.* Interessenvermittlung am Beispiel des europäischen Behindertenforums in der Europäischen Union. Wien: Peter Lang.

Möhle, Marion (2020). *Europäische Sozialpolitik.* Eine Einführung. Wiesbaden: Springer VS.

Platzer, Hans-Wolfgang (2004). *Interessenverbände und europäischer Lobbyismus.* In Werner Weidenfeld (Hrsg.), Die Europäische Union. Politisches System und Politikbereiche (S. 186–202). Bonn: Bundeszentrale für politische Bildung.

Plehwe, Dieter (2015). *Europäisierung der Interessenvertretung.* In Rudolf Speth & Annette Zimmer (Hrsg.), *Lobby Work.* Interessenvertretung als Politikgestaltung (S. 121–142). Wiesbaden: Springer VS.

Puhl, Ria (Hrsg.) (1997). *Soziale Arbeit in Europa.* Organisationsstrukturen, Arbeitsfelder und Methoden im Vergleich. Weinheim: Juventa.

Rieger, Günter (2008a). *Herausforderung Europa.* Professionell und vernetzt. Die wohlfahrtsstaatliche Soziallobby. *Blätter der Wohlfahrtspflege* (S. 107–111), Jg. 155, H. 3 (abrufbar auch bei der Deutschen Gesellschaft für Verhaltenstherapie: www.dgvt.de/aktuelles/details/?tx_ttnews%5Btt_news%5D=1836&cHash=b54252bfb9e53e1a6e54d73cb67ce8de).

Schendelen, Rinus van (2013). *The Art of Lobbying the EU.* Machiavelli in Brussels. Amsterdam: Amsterdam University Press

Schendelen, Rinus van (2007). *Trends im EU-Lobbying und in der EU-Forschung.* In Ralf Kleinfeld, Annette Zimmer & Ulrich Willems (Hrsg.), *Lobbying.* Strukturen – Akteure – Strategien (S. 65–91). Wiesbaden: VS Verlag.

Schendelen, Rinus van (2006). *Die Champions League des Lobbying.* In Thomas Leif & Rudolf Speth (Hrsg.), *Die fünfte Gewalt.* Lobbyismus in Deutschland (S. 132–162). Wiesbaden: VS Verlag.

Schmid, Josef (2010). *Wohlfahrtstaaten im Vergleich.* Soziale Sicherung in Europa: Organisation, Finanzierung, Leistungen und Probleme (3. Aufl.). Wiesbaden: Springer VS.

Toens, Katrin & Benz, Benjamin (Hrsg.) (2019). *Schwache Interessen?* Politische Beteiligung in der Sozialen Arbeit. Weinheim, Basel: Beltz Juventa.

Toens, Katrin & Klute, Jürgen (2020). *Basiskonto für alle! Soziale Arbeit erzielt europapolitische Erfolge.* In Günter Rieger & Jens Wurtzbacher (Hrsg.), *Tatort Sozialarbeitspolitik.* Fallbezogene Politiklehre für die Soziale Arbeit (S. 101–111). Wiesbaden: Springer VS.

Weidenfeld, Werner (Hrsg.) (2004). *Die Europäische Union.* Politisches System und Politikbereiche. Bonn: Bundeszentrale für politische Bildung.

Wessels, Wolfgang (2018). *Das Politische System der Europäischen Union* (2020 Neuauflage). Wiesbaden: Springer VS.

Wessels, Wolfgang (2004). *Das politische System der EU.* In Werner Weidenfeld (Hrsg.), Die *Europäische Union.* Politisches System und Politikbereiche (S. 83–104). Bonn: Bundeszentrale für politische Bildung.

Teil III
Soziallobbying in der Praxis

Soziallobbying: Lobbying im Modus der Politikberatung

7

Zusammenfassung

Dieses Kapitel beschäftigt sich mit der Handlungsdimension des Soziallobbyings. Es geht darum zu verstehen, auf welche Weise Soziallobbyist*innen Einfluss nehmen und wie es gelingen kann, Lernprozesse in der Politik anzustoßen. Dabei wird zunächst herausgearbeitet, dass Lobbying als Tauschgeschäft zwischen Politik und Interessenorganisationen funktioniert, um dann Soziallobbying als **interessengeleitete Politikberatung** zu begründen. Soziallobbying als interessengeleitete Politikberatung versucht (im eigenen Interesse), Lernprozesse in der Politik anzustoßen. Um dies erfolgreich zu tun, muss sie wissen, wie Lernprozesse in der Politik ablaufen können. Die Politikfeldanalyse als Teildisziplin der Politikwissenschaft liefert entsprechende Modelle und Konzepte, um besser zu verstehen, wie die Politik lernt, wie politischer Wandel und Reformen zustande kommen. Das Modell des Policy Cycle, der Multiple-Streams Ansatz sowie das Advocacy Coalition Framework erlauben praxisrelevante Einsichten zur Bedeutung politikberatender Interventionen für politische Lernprozesse. Das Kapitel schließt mit einigen grundsätzlichen Bemerkungen zum Evidence-based Policy Making.

7.1 Soziallobbying als interessengeleitete Politikberatung: Rat gegen Einfluss

Lobbying funktioniert als Tausch. Politik und Sozialwirtschaft bzw. Soziale Arbeit haben einander etwas zu bieten und wollen etwas voneinander (vgl. Abb. 7.1).

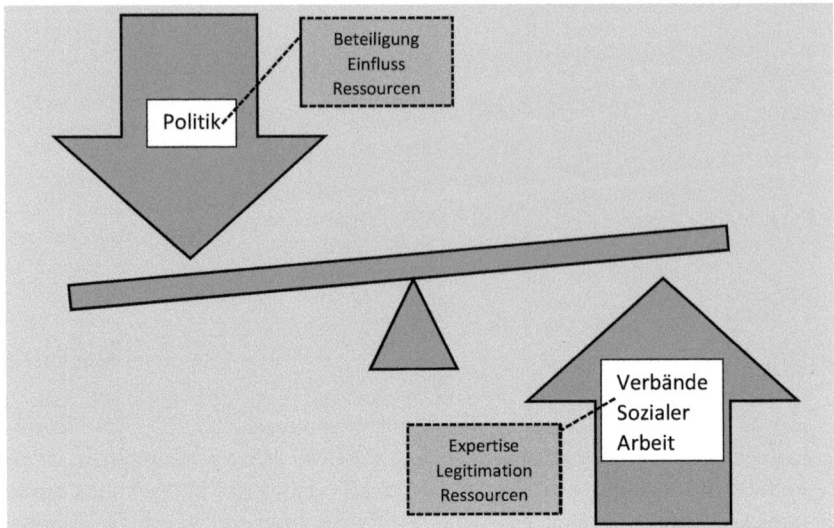

Abb. 7.1 Lobbying als Tauschgeschäft. (Eigene Darstellung)

Politik setzt die Rahmenbedingungen für sozialwirtschaftliches/sozialarbeiterisches Handeln auf dem Feld der Sozialarbeitspolitik (und der Gesundheitspolitik). Als Ergebnis politischer Prozesse definieren Gesetze, Verordnungen und Verwaltungsvorschriften das Aufgabenspektrum und die Unterstützungsmöglichkeiten sozialwirtschaftlicher Organisationen. Darüber hinaus bestimmt die Politik wesentlich über den Umfang der für die Maßnahmen und Programme zur Verfügung stehenden finanziellen Mittel. Dies gilt sowohl für die Höhe und den Umfang der Geld- und Sachleistungen als auch für die zur Leistungserbringung notwendigen Personal- und Sachkosten. Schließlich gestaltet Politik die soziale Infrastruktur. Wer darf (gemäß Subsidiaritätsprinzip) unter welchen Bedingungen (Gemeinnützigkeit usw.) welche Leistungen anbieten? Wie ist die Zusammenarbeit von Leistungsträgern und Kostenträgern geregelt? Wer hat wo welche Mitsprache und Mitbestimmungsmöglichkeiten? Wie werden Versorgungslandschaften bzw. Netzwerke nach welchen Regeln gestaltet? Politik bestimmt umfassend die Handlungsbedingungen sozialwirtschaftlicher Organisationen. Diese haben folgerichtig ein starkes Interesse, auf Politik Einfluss zu nehmen.

Umgekehrt sind politische Entscheidungsträger in vielfacher Weise auf die Sozialwirtschaft, ihre Einrichtungen und Verbände angewiesen. Das beginnt damit,

7.1 Soziallobbying als interessengeleitete Politikberatung: Rat gegen Einfluss

dass Soziale Dienste eigene Ressourcen für die Aufgabenerfüllung und Problembewältigung im Feld der Sozialarbeitspolitik zur Verfügung stellen. Gemeint ist vorhandenes Personal, Räumlichkeiten, Sachmittel und Vermögen. Gerade im Bereich der Sozialen Arbeit wird darüber hinaus über die Sozialen Dienste eine beachtliche Zahl freiwillig Engagierter in die Unterstützungs- und Hilfeprozesse integriert. Vor allem aber verfügt die Soziale Arbeit über das Knowhow, wie Hilfe professionell und wirksam zu leisten und zu organisieren ist. Sie verfügt durch ihre Arbeit mit den Adressat*innen im Feld über einen privilegierten Zugang zu deren Lebenswelten und Lebensumständen. Soziale Arbeit kann der Politik damit als Frühwarnsystem für neue bzw. sich verändernde Problemlagen dienen und besitzt zugleich die methodische und organisatorische Expertise für mögliche Problembewältigungsstrategien und Lösungsalternativen. Darüber hinaus verfügen gerade die Wohlfahrtsverbände über ein (von der Politik zu nutzendes) Legitimationspotenzial. Ihre zivilgesellschaftliche Verankerung und tradierte weltanschauliche, religiöse und humanistische Wertvorstellungen machen sie glaubwürdig und bedingen einen Vertrauensvorschuss. Allerdings ist hier darauf zu verweisen, dass die Selbstverständlichkeit, mit der die Wohlfahrtsverbände als ausschließlich altruistisch und gemeinwohlorientiert wahrgenommen werden, vor dem Hintergrund nachlassender Milieubindung rückläufig ist. Wertewandel, Individualisierung und Ökonomisierung erodieren den Nimbus der Wohlfahrtsverbände als Gralshüter einer solidarischen Gesellschaft und eines sorgenden Sozialstaats. Demgegenüber gewinnt ihr Ruf als professionelle Anbieter Sozialer Dienstleistungen an Bedeutung.

Neben der (materiellen) Fähigkeit, Maßnahmen und Programme umzusetzen, erwartet die Politik also vor allem praxisgesättigte, wissensbasierte Expertise zum Verständnis sozialer Problemlagen und mögliche Lösungsansätze von der Sozialen Arbeit. Soziallobbying vollzieht sich deshalb in erster Linie im **Modus der Politikberatung**. Allerdings handelt es sich hier zumeist nicht um nachgefragte, wissenschaftliche Politikberatung, sondern um interesseninduzierte und **interessengeleitete Politikberatung**

Politikberatung (Policy Advice) (zu weiteren Formen der Politikberatung vgl. Kasten 5) dient der Information, Aufklärung oder Irritation der Politik (ihrer Akteure wie Institutionen) durch andere gesellschaftliche Akteure (Wissenschaft, Interessenverbände usw.) mit Blick auf gesellschaftliche Veränderungen und Problemlagen, dem daraus resultierenden politischen Regelungsbedarf, angemessenen Lösungsansätzen und deren möglichen Wirkungen wie Nebenwirkungen. Politische Akteure und Institutionen sollen mit wissenschaftsgestützten und/oder praxisrelevanten Informationen und Erkenntnissen versorgt werden, über die das politische System nicht oder nur unzureichend verfügt. Politikberatung wird von politischen Entscheidungsträger*innen und Institutionen ebenso aktiv eingefordert bzw. beauftragt, wie sie eigeninitiativ aus unterschiedlichen gesellschaftlichen Sektoren (der Wissenschaft, der Wirtschaft, dem dritten Sektor usw.) an die Politik herangetragen wird.

> **Kasten 5: Formen der Politikberatung**
> - **Policy Advice** meint die inhaltliche Politikberatung zu Ausmaß und Entstehung von Problemlagen sowie möglichen Politikalternativen.
> - **Political Consulting** zielt auf Fragen der Macht und des Machterhalts. Wie lassen sich bestimmte Positionen durchsetzen, Ämter besetzen, Wahlen gewinnen und die öffentliche Meinung zu beeinflussen?
> - **Public Management Consulting** ist Beratung mit Blick auf Organisationsgestaltung und Reformen zur Umsetzung von Politik. Es geht um die Beratung bei der Einführung neuer Steuerungsmodelle. PMC soll dazu beitragen, Politik effizienter und effektiver zu machen.

Ist Politikberatung Teil der Lobbystrategie einer Interessenorganisation, so sprechen wir von **interessengeleiteter Politikberatung**. Interessengeleitete Politikberatung ist aber nicht trennscharf von wissenschaftlicher Politikberatung abzugrenzen. Denn einerseits ist auch Wissenschaft (Wissenschaftler*innen und ihre Institutionen) nicht interesselos. Bestenfalls kann unterstellt werden, dass hier das Interesse an guter wissenschaftlicher Praxis im Vordergrund steht. Andererseits funktioniert lobbyierende Politikberatung nicht unwissenschaftlich. Auch interessengeleitete Politikberatung muss sich an professionellen, wissenschaftlichen Standards orientieren.

Unterschiedlichste gesellschaftliche Gruppen versuchen, die Politik in juristischen, technischen, ökonomischen, sozialen oder kulturellen Fragen mit aus ihrer Sicht notwendigem, handlungsrelevantem Wissen und Erkenntnissen zu versorgen. Die Automobilindustrie tut es ebenso wie die Pharmaindustrie, Umweltverbände tun es ebenso wie Wohlfahrtsverbände. Die Politik will und braucht diese Expertisen für sachgerechte Entscheidungen, ist sich aber (in der Regel) bewusst, dass die dargebotenen Problemanalysen und Empfehlungen (eben auch oder insbesondere) den Standpunkt der jeweiligen gesellschaftlichen Gruppe bzw. Organisation widerspiegeln.

Dies führt zu einem **Paradoxon des Beratungslobbyismus**. Lobbying dient der legitimen und notwendigen Interessenvertretung unterschiedlichster gesellschaftlicher Gruppen in modernen pluralen Gesellschaften. Gleichzeitig funktioniert in modernen Wissensgesellschaften Lobbying wesentlich über wissenschaftsorientierte Politikberatung. Die Lobbyist*in muss ihre Problemanalysen und Empfehlungen als fachlich wie wissenschaftlich begründete Expertise **verkaufen**. Politikberatung wird hier (im eigenen Interesse) instrumentalisiert, muss sich aber gleichzeitig der kommunikativen, auf Verständigung, Transparenz und Wahrheit zielenden Vernunft wissenschaftlicher Wissensproduktion aussetzen.

Für die Verbände und Organisationen der Sozialen Arbeit ist ein professionelles Handling der paradoxen Situation des Beratungslobbyismus entscheidend. Denn die Organisationen Sozialer Arbeit (hier insbesondere die Wohlfahrtsverbände) stellen mit Blick auf Arbeitsplätze und Umsätze zwar durchaus einen wichtigen Wirtschaftsfaktor dar, sind für die Politik aber immer zugleich ein Kostenfaktor. Wachstum kann hier nur über Steuern und Abgaben (Umverteilung) finanziert werden. Wohlfahrtsverbände sind im Gegensatz zu Wirtschaftsverbänden kaum in der Lage, ökonomischen Druck zur Durchsetzung von Interessen aufzubauen. Ebenso eingeschränkt sind ihre Möglichkeiten, politischen Druck aufzubauen. Ihre Adressat*innen stellen keine relevante Wählergruppe dar. Ihre Interessen sind schwache Interessen (Toens und Benz 2019). Die Konfliktfähigkeit, also „die Verfügungsmacht über materielle Ressourcen, Gewalt-, Drohungs- und Anreizpotentiale" (Nullmeier 2000, S. 93), der Organisationen Sozialer Arbeit ist insofern wenig ausgeprägt. Anliegen der Verbände Sozialer Arbeit muss es deshalb sein, „Argumentationsmacht und Rechtfertigungsfähigkeit" zur Interessendurchsetzung aufzubauen. Argumentationsfähigkeit meint „die Kompetenz eines kollektiven Akteurs, … in Schrift und Rede gute Gründe beibringen zu können … Rechtfertigungsfähigkeit ist demgegenüber etwas Spezielleres. Sie bezieht sich auf Argumentationen in normativen Kontexten. Rechtfertigungsfähigkeit ist die Kompetenz, gute Gründe für die Legitimität des vertretenen Interesses anführen zu können" (ebd.). Soziallobbyismus hängt insofern wesentlich von der Fähigkeit zur professionellen, ethisch fundierten, wissensbasierten Politikberatung ab.

Kasten 6: Idealtypen von Politikberatung
Traditionell unterscheidet die Politikwissenschaft mit Jürgen Habermas (1969) und Klaus Lompe (1966/1972) drei Idealtypen im Verhältnis von Politik und externen Berater*innen (Wissenschaft, Praxis): das technokratische (1), das dezisionistische (2) und das pragmatische Modell (3). Alle drei Modelle gehen von der grundlegenden Annahme eines Vermittlungs- bzw. Übersetzungsproblems zwischen „den ‚zwei Welten' der Handlungssysteme" (Lompe 2006, S. 26) Politik und Wissenschaft aus. Die Funktionssysteme Politik und Wissenschaft funktionieren nach je eigenen Logiken,

was zu Kommunikationsproblemen und gegenseitigem Missverstehen führt. Funktion, zeitlicher Horizont und Sprache der beiden Sektoren unterscheiden sich grundsätzlich. Während das Wissenschaftssystem (entscheidungsentlastet) der Wahrheitssuche verpflichtet und auf Erkenntnisgewinn gerichtet ist, prägen die Politik Macht, Interessenkonflikte und Entscheidungsnotwendigkeiten.

(1) Im **technokratischen Modell** wird dieses Vermittlungsproblem zugunsten eines Vorrangs des wissenschaftlichen bzw. fachlichen Sachverstands aufgelöst. Die Politik hat sich bei diesem Entscheidungsmodell an den Vorgaben der externen (wissenschaftlichen) Berater*innen zu orientieren. Unterstellt wird eine durch Wissenschaft erkennbare Sachgesetzlichkeit, der die Politik vernünftigerweise folgen sollte.

(2) Dagegen geht das **dezisionistische Modell** vom Primat der Politik aus. Die Wissenschaft gilt in diesem Modell als Lieferant wertfreier Erkenntnis. In der Politik dagegen geht es um Interessenausgleich und legitime Machtausübung. Ihr allein steht deshalb das Recht der Wertung zu. Dies gilt unabhängig davon, ob die Beratungsleistung als rationale Informationsquelle genützt und zur Verbesserung des Politikergebnisses eingesetzt oder ob Politikberatung überwiegend instrumentalisiert wird.

(3) Das **pragmatische Modell** begreift Politikberatung als kommunikativen Prozess, in dessen Verlauf Politik, Wissenschaft und Praxis einen wechselseitigen Lernprozess durchlaufen. Während die Politik Einblick in Umfang wie Begrenztheit wissenschaftlicher wie fachlicher Erkenntnisse erhält, müssen Wissenschaftler*innen wie Praktiker*innen in der Logik der Politik das Vorhandensein vielfältiger divergierender Interessen, die grundsätzliche Wertgebundenheit politischer Entscheidungen und die damit verbundenen Problematiken der Durchsetzbarkeit von Politiken erkennen.

Professionelle, wissens(chafts)basierte Politikberatung folgt dem pragmatischen Modell (siehe Kasten 6). Politikberatung wird hier als wechselseitiger Lernprozess zwischen politischen Entscheidungsträger*innen und Politikberater*innen verstanden. Zwar sind die Gegenmodelle einer dezisionistischen bzw. technokratischen Politikberatung nach wie vor virulent. Sie scheinen auf, wo Politik wissenschaftliche Politikberatung in Auftrag gibt, um Zeit zu gewinnen und Entscheidungen auf die lange Bank zu schieben oder dazu benutzt, bereits getroffenen

Entscheidungen eine zusätzliche wissenschaftliche Legitimation zu verschaffen. Umgekehrt wird ein technokratisches Verständnis regelmäßig sichtbar, wenn Wissenschaftlicher*innen wie Politiker*innen die alternativlose Sachlogik betonen. Dezisionistisches und technokratisches Modell scheinen angesichts der Komplexität gegenwärtiger Verhältnisse wie der funktionalen Differenzierung moderner Gesellschaften aber nicht angemessen. Weder hat die Politik in demokratischen Gesellschaften die Souveränität, um wissenschaftlichen und fachlichen Sachverstand gänzlich zu instrumentalisieren bzw. zu unterdrücken, noch kann irgendeine Wissenschaft für sich in Anspruch nehmen, unbezweifelbare, letzte Gewissheiten bieten zu können, die dann von der Politik nur umgesetzt werden müssten. „Die Auffassung, daß die Wissenschaft Wissen produzieren könnte, das im politischen System nur anzuwenden wäre, ja angewendet werden muß, wenn man rational handeln will, wird kaum noch vertreten" (Luhmann 2002, S. 393). Politikberatung wird vielmehr als gegenseitige Beeinflussung oder „wechselseitige Irritation" (ebd., S. 394) verstanden.

Politik erwartet von Politikberatung heute deshalb zunehmend, dass neben der fachwissenschaftlichen Expertise auch Fragen der Durch- und Umsetzbarkeit von Politiken berücksichtigt werden. Sie muss über die Fachkompetenz hinaus über fundierte Kenntnisse zu politischen Prozessen verfügen und sollte Reaktionen der Öffentlichkeit angemessen berücksichtigen (Public Affairs Management). Professionelle wissensbasierte Politikberatung muss vierfach robust sein:

- **Fachliche Robustheit** meint die wissenschaftliche, fachliche Güte der durch die Politikberatung angebotenen Daten, Informationen und Interpretationen. Es geht um methodisch abgesicherte Problemanalysen und wissenschaftlich begründete, fachlich durchdachte, wirtschaftlich gerechnete Lösungsvorschläge und Konzepte.
- **Kommunikative Robustheit** meint die Klarheit und Prägnanz in der Darstellung und Vermittlung des politischen Rats (Policy Advice) unter Berücksichtigung der Handlungssituation möglicher Adressat*innen wie Mandatsträger*innen, Fachexpert*innen in den Verwaltungen oder Presse (**zielgruppenspezifische Kommunikation**).
- **Soziale Robustheit** meint den partizipativen Prozess der Erkenntnisgewinnung. Wurden relevante Stakeholder bei der Problemanalyse und Lösungsentwicklung berücksichtigt (andere Expert*innen, Adressat*innen, andere Akteur*innen der Zivilgesellschaft, Betroffene, die Öffentlichkeit)?
- **Politische Robustheit** schließlich „bezieht sich auf die Akzeptabilität und damit die politische Umsetzbarkeit der Empfehlungen" (Weingart und Lentsch 2008, S. 50).

7.2 Wie lernt die Politik?

„Wie lernt die Politik?" – ist eine entscheidende Fragestellung für Soziallobbying und interessengeleitete Politikberatung. Da das Lobbying der Sozialen Arbeit – wie gezeigt – nur sehr eingeschränkt in der Lage ist, ökonomischen und politischen Druck auszuüben, um ihre Interessen in politischen Machtprozessen durchzusetzen, muss es versuchen, mittels Politikberatung politische Lernprozesse in Gang zu setzen. Es muss deshalb interessieren, wodurch sich jenseits von Macht und Zwang politische Inhalte und Politikergebnisse verändern. Wie kann es gelingen, dass individuelle, kollektive (Gewerkschaften, Initiativen, Vereine, Verbände usw.) oder korporative politische Akteure (Ämter, Regierungen usw.) (Benz und Rieger 2015, S. 135 f.) neue gesellschaftliche Problemlagen und Herausforderungen zur Kenntnis nehmen und in ihren Ursachen und Zusammenhängen verstehen? Was fördert den Wissenszuwachs in der Politik, um im Sinne von „Verbesserungslernen", die vorgegebenen Ziele besser zu erreichen, und wann kommt es zu grundlegenden Reformen mit veränderter Problemwahrnehmung und einer Neuausrichtung von Politikzielen, die einen grundlegenden Wandel der Einstellungen, Überzeugungen, Präferenzen und Wahrnehmungen zumindest eines Teils der Akteur*innen voraussetzen („Veränderungslernen") (Bandelow 2009, S. 317 ff., 340)?

Antworten hierauf verspricht die „Policy-Forschung". In ihrem Bemühen, politischen Wandel zu verstehen, hat sie unterschiedliche Modelle entwickelt, die es ermöglichen, „Policy-Lernen" (Bandelow 2009, S. 314) bzw. „Politik als Lernprozess" (Maier et al. 2003) besser zu verstehen und dabei Chancen für (interessengeleitete) Politikberatung und Lobbying zu identifizieren. Darüber hinaus gibt es seit den 1990er-Jahren einen intensiven Diskurs zum „Evidence-based Policy Making" (Rieger 2022a) und der Frage, wie es gelingen kann, Politik besser an wissenschaftlich begründetem Wissen zu orientieren.

7.2.1 Der Policy Cycle

Der **Policy Cycle** ist „das wohl am häufigsten angewandte und einflussreichste Modell der Politikfeldanalyse" (Blum und Schubert 2009, S. 101). Das Modell versteht Politik als rationalen Problemverarbeitungsprozess, welcher der Systematik rationaler Problemlösung entspricht Auf die Problemanalyse bzw. Diagnose folgt die Entwicklung, Planung und Umsetzung von Lösungsalternativen und schließlich die Beobachtung der erzielten Wirkungen (Evaluation). In politische Prozessen lassen sich dann folgende aufeinander aufbauende Phasen identifizieren:

7.2 Wie lernt die Politik?

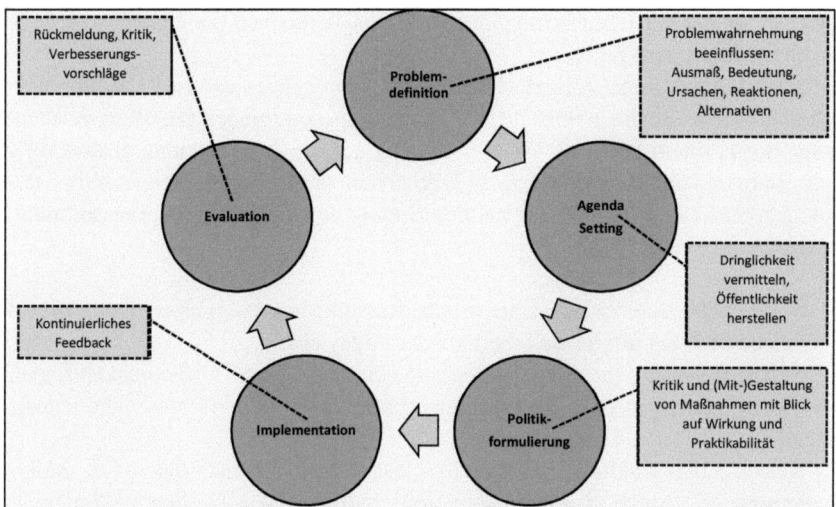

Abb. 7.2 Der Policy Cycle: Politik als problemlösendes rationales Handeln und der Beitrag des Lobbyings. (Eigene Darstellung in Anlehnung an Blum und Schubert 2009, S. 102)

1. Problemdefinition, 2. Agenda Setting, 3. Politikformulierung, 4. Politikimplementation und 5. Politikevaluation (vgl. Abb. 7.2).

Die erste Phase des Politikzyklus wird als **Problemdefinition** bezeichnet. In dieser Phase wird das die Politik herausfordernde Problem analysiert und problematisiert. Die Phasenbezeichnung Problemdefinition trägt dabei der Tatsache Rechnung, dass politische Probleme nicht einfach vorgefunden werden, sondern dass sie Ergebnis sozialer Prozesse sind. Politische Probleme sind soziale Konstrukte. Gegebene soziale Verhältnisse müssen erst problematisiert und politisiert werden, damit sie von der Politik als Aufgabe der Politik verstanden werden. Es gilt herauszuarbeiten, worin das Problem eigentlich besteht, welches Ausmaß es hat, welche gesellschaftlich anerkannten Werte durch die Existenz des Problems verletzt bzw. gefährdet werden, wo die Ursachen für das Problem liegen und welche unterschiedlichen Problemsichten bestehen. Politische Probleme sind immer (auch) Wertprobleme, die Problemsicht ist immer (auch) interessengebunden. In der ersten Phase des Politikzyklus entscheidet sich, ob ein Problem überhaupt als von der Politik zu bearbeitendes Problem anerkannt wird, welche Problemsicht sich durchsetzt und welche Verursachungszusammenhänge angenommen werden. Damit wird auch deutlich, dass bereits in der Phase der Problemdefinition Vorentscheidungen hinsichtlich möglicher Lösungsalternativen (zu ergreifender politischer Maßnahmen) fallen.

In Phase zwei findet **Agenda Setting** statt. Nun geht es darum, dass ein politisches Problem für die politischen Entscheidungsträger*innen handlungsrelevant wird. Ein Problem muss als lösungsbedürftig auf die Tagesordnung gesetzt werden. Blum und Schubert (2009, S. 112) erkennen vier Faktoren, die wesentlich darauf Einfluss haben, ob ein Thema den Sprung auf die politische Tagesordnung schafft:

- Wer das Thema einbringt. Über welche Ressourcen verfügt eine Akteur*in und welche Stellung nimmt sie innerhalb der Policy ein?
- Welche Resonanz (positiv oder negativ) ein Thema in der Öffentlichkeit findet.
- Welche günstigen oder ungünstigen Macht- und Problemkonstellationen die politische Situation prägen.
- Welche Eigenschaften das Thema selbst prägen („Eindeutigkeit vs. Mehrdeutigkeit", „starke vs. marginale gesellschaftliche Betroffenheit", „Dringlichkeit vs. Verschiebbarkeit", „Einfachheit vs. Komplexität", „Routineangelegenheit vs. Novum", „große vs. geringe symbolische Bedeutung" (ebd.).

Dabei gilt es zu beachten, dass Probleme in der Politik insbesondere dann eine Chance haben, zur Bearbeitung aufgegriffen zu werden, wenn sich auch schon eine Lösungsalternative abzeichnet. Im Agenda Setting kommt es deshalb nicht nur darauf an, Aufmerksamkeit für ein Problem zu schaffen, sondern auch entsprechende Lösungsalternativen zu präsentieren und zu diskutieren.

In der Phase der **Politikformulierung** ist es an den Verwaltungen (Ministerien, Ämter) und Entscheidungskörperschaften (Parlamente, Räte und ihre Ausschüsse), mögliche Handlungsvorschläge (Maßnahmen) auszuarbeiten, zu diskutieren und zu entscheiden. Die Phase der Politikformulierung verläuft insbesondere für Gesetzgebungsverfahren in stark normierten Schritten von der Erarbeitung von Kabinettsvorlagen auf der Arbeitsebene der Ministerien über Lesungen, Ausschussarbeit und Verabschiedung im Parlament (Bundestag und Bundesrat) bis hin zu ihrer Veröffentlichung (vgl. Abschn. 4.2.). Interessengeleitete Politikberatung kann hier kaum noch mit eigenen, innovativen Konzepten punkten. Das muss vielmehr in der Phase des Agenda Settings passieren. Jetzt geht es eher um Detailkritik mit Blick auf die Umsetzbarkeit und Wirksamkeit einer Maßnahme.

Schließlich macht das Modell des Policy Cycle darauf aufmerksam, dass mit der Verabschiedung eines Gesetzes bzw. Programms der politische Prozess nicht beendet ist. Gerade im Bereich Sozialer Arbeit wird häufig mit unbestimmten Rechtsbegriffen gearbeitet und sind notwendig große Ermessensspielräume vor-

7.2 Wie lernt die Politik?

gesehen. In der Phase der **Politikimplementation** eröffnen sich damit weite Interpretations- und Gestaltungsspielräume für die öffentlichen und freien Träger der Sozialen Arbeit, die diese entlang ihrer je eigenen Interessen, Bedarfe und fachlichen Notwendigkeiten auslegen und nutzen. Politikumsetzung ist deshalb keineswegs als schematische, reiner Verwaltungslogik folgende Angelegenheit zu begreifen, sondern weiterhin Teil des politischen Prozesses, in dem über Erfolg oder Misserfolg der beschlossenen Maßnahmen entschieden wird.

Zuletzt soll **Politikevaluation** feststellen und bewerten, wie gewählte Instrumente und Maßnahmen wirken (ebd., S. 126). Politik wird bewertet von der Opposition wie von Medien und Öffentlichkeit. In den letzten Jahrzehnten werden aber zunehmend auch wissenschaftliche Evaluationen zu Output und Outcome von Politiken durchgeführt. Bei einer zunehmenden Zahl von Maßnahmen und Projekten wird bereits in der Politikformulierung auf eine wissenschaftliche Begleitforschung Wert gelegt. Politikevaluationen zeigen dann gegebenenfalls Defizite wie Verbesserungsmöglichkeiten auf und führen so zu veränderten Problemsichten und Problematiken. Der politische Kreislauf beginnt von vorne!

Der Policy Cycle ist ein ebenso viel genutztes wie viel kritisiertes Modell. Die einzelnen Phasen seien nicht trennscharf voneinander abzugrenzen und sie würden nicht systematisch aufeinander folgen. Politische Prozesse brechen ab oder werden auf vorherige Phasen zurückgeworfen. Vor allem aber böte der Policy Cycle keine Erklärungen, sondern habe bestenfalls beschreibenden Charakter. Für Lobbyist*innen und Politikberater*innen bietet der Policy Cycle dennoch wichtige Orientierung. Er zeigt auf, welch unterschiedliche Ziele Lobbying in komplexen politischen Prozessen verfolgen und welche Beiträge es leisten kann, weil er darauf aufmerksam macht, welch unterschiedliche Funktionen in einem politischen Prozess zur Lösung spezifischer politischer Probleme zu erfüllen sind. Geht es mehr um die Vermittlung einer differenzierten, fachlich begründeten Problemwahrnehmung, mit der dann regelmäßig auch schon bestimmte Lösungsalternativen verbunden werden? Geht es unter Einbeziehung von Öffentlichkeitsarbeit um die Vermittlung der Dringlichkeit von politischen Maßnahmen? Oder geht es um die Kommunikation fachlich begründeter, wirtschaftlich gerechneter Lösungsalternativen, in denen mögliche Implementationsprobleme gleich mitgedacht werden? Oder besteht der Beitrag des Soziallobbyings gerade mehr in der Evaluation und Rückmeldung zu geplanten oder laufenden Politikprogrammen? Deutlich wird, dass die Expertise der Sozialen Arbeit zur Problemanalyse, zur Entwicklung von Konzepten und Programmen, zur Politikimplementation und zur Evaluation für eine sachgerechte, problemlösungsorientierte Bearbeitung politischer Probleme in unterschiedlichen Phasen des politischen Prozesses notwendig und gefragt ist.

7.2.2 Der Multiple-Streams-Ansatz

Der Policy Cycle betont die rationale Seite des Politikmachens. Politik wird hier wesentlich als rationales Problemlösen verstanden. Demgegenüber betont der Multiple-Streams-Ansatz (MSA) die machtorientierte, unsichere Seite politischer Entscheidungsprozesse. Dieses Modell fokussiert die Ambiguität und Kontingenz politischer Prozesse. Politikgestaltung verläuft weder geradlinig noch ist sie vollständig plan- oder berechenbar. Vielmehr kommt es auf den gegebenen Problemhaushalt ebenso wie auf vorhandene bzw. nicht vorhandene Lösungsalternativen und sich wandelnde Machtkonstellationen an. Dabei sind Problemhaushalt wie politische Inhalte (mögliche Maßnahmen und Programme) und Machtkonstellationen fluide. Kingdons Ansatz versucht dies mit der Metapher der Multiple Streams zu fassen. Er identifiziert aufgrund seiner empirischen Forschung drei Prozesse (Ströme), die weitgehend unabhängig voneinander Einfluss auf das politische Geschehen nehmen: a) den Problemstrom (Problem Stream), b) den Politics-Strom (Politics Stream) und c) den Policy-Strom (Policy Stream).

(a) „Der **Problemstrom** enthält all die Probleme, die simultan im politischen System gehandelt werden und um Anerkennung konkurrieren" (Rüb 2009, S. 353). Hier geht es um Sachverhalte, „die als Probleme wahrgenommen werden, veränderlich sind und politisch geändert werden sollen" (Herweg 2015, S. 328).
(b) Der **Policy-Strom** repräsentiert die Ideen, Konzepte und Optionen, wie sie von unterschiedlichen Akteuren (Politiker*innen, Fachkräfte, Interessenvertreter*innen, Wissenschaftler*innen usw.) erarbeitet und diskutiert werden. Hier werden politische Handlungsalternativen entwickelt, die dann bereitstehen, um politische Probleme zu lösen.
(c) Schließlich umfasst der **Politics-Strom** politische Stimmungen, die sich wandelnde öffentliche Meinung, Machtkonstellationen, Positionen und Interessen politischer Entscheidungsträger*innen in Parlamenten, Räten, Regierungen und Administrationen sowie das Engagement und die Machtressourcen von Interessengruppen. Der Politics-Strom beschreibt den konflikthaften Prozess, in dem die Durchsetzung von Interessen, Koalitions- wie Kompromissbildung und Machterhalt im Vordergrund stehen.

Zentral für dieses Modell ist dabei die Annahme, dass die drei Ströme sich zwar wechselseitig beeinflussen, aber weder einer einheitlichen Logik folgen noch synchron verlaufen. Konkret heißt das, dass beispielsweise Problemlösungen nicht unmittelbar für bestimmte Probleme entwickelt werden, sondern schon lange vorliegen können oder in anderen Zusammenhängen entwickelt wurden. „Alle drei

7.2 Wie lernt die Politik?

Ströme fließen relativ unabhängig voneinander, weil jeder seine eigenen Antriebskräfte und seine eigene Dynamik hat. Zwar gibt es gegenseitige Beeinflussungen, aber zentral für die Theorie ist die Prämisse, dass es zunächst keinen systematischen Zusammenhang gibt" (Rüb 2009, S. 357). Damit erscheint Politik als eine ziemlich unkalkulierbare bis willkürliche Angelegenheit – was sie sicher **auch** ist. Erklärungsbedürftig bleibt nun die rationale, systematisch problemlösende Seite von Politik. Wie kann das Modell erklären, dass es überhaupt zu Reformen kommt, die über das übliche Durchwursteln (Muddling Through) hinausgehen, und welche Rolle können dabei systematische Interventionen von Lobbyist*innen spielen (vgl. Abb. 7.3)?

Das Modell nennt drei Faktoren, die ausschlaggebend für einen Politikwandel sind: a) die „Reife der drei Ströme", b) die Existenz eines Gelegenheitsfensters

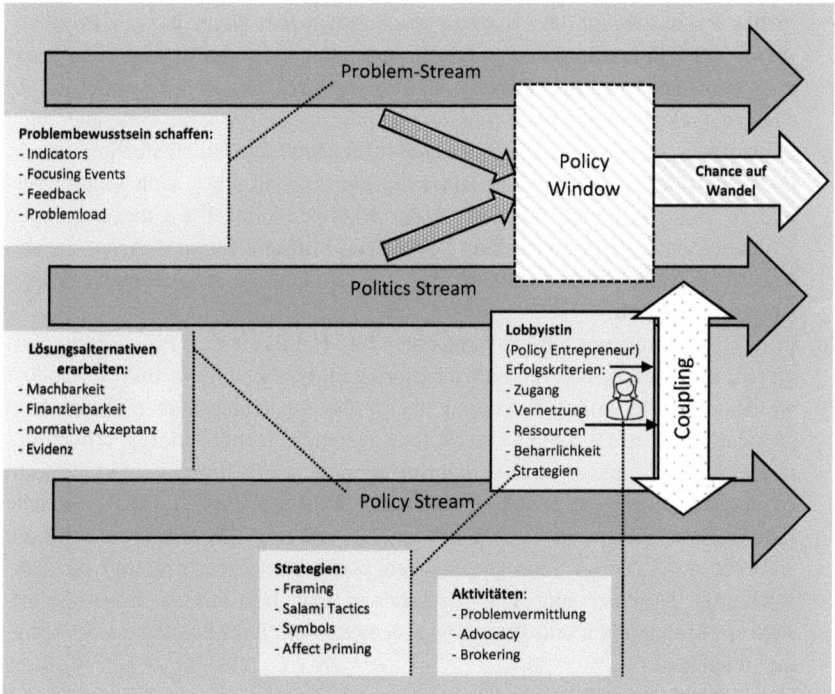

Eigene Darstellung nach Rüb 2009, S. 366

Abb. 7.3 Der Multiple-Streams-Ansatz: Mögliche Beiträge von Lobbying und Politikberatung zur Initiierung politischen Wandels. (Eigene Darstellung nach Rüb 2009, S. 366)

(Window of Opportunity bzw. Policy Window) und c) die „Aktivitäten eines Policy-Entrepreneurs" (Herweg 2015, S. 331):

(a) „Der Problem-Strom gilt als reif, wenn sich eine Problemdefinition durchgesetzt hat … . Der Politics-Strom hingegen gilt als reif, wenn das politische Klima einen Agenda-Wandel trägt. … Der Policy-Strom schließlich ist reif, sobald mindestens eine durch die Policy Community ausgearbeitete und akzeptierte Lösung in Form einer Policy-Alternative vorliegt" (ebd., S. 332).
(b) Die Reife der Ströme vorausgesetzt, kann sich ein problemInduziertes oder Politics-induziertes Gelegenheitsfenster öffnen. Die Bedeutung, Dringlichkeit oder Symbolkraft eines Problems kann dazu führen, dass sich ein Gelegenheitsfenster für politische Reformen öffnet. Aber auch neue Machtkonstellationen im Bereich der Politics können Gelegenheiten für Politikwandel schaffen, weil nun Problemen Aufmerksamkeit geschenkt wird, die bisher vernachlässigt oder weniger beachtet wurden. Wenn dadurch Problemstrom und Politics-Strom miteinander verbunden (gekoppelt) sind, schafft das eine günstige Situation (Window of Opportunity), um Politikwandel zu befördern. Gelegenheitsfenster müssen von politischen Akteuren dann aber auch genutzt werden. Die Metapher des sich öffnenden Gelegenheitsfensters macht eben auch darauf aufmerksam, dass die günstige Situation sich schnell verändern, sich das Policy Window wieder schließen kann. Die Untersuchungen von Kingdon, Zahariadis et al. im Umfeld des Multiple-Streams-Ansatzes weisen in diesem Zusammenhang auf die Bedeutung sogenannter Policy-Entrepreneurs hin.
(c) Policy-Entrepreneurs müssen versuchen, ihre Politikinhalte (Policies) zu platzieren, ihre Lösungsalternativen einzubringen, bevor sich das Policy Window wieder schließt. Policy-Entrepreneurs (politische Unternehmer*innen) sind „avocates who are willing to invest their resources – time, energy, reputation, money – to promote a position in return for anticipated future gain in the form of material, purposive, or solidary benefits" (Kingdon 1984, S. 188). Politische Unternehmer*innen sind also Personen (unabhängig von ihrer Position), die sich für die Lösung eines spezifischen politischen Problems und die Entwicklung, Durchsetzung und Umsetzung von bestimmten Lösungsalternativen, Maßnahmen und Programmen engagieren. Dies können auch Lobbyist*innen sein.

Soziallobbyist*innen, die sich wesentlich interessengeleiteter Politikberatung zur Beförderung ihrer Interessen bedienen, können sowohl den Problemstrom wie auch den Policy-Strom beeinflussen. Sie können mit Blick auf den Problemhaus-

7.2 Wie lernt die Politik?

halt dazu beitragen die Problemwahrnehmung zu schärfen, um so an der Reifung des Problemstroms mitzuwirken, und versuchen, diese Probleme dann auf die politische Tagesordnung (Agenda) zu setzen, damit sich ein (probleminduziertes) Gelegenheitsfenster öffnet. Gleichzeitig werden sie im Policy-Strom versuchen, mit ihren Ideen (Lösungsalternativen, Maßnahmen, Projekte usw.) und ihrer Kritik zu überzeugen. Hier geht es darum, die eigene fachliche Position zu entwickeln, zu begründen und in Auseinandersetzung mit anderen Akteuren der Policy Community und der Fachöffentlichkeit die eigenen Politikvorstellungen weiterzuentwickeln und voranzubringen.

Im Problemstrom agiert die Soziallobbyist*in wesentlich als Wissensvermittler*in („Knowlege Broker" (Knaggård (2013) in Herweg 2015, S. 330, Fn. 6). Sie trägt dazu bei, dass der Strom reif wird, indem sie, informiert durch Praxiserfahrungen und wissenschaftliche Untersuchungen, Erfahrungen und Daten zum Problemverständnis liefert. Hierzu ist es erforderlich, Indikatoren (**Indicators**) zu Ausmaß, Intensität und Ursachen von Problemlagen zur Verfügung zu stellen, die durch das Problem verursachte Normverletzung und Abweichung vom gewünschten Soll-Zustand zu vermitteln und Problemzusammenhänge herauszuarbeiten. Ziel ist es, die Problemwahrnehmung in einem Politikfeld im Sinne der eigenen Expertise zu verändern. Darüber hinaus kann es sinnvoll sein, mit Hilfe von **Focusing Events** die Aufmerksamkeit für Probleme weiter zu erhöhen. Focusing Events sind Ereignisse, wie Vernachlässigung und Missbrauch von Kindern, verstörende Armutslagen, Vorfälle von Diskriminierung, eklatante Missstände in Einrichtungen usw. Soziallobbyist*innen können solche Vorfälle nutzen, um grundsätzliche Problemlagen ins Bewusstsein zu heben. Es ist, so zeigen die Forschungen im Umfeld des Multiple-Streams-Ansatzes aber auch hilfreich, auf bereits erzielte Fortschritte bei der Problemlösung hinzuweisen (**Feedback**), um die Aufmerksamkeit zu erhöhen. Denn bereits erzielte Erfolge laden dazu ein, die Problembearbeitung weiterzuführen.

Im Policy-Strom agiert die Soziallobbyist*in als Policy-Entwickler*in. Ziel muss es sein, eigene Konzepte zur Politikgestaltung einzubringen und sich mit Fachexpertise an der Weiterentwicklung und Verbesserung vorhandener Politikalternativen zu beteiligen. Denn politische Relevanz erlangen insbesondere jene Politikentwürfe, die (technisch, fachlich, organisatorisch) machbar erscheinen, sich als finanzierbar darstellen und (normativ) akzeptabel sind. Es kommt für die politikberatende Soziallobbyist*in mithin darauf an, fachlich möglichst gut begründete, durchgerechnete und empirisch wie normativ abgesicherte Politikkonzeptionen einzubringen oder in der Auseinandersetzung mit anderen Akteur*innen weiterzuentwickeln. Aus der Sicht des MSA ist es darüber hinaus sinnvoll, ja es erweist sich geradezu als notwendig, die eigenen Politikideen, Konzeptionen,

Maßnahmenalternativen und Projekte auch dann weiter auszuarbeiten und zu verfolgen, wenn die Durchsetzungs- bzw. Umsetzungschancen gerade wenig vielversprechend erscheinen. Denn wenn sich unverhofft Gelegenheitsfenster öffnen, kommt es darauf an, mit eigenen begründeten wie durchdachten Lösungsalternativen präsent zu sein.

Im Rahmen der Forschungen zum MSA wurden auch Kompetenzen und Rahmenbedingungen identifiziert, die zum Erfolg von Policy-Entrepreneurs beitragen. Diese Erkenntnisse lassen sich auch auf Soziallobbyist*innen übertragen. Zu den wichtigen Rahmenbedingungen, um auf die Problemwahrnehmung Einfluss zu nehmen und Politikalternativen zu platzieren, gehören einerseits natürlich Ressourcen (Geld, Zeit, Personal, Expertise). Andererseits sind Zugänge (Access) von entscheidender Bedeutung. Die Soziallobbyist*in muss gut vernetzt sein, um von politischen Entscheidungsträger*innen gehört zu werden. Sie muss in Gremien und Expertenrunden präsent sein. Darüber hinaus sollte sie persönliche Kompetenzen (Kommunikationsfähigkeit, Verhandlungsgeschick, Beharrlichkeit) mitbringen (Herweg 2015, S. 333) und über ein entsprechendes taktisch-strategisches Repertoire (Framing, Salami Tactics, Symbols, Affect Priming) verfügen.

7.2.3 Das Advocacy Coalition Framework (ACF)

Das **Advocacy Coalition Framework** (ACF) betont die Lernfähigkeit von Politik. Es ist von „der Beobachtung geprägt, dass Wissen, auch wissenschaftliche Expertise, in politischen Prozessen einflussreich ist, die Interpretation von Informationen aber durch individuell verschiedene Vorannahmen von Akteuren geprägt ist" (Bandelow 2015, S. 320). Mit Hilfe dieses Modells gelingt es, lernfördernde Bedingungen für Policy-Lernen herauszuarbeiten, die Soziallobbyist*innen wichtige Orientierung geben können, wo und wie in Politikprozessen erfolgversprechend Einfluss genommen werden kann.

Das von Paul A. Sabatier entwickelte Modell (bzw. sein Analyserahmen (Framework)) beschäftigt sich mit Policy-Lernen. Das heißt, er fragt danach, wie und wann es in der Politik zu inhaltlichen Reformen kommt. Wann und warum sich in einem Politikbereich die eingesetzten Instrumente und/oder verfolgten Ziele verändern. Solche politischen Entscheidungen werden dem Ansatz zufolge in politischen Subsystemen (Policy Subsystems) getroffen. „Sabatier versteht unter Subsystemen ein Netzwerk von spezialisierten Akteuren, die mit einem Policy-Problem befasst sind: ʻLet us define a policy subsystem as a set of actors who are involved in dealing with a policy problem (Sabatier 1993)ʻ" (Bandelow 2015, S. 307).

7.2 Wie lernt die Politik?

Zu einem Policy-Subsystem (Drogenhilfepolitik, Inklusionspolitik, Jugendhilfepolitik, Sozialhilfepolitik usw.) gehören nicht nur die politischen Entscheidungsträger*innen, sondern auch Verwaltungsfachleute, wissenschaftliche Expert*innen, Lobbyist*innen, Journalist*innen und weitere von den verhandelten Politikproblemen Betroffene und an ihrer Lösung Interessierte. Die involvierten Akteure schließen sich zur Durchsetzung ihrer Politikvorstellungen zu Advocacy Coalitions (Interessenkoalitionen) zusammen. Solche Netzwerke entstehen zwischen Akteuren mit ähnlichen Wertvorstellungen, Problemwahrnehmungen und Kausalannahmen.

Ob sich in einem Policy-Subsystem eine einzige Interessenkoalition, zwei gegensätzliche oder mehrere unterschiedliche Advocacy Coalitions bilden, ist eine empirische Frage, die netzwerkanalytisch zu beantworten ist. Ein gelungenes Anwendungsbeispiel des ACF auf den Problemfeldern Sozialer Arbeit stellt die Studie „Politikfeldanalyse Sucht: Advocacy-Koalitionen in der Schweizer Alkohol-, Tabak- und Drogenpolitik" von Wenger et al. (2014) dar. Abb. 7.4 zeigt das Akteursnetzwerk im Policy-Subsystem Drogenpolitik (der Schweiz) und weist die Schadenminimierungs-Koalition als dominierende Koalition aus, der nur ein Akteur mit gefestigter Position Abstinenzorientierung gegenübersteht. Die Abbildung zeigt aber auch eine Reihe von Akteuren, die nicht eindeutig einer Koalition zuzuordnen sind. Solche Akteure können im Modell von Sabatier auch die Rolle von „Policy-Brokern" (Vermittlern zwischen den Lagern) einnehmen.

Selbstverständlich werden die politischen Prozesse in einem spezifischen Subsystem nicht allein von den Akteuren bestimmt. Deren Handlungsspielräume und Handlungsrestriktionen werden auch von externen Faktoren beeinflusst. Das Modell (vgl. Abb. 7.5) unterscheidet hier relativ stabile und kurzfristig veränderliche Kontextfaktoren. Zu den relativ stabilen Faktoren zählen die institutionellen Regelungen des Politikfeldes und des politischen Systems (Polity) insgesamt. Welche politischen Ebenen mit welchen Akteuren bzw. Institutionen haben Entscheidungskompetenz? Welche Verfahren bestimmen politische Entscheidungsprozesse? Als kurzfristig veränderliche Kontextfaktoren gelten die sozioökonomische Situation, das politische Meinungsklima, Machtverhältnisse und die Auswirkungen von Reformen in anderen Subsystemen (Bandelow 2015, S. 312 f.).

Externe Ereignisse insbesondere im Bereich der kurzfristig veränderlichen Kontextfaktoren sind dann auch die wesentlichen Auslöser für Policy-Lernen (externe Schocks). Durch wirtschaftliche Krisen erzwungene Sparpolitik, Wandel des Meinungsklimas oder aufgrund von Wahlen veränderte Machtverhältnisse erfordern Anpassungsleistungen im Policy-Subsystem. Policy-Lernen kann aber auch von internen Ereignissen angestoßen werden. Möglicherweise steigt der (in

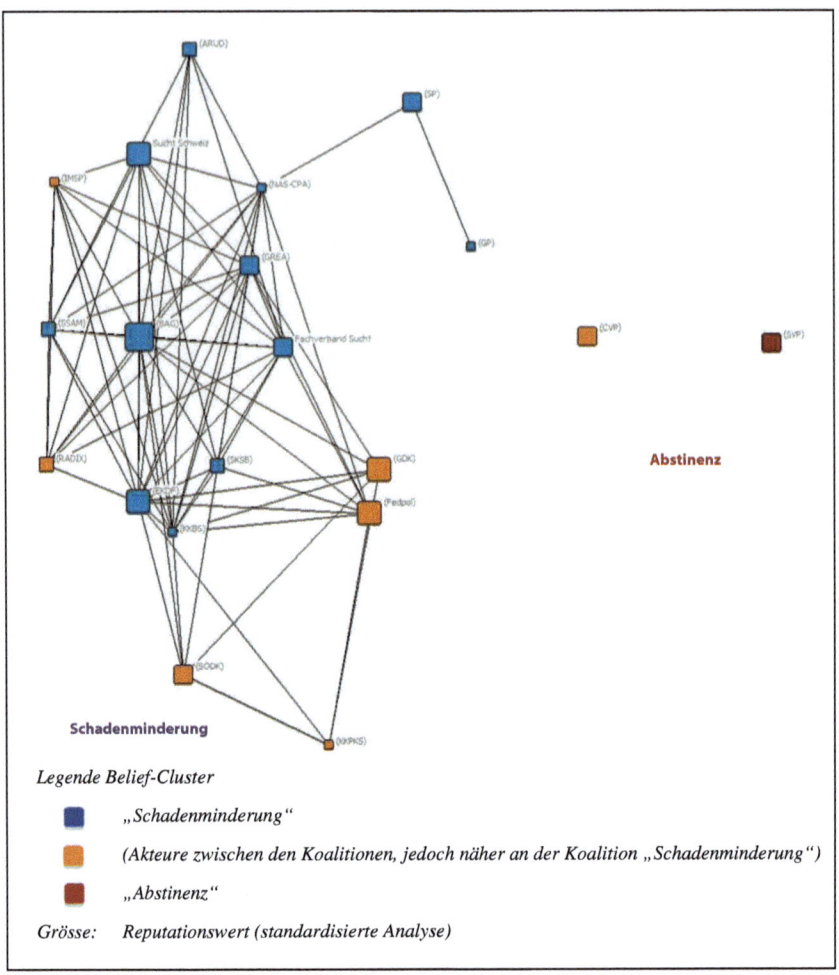

Abb. 7.4 Policy-Subsystem Drogenpolitik (Schweiz). (Wenger et al. 2014, S. 39)

wissenschaftlichen Untersuchungen nachgewiesene) Problemdruck oder es zeigt sich (beispielsweise in Evaluationsstudien), dass die eingesetzten Instrumente ineffizient sind oder mehr unbeabsichtigte Nebenwirkungen als Nutzen haben. Das Versagen existierender Politikprogramme führt zu internen Erschütterungen (interne Schocks). Solche externen wie internen Ereignisse können dann einen über Lernprozesse erfolgenden Politikwandel herbeiführen.

7.2 Wie lernt die Politik?

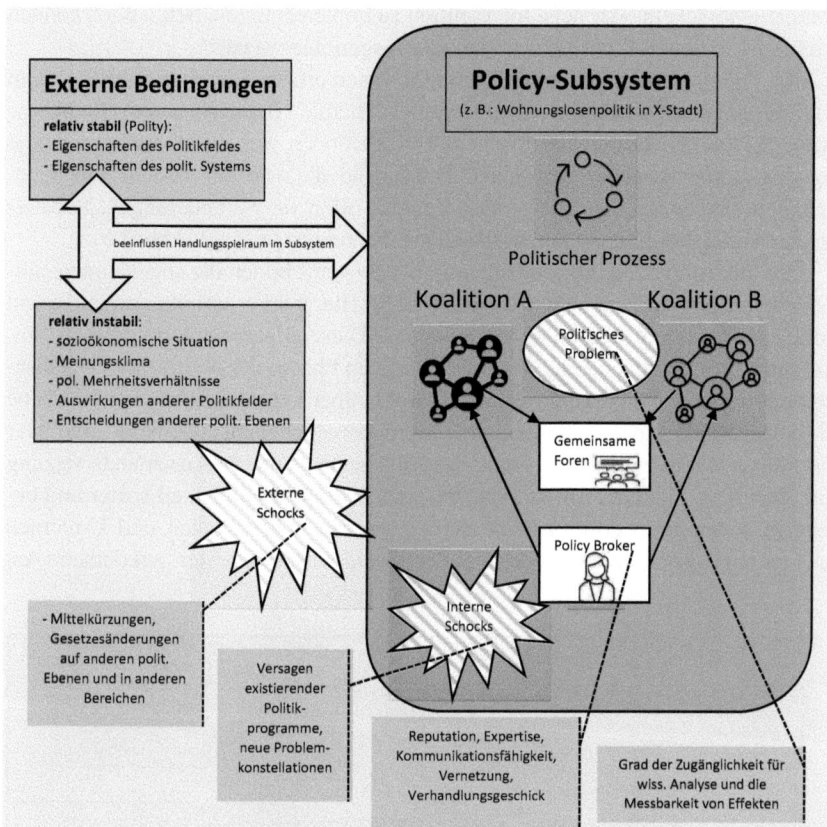

Abb. 7.5 Lernfördernde Bedingungen nach dem Advocacy Coalition Framework (ACF). (Eigene Darstellung nach Bandelow 2015, S. 313)

Sabatiers Analyserahmen lenkt die Aufmerksamkeit insbesondere auf das individuelle Lernen der Akteur*innen. Lernen wird dabei nicht normativ im Sinne von Verbesserung verstanden. „Policy-orientiertes Lernen" wird von Sabatier definiert „als relativ stabile Veränderung des Denkens oder von Verhaltensmustern (…), die aus Erfahrungen resultieren und die sich mit der Realisierung oder der Veränderung von Policy-Zielen befassen" (Sabatier 1993, S. 121–122; zitiert nach Bandelow 2009, S. 331). In der Interaktion mit anderen Akteur*innen des Subsystems wird angesichts einer veränderten Situation versucht, die Problemwahrnehmung anzupassen oder Probleme neu zu definieren, vorhandene Instrumentarien weiterzuentwickeln oder neue Intervention zu implementieren. Schließlich können auch Aufgaben und Ziele einer Policy neu ausgerichtet werden.

Das Policy-Lernen individueller Akteur*innen erfolgt allerdings stets vor dem Hintergrund ihrer jeweiligen „Überzeugungssysteme" (Belief Systems) (Bandelow 2015, S. 308 ff.). Ereignisse und neue Informationen werden im Rahmen des je eigenen Belief Systems verarbeitet. Dabei sind die von den Akteur*innen gehaltenen Überzeugungen mehr oder weniger offen für Veränderungen. Sabatier unterscheidet drei Ebenen von politischen Überzeugungen (vgl. Abb. 7.6).

Den innersten Kern des jeweiligen Belief Systems bilden die sogenannten „allgemeinen Kernüberzeugungen" (ebd., S. 308). Hier geht es um die normative und politische Grundpositionierung einer Person. Diese allgemeinen politischen Einstellungen und Überzeugungen werden in frühen Phasen der politischen Sozialisation erworben und sind kaum veränderbar. Darüber liegen auf der zweiten Ebene die sogenannten „policy-bezogene(n) Kernüberzeugungen". Gemeint sind hier Grundüberzeugungen, die im Laufe des Engagements und in Auseinandersetzung mit einem bestimmten Politikthema entstanden sind. Sie sind, weil später und bereits in bewussten Lernprozessen angeeignet, einem Umdenken und Umlernen leichter zugänglich, aber dennoch stabiler als die dritte Ebene der „sekundären As-

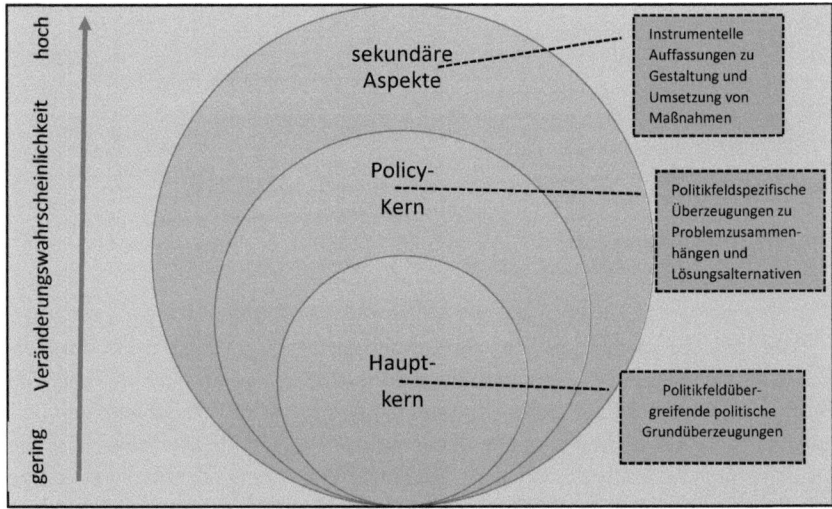

Eigene Darstellung nach Bandelow 2015, S. 309

Abb. 7.6 Belief Systems politischer Überzeugungen. (Eigene Darstellung nach Bandelow 2015, S. 309)

7.2 Wie lernt die Politik?

pekte". „Bei den sekundären Aspekten handelt es sich um spezifische Überzeugungen und Einstellungen etwa in Bezug auf die Wahl von Instrumenten zur Verwirklichung von Kernüberzeugungen" (ebd., S. 309). Daraus lässt sich mit Blick auf politischen Wandel in Policy-Subsystemen die Vermutung formulieren, dass in Rahmen von Krisen zunächst immer versucht wird, die Politikinstrumente anzupassen bzw. zu verbessern und es sehr viel mehr an Überzeugungsarbeit und politischem Druck bedarf, bis es zu grundlegenden Reformen und Neuausrichtungen von Politiken kommt.

Entsprechend findet Policy-Lernen zunächst und vor allem innerhalb der Interessenkoalitionen (Advocacy Coalitions) statt. Ein Lernen über Koalitionen bzw. Netzwerke hinweg ist dagegen schwieriger und seltener. Zum einen weil man nicht auf einen Kern gemeinsamer politischer Grundorientierungen zurückgreifen kann, zum anderen aber auch, weil die Ansichten der jeweils anderen Gruppen systematisch abgewertet werden und verdächtig erscheinen. Dieses sozialpsychologisch zu erklärende Phänomen wird von Sabatier als „devil shift" („Verteufelung") (ebd., S. 311) bezeichnet.

Als lernfördernde Bedingungen (vgl. Abb. 7.5) lassen sich durch die Forschungen im Rahmen des ACF insbesondere identifizieren:

- übergreifende gemeinsame Ziele,
- gemeinsame Foren und (ggf. koalitionsübergreifende) Netzwerke zu Interaktion und Austausch,
- valide wissenschaftliche Erkenntnisse sowie
- das Vorhandensein von Vermittler*innen (Policy Broker).

Die Soziallobbyist*in kann sich abhängig von den Verhältnissen in einem Policy-Subsystem und ihrer eigenen Positionierung damit entweder als Teil einer Advocacy Coalition verstehen oder sich in die Rolle einer Policy-Vermittler*in (Policy-Broker) einfinden. In jedem Fall ist für den Erfolg des Lobbyings ausschlaggebend:

- die Reputation der Akteur*in und ihrer Organisation,
- ihre Vernetzung (ggf. über Lager hinweg),
- ihre Kommunikationsfähigkeit und ihr Verhandlungsgeschick,
- die (fachliche, soziale und politische) Robustheit des eingebrachten Wissens und der zur Verfügung gestellten Informationen sowie
- möglicher Wissenstransfer (siehe Kasten 7).

> **Kasten 7: Transferlernen**
> **„Policy-Transfers" – „Lesson Drawing"**
> Richard Rose (1993) hat in seinen Untersuchungen (vgl. auch Dolowitz/Marsh 1996; Jahn 2015) nachgewiesen, dass Politiker*innen zunächst meist „nach Erfahrungen in der Vergangenheit oder in anderen Regionen (suchen), um mögliche Wege zur Lösung eigener aktueller Aufgaben zu finden" (Bandelow 2009, S. 326). Wenn bestimmte Politiken (Maßnahmen, Programme, Projekte) schon a) in der Vergangenheit, b) an einem anderen Ort, c) auf einer anderen Politikebene oder d) in anderen Politikfeldern erfolgreich durchgeführt wurden, reduziert das die generelle Unsicherheit politischer Entscheidungen und trägt so zur Akzeptanz von Politikalternativen bei. Transferprozesse können erzwungen, aber auch reflexiv lernend erfolgen. Transfer-Modelle können kopiert, angepasst und kombiniert werden oder wirken inspirierend für die Entwicklung eigener Programme (Lütz 2007, S. 135 f.). In den letzten Jahrzehnten hat sich auf europäischer Ebene mit der „Offenen Methode der Koordinierung" wie im nationalen und kommunalen Rahmen Benchmarking (die vergleichende Bewertung von Strukturen, Prozessen, Methoden und Leistungen anhand von Kennzahlen oder anderen vorher festgelegten Standards bzw. Maßstäben) als Steuerungsansatz bzw. als Modell reflexiven Lernens verbreitet. Damit werden Lern- und Transferprozesse orientiert an nationalen und kommunalen „Best Practices" gefördert. Transferlernen kennt aber auch Fallstricke, auf die zu achten ist. Insbesondere gilt es zu vermeiden:
>
> - nur unzureichende oder unvollständige Informationen über eine Politik (Policy) zu haben (uninformierter Transfer),
> - den (zeitlichen, sozialen, institutionellen oder kulturellen) Kontext einer Politik (Policy) nicht zu berücksichtigen (unpassender Transfer),
> - den nicht kompletten Transfer. Es werden einzelne (symbolträchtige, kostengünstige usw.) Elemente einer Politik herausgepickt, andere tragende Elemente aber übergangen (unvollständiger Transfer).

7.2.4 Evidence-based Policy Making (EBPM)

Die Policy-Forschung zeigt, wo und unter welchen Bedingungen interessengeleitete Politikberatung funktionieren und Praxiswissen wie wissenschaftliche Erkenntnisse politische (Lern-)Prozesse beeinflussen können. Sie macht aber auch auf die Hindernisse politischen Lernens aufmerksam. Mit dem in den letzten Jahrzehnten an Bedeutung gewinnenden Konzept des „Evidence-based Policy Making" unternimmt die Politik durchaus Anstrengungen sich der Expertise aus Wissenschaft und Praxis zu öffnen (zum Folgenden Rieger 2022a).

Evidence-based Policy (EBP) bzw. Evidence-based Policy Making (EBPM) wird vor allem in Großbritannien, Australien und den USA als politisch-institutionelles Reformkonzept diskutiert. In Deutschland ist das Konzept EBPM in Wissenschaft und Politikpraxis weniger verbreitet, die Problematik und entsprechende Anstrengungen sind aber nicht minder präsent. Der Begriff ist vorausgehenden Diskursen zu einer evidenzbasierten Medizin (Evidence-based Medicine) entlehnt, in denen es um die Frage ging, wie ärztliche Entscheidungen, Diagnostik und Wirksamkeit von Interventionen sich konsequent auf wissenschaftliche Forschung stützen können. Der von der Medizin ausgehende Diskurs greift dann auch auf andere Gesundheitsberufe und Soziale Dienste über. In der Sozialen Arbeit wird über die Möglichkeit einer Evidence-based Social Work (Marston und Watts 2003, S. 147) gestritten.

In der Politik kommt das Konzept 1997 mit der Regierungsübernahme durch New Labour in Großbritannien an. Tony Blairs Modernisierungsagenda wird in einem Papier des Cabinet Office von 1999 wie folgt skizziert: „(The) government must be willing constantly to re-evaluate what it is doing so as to produce policies that really deal with problems, that are forward looking and shaped by evidence [...] to meet peoples rising expectations, policy making must [...] be a process of continuous learning and improvement" (Jun und Grabow 2008, S. 22). Labour förderte in der Folge den Auf- und Ausbau wissenschaftlicher Beratungseinrichtungen und erhöhte den Einfluss externer Beratungsleistungen auf den Prozess der Politikformulierung und Implementation.

Dass EBP unter New Labour floriert, ist wenig überraschend. Generell haben wissenschaftlich „fundierte Politikberatung und Ansätze der politischen Steuerung auf der Grundlage wissenschaftlich erarbeiteter Befunde ihre Ursprünge in den Organisationen der Arbeiterbewegung" (ebd., S. 17). Sozialdemokratische Reformpolitik war und ist durch ihre Wurzeln im Marxismus und die spätere Orientierung an der Rolle des Staates zur Verwirklichung von Wirtschafts- und Sozialreformen für eine gerechtere und solidarischere Gesellschaft gekennzeichnet (z. B. im Rahmen keynesianischer Wirtschaftspolitik). Immer besteht der Anspruch, Gesellschaft mit wissenschaftlichen Methoden und Theorien zu verstehen, um sie dann zu verändern. Die Attraktivität von EBP verstärkt sich für New Labour als Partei des „Third Way" (Anthony Giddens) allerdings durch das Vordringen der neoliberalen Wirtschaftsideologie seit Ende der 70er-Jahre: „(T)he managerialist emphasis on value for money and the ‚focus on effectiveness and efficiency is a central driving force behind evidence-based practice and policy'" (Marston und Watts 2003, S. 148).

EBPM will politische Meinungsbildungs- und Entscheidungsprozesse an gesichertem Wissen orientieren. Dabei geht es einerseits darum, wie entsprechendes, außerhalb des politischen Systems produziertes bzw. vorhandenes Expertenwissen im politischen Prozess berücksichtigt werden kann. Andererseits wird gefragt, wie politische Prozesse selbst rationaler zu gestalten sind. Gesichertes Wissen soll dabei in allen Phasen des politischen Prozesses von der Problemdefinition, über das Agenda Setting, die Politikformulierung und Implementation bis zur Politikevaluation herangezogen werden. Wissenschaftliches Wissen soll Daten liefern und Erklärungsmodelle bereithalten, um Ausmaß, Dringlichkeit und Ursachen von politischen Problemen einzuschätzen. Die Wissenschaft soll Nachweise zur Wirksamkeit von Programmen und Maßnahmen erbringen und durch die Evaluation eben dieser Programme mit wissenschaftlichen Methoden dazu beitragen, weiteres, gesichertes Wissen zu schaffen. Stets mitgedacht die simple Frage: „What Works?" (Davis et al. 2000).

Im Diskurs um EBPM bleibt allerdings umstritten, was unter gesichertem Wissen im Sinne von **Evidenz** zu verstehen ist. Ein **enges Verständnis** von EBPM lässt als Evidenz nur Wissen gelten, das über quantitative Methoden der Sozialforschung statistisch abgesichert ist, sieht „Randomised Policy Traits" (RPT) zur Evaluation politischer Programme als Goldstandard und fördert umfangreiche Metaanalysen entsprechender empirischer Forschungen in einem Themengebiet. Ein **weiteres Verständnis** von EBPM lässt dagegen Expertenwissen in einem umfassenderen Sinne zu: „Das heißt mit Erkenntnissen aus der Forschung zu arbeiten, die mit wissenschaftlichen Methoden erarbeitet, empirisch gesichert und überprüfbar sind, sowie mit Erfahrungswissen der mit der Umsetzung der Entscheidungen beauftragten Beschäftigten im öffentlichen Dienst sowie mit Erfahrungen und Erwartungen der Betroffenen" (Jun und Grabow 2008, S. 9). Ziel einer EBP auf kommunaler wie staatlicher Ebene ist es, hier „möglichst viel politisch unabhängige Expertise (zu) berücksichtigen" (ebd., S. 11), um wirksame und nachhaltige politische Programme im Sinne demokratisch legitimierter, die Wohlfahrt der Bevölkerung fördernder Ziele zu gestalten.

Um Politik in diesem Sinne tatsächlich lernfähiger zu machen, sind institutionelle Reformen unverzichtbar. Will man politische Prozesse durch die Heranziehung wissenschaftlichen Wissens und praktischer Expertise rationaler gestalten, so gilt es zunächst die unvermeidlich begrenzte Rationalität (Bounded Rationality) politischer Entscheidungen und die Kontingenz wie Ambiguität politischer Prozesse anzuerkennen, um dann über institutionelle Reformen und veränderte Herangehensweisen politische Meinungsbildungs- und Entscheidungsprozesse für Expertenwissen zu öffnen. Eine bessere Berücksichtigung gesicherten Wissens aus Wissenschaft und Praxis kann dabei insbesondere erreicht werden:

- indem Foren und Netzwerke der gemeinsamen Beratung eingerichtet werden,
- indem die öffentliche Hand (Regierungen, Parlamente, Räte, Verwaltungen usw.) sich Planungsabteilungen schafft, die ein systematisches Monitoring und eine Aufarbeitung wissenschaftlichen Wissen betreiben sowie eigene Forschung und Planung durchführen,
- indem politische Programme und Maßnahmen systematisch, unabhängig und entsprechend wissenschaftlicher Standards evaluiert werden – und diese Evaluationen bereits im Rahmen der Programmgenehmigung vorgesehen und finanziert werden,
- indem solche Forschungen grundsätzlich öffentlich gemacht werden,
- indem Möglichkeiten für wissenschaftlich begleitete Modellprojekte bzw. Pilotprojekte eröffnet werden,
- indem im Sinne von Policy-Transfers (siehe Kasten 7) systematisch Erfahrungen und Best-Practice-Lösungen anderer Politikfelder, anderer politischer Ebenen und internationale Vergleiche herangezogen werden. Wobei es hier auf eine kontextgenaue Anpassung (s. o.) im Sinne einer „Realist Synthesis" (Pawson 2002) ankommt.

Dass Politik sich in ihren Entscheidungen am verfügbaren Wissen orientieren sollte, ist uneingeschränkt wünschenswert. Dies darf allerdings nicht dazu verleiten zu glauben, wissenschaftliches oder professionelles Wissen müsste durch die Politik einfach nur umgesetzt werden. Politische Entscheidungen sind immer (auch) Wertentscheidungen. Die Legitimität politischer Entscheidungen bemisst sich zugleich an über Wahlen und Abstimmungen herzustellenden Mehrheiten und der auf bestmöglichem Wissen beruhenden Rationalität von Maßnahmen. Die behauptete Alternativlosigkeit oder die Forderung nach reiner Sachpolitik sind nur politische Rhetorik und selbst unwissenschaftlich. Zu Recht stellt Cairney fest, „people seeking to inject more scientific *into* policymaking may not be paying enough attention to the science *of* policymaking" (2016, S. 7; Herv. i. O.). Anzustreben ist lediglich eine evidenzbeeinflusste bzw. evidenzbewusste Politik (Jun und Grabow 2008, S. 11). Es geht um evidenzoffene nicht um evidenzgesteuerte Politik.

Aufgaben und Fragen zur Kontrolle des Lernerfolgs
1. Warum kann Soziallobbying als interessengeleitete Politikberatung verstanden werden?
2. Was macht die Kommunikation zwischen sozialarbeiterischer Praxis und Politik so anfällig für Missverständnisse?
3. Welche Folgerungen lassen sich für die Lobbypraxis aus den Erkenntnissen der Politikfeldforschung ziehen?

4. Was verhindert Lernprozesse in der Politik?
5. Warum ist es falsch zu behaupten, Politik müsse wissenschaftliches Wissen nur umsetzen, dann würde sie auch besser?

Weiterführende Literatur

Benz, Benjamin & Rieger, Günter (2015). *Politikwissenschaft für die Soziale Arbeit. Eine Einführung.* Wiesbaden: Springer VS.
Dähnrich, Wolf-Rüdiger (2019). *Eine Hand wäscht die andere?* Lobbyismus in der Jugendsozialarbeit als innovative Form partizipationsorientierter Kommunikation. Münster, New York: Waxmann.
Falk, Svenja, Glaab, Manuela, Römmele, Andrea, Schober, Hendrik & Thunert, Martin (Hrsg.) (2020): *Handbuch Politikberatung* (2. überarb. Aufl.). Wiesbaden: Springer VS.
Jun, Uwe & Grabow, Karsten (2008). *Mehr Expertise in der deutschen Politik?* Zur Übertragbarkeit des „Evidence-based policy approach". Zukunft Regieren. Beiträge für eine gestaltungsfähige Politik (1/2008). Gütersloh: Bertelsmann Stiftung.
Maelzer, Dennis (2014). *Politik gut beraten?* Lernprozesse in deutschen Gesundheitsreformen. Baden-Baden: Nomos.
Wenzelburger, Georg & Zolnhöfer, Reimut (Hrsg.) (2015). *Handbuch Policy-Forschung.* Wiesbaden: Springer VS.

Webseiten zur Vertiefung

Deutsche Gesellschaft für Politikberatung (https://www.degepol.de/)
Zeitschrift für Politikberatung (https://www.jstor.org/journal/zeitpolipoliadvi)

Verwendete Literatur

Bandelow, Nils C. (2015). *Advocacy Coalition Framework.* In Georg Wenzelburger & Reimut Zolnhöfer (Hrsg.), *Handbuch Policy-Forschung* (S. 305–324). Wiesbaden: Springer VS.
Bandelow, Nils C. (2009). *Politisches Lernen.* Begriffe und Ansätze im Vergleich. In Schubert, Klaus & Bandelow, Nils C. (Hrsg.), *Lehrbuch der Politikfeldanalyse 2.0* (2. überarb. Aufl., S. 313–341). München: Oldenbourg.
Benz, Benjamin & Rieger, Günter (2015). *Politikwissenschaft für die Soziale Arbeit. Eine Einführung.* Wiesbaden: Springer VS.
Blum, Sonja & Schubert, Klaus (2009). *Politikfeldanalyse* (2011, 2. aktualisierte Aufl.). Wiesbaden: Springer VS.
Cairney, Paul (2016). *The Politics of Evidence-Based Policy Making.* London: Macmillan Publishers.

Davis, Huw T. O., Nutley, Sandra M. & Smith, Peter C. (2000). *What Works?* Evidencebased policy and practice in public service. Bristol: The Policy Press.

Dähnrich, Wolf-Rüdiger (2019). *Eine Hand wäscht die andere?* Lobbyismus in der Jugendsozialarbeit als innovative Form partizipationsorientierter Kommunikation. Münster, New York: Waxmann.

Dolowitz, David & Marsh, David (1996). *Who Learns from Whom: a Review of the Policy Transfer Literature. Political Studies* (S. 343–357), Jg. 44.

Falk, Svenja, Glaab, Manuela, Römmele Andrea, Schober, Hendrik & Thunert, Martin (Hrsg.) (2020). *Handbuch Politikberatung* (2. überarb. Aufl.). Wiesbaden: Springer VS.

Habermas, Jürgen (1969). *Verwissenschaftlichte Politik und öffentliche Meinung.* In Jürgen Habermas (Hrsg.), *Technik und Wissenschaft als Ideologie* (S. 120–145). Frankfurt/M.: Suhrkamp.

Herweg, Nicole (2015). *Multiple Streams Ansatz.* In Georg Wenzelburger & Reimut Zolnhöfer (Hrsg.), *Handbuch Policy-Forschung* (S. 325–353). Wiesbaden: Springer VS.

Jahn, Detlef (2015). *Diffusion.* In Georg Wenzelburger & Reimut Zolnhöfer (Hrsg.), *Handbuch Policy-Forschung* (S. 247–276). Wiesbaden: Springer VS.

Jun, Uwe & Grabow, Karsten (2008). *Mehr Expertise in der deutschen Politik?* Zur Übertragbarkeit des „Evidence-based policy approach". Zukunft Regieren. Beiträge für eine gestaltungsfähige Politik (1/2008). Gütersloh: Bertelsmann Stiftung.

Kingdon, John W. (1984). *Agendas, Alternatives, and Public Policies.* Boston, Toronto: Little & Brown.

Lompe, Klaus (2006). *Traditionelle Modelle der Politikberatung.* In Svenja Falk, Manuela Glaab, Andrea Römmele, Hendrik Schober & Martin Thunert (Hrsg.), *Handbuch Politikberatung* (S. 25–34). Wiesbaden: Springer VS.

Lompe, Klaus (1966/1972). *Wissenschaftliche Beratung der Politik.* Ein Beitrag zur Theorie anwendender Sozialwissenschaften. Göttingen: Otto Schwartz & Co.

Lütz, Susanne (2007). *Policy-Transfer and Policy Diffusion.* In Arthur Benz, Susanne Lütz, Uwe Schimank & Georg Simonis (Hrsg.), *Handbuch Governance* (S. 132–143). Wiesbaden: Springer VS.

Luhmann, Niklas (2002). *Die Politik der Gesellschaft.* Frankfurt/M.: Suhrkamp.

Maelzer, Dennis (2014). *Politik gut beraten?* Lernprozesse in deutschen Gesundheitsreformen. Baden-Baden: Nomos.

Maier, Matthias L., Nullmeier, Frank, Pritzlaff, Tanja & Wiesner, Achim (Hrsg.) (2003). *Politik als Lernprozess.* Wissensbasierte Ansätze in der Politikanalyse. Wiesbaden: Springer.

Marston, Greg & Watts, Rob (2003). *Tampering with the Evidence: A Critical Appraisal of Evidence-Based Policy Making* (www.researchgate.net/publication/241578701_Tampering_With_the_Evidence_A_Critical_Appraisal_of_Evidence-Based_PolicyMaking).

Nullmeier, Frank (2000). *Argumentationsmacht und Rechtfertigungsfähigkeit schwacher Interessen.* In Ulrich Willems & Thomas von Winter (Hrsg.), *Politische Repräsentation schwacher Interessen* (S. 93–109). Opladen: Leske & Budrich.

Pawson, Ray (2002): *Evidence-based Policy.* The Promise of ‚Realist Synthesis'. (www.researchgate.net/publication/238659520_Evidence-based_Policy_The_Promise_of_Realist_Synthesis%27).

Rieger, Günter (2022a). *Möglichkeiten und Grenzen des „Evidence Based Policy Making".* In Jörg Fischer, Theresa Hilse-Carstensen & Stefan Huber (Hrsg.), *Handbuch kommu-*

nale Planung und Steuerung. Planung. Gestaltung. Beteiligung (S. 620–631). Weinheim, Basel: Beltz Juventa.

Rose, Richard (1993). *Lesson-Drawing in Public Policy.* A Guide to Learning across Time and Space. Chatham/NJ: Chatham House Publishers.

Rüb, Friedbert, W. (2009). *Multiple-Streams-Ansatz: Grundlagen Probleme und Kritik.* In Klaus Schubert & Nils C. Bandelow (Hrsg.), *Lehrbuch der Politikfeldanalyse 2.0* (2. überarb. Aufl., S. 348–376). München: Oldenbourg.

Sabatier, Paul A. (2007). *Theories of the Policy Process.* Cambridge/MA: Westview Press (download).

Toens, Katrin & Benz, Benjamin (Hrsg.) (2019). *Schwache Interessen?* Politische Beteiligung in der Sozialen Arbeit. Weinheim, Basel: Beltz Juventa.

Weingart, Peter & Lentsch, Justus (2008). *Wissen – Beraten – Entscheiden.* Form und Funktion wissenschaftlicher Politikberatung in Deutschland. Weilerswist: Velbrück.

Wenger, Jonas, Suber, Michael, Lanzi, Nina, Gantenbein, Fionn & Kübler, Daniel (2014). *Politikfeldanalyse Sucht: Advocacy-Koalitionen in der Schweizer Alkohol-, Tabak- und Drogenpolitik.* Zürich: Institut für Politikwissenschaft (download).

Wenzelburger, Georg & Zolnhöfer, Reimut (Hrsg.) (2015). *Handbuch Policy-Forschung.* Wiesbaden: Springer VS.

Professionelles Soziallobbying: Wie wird's gemacht? 8

Zusammenfassung

Das folgende Kapitel beschäftigt sich mit der Praxis des Soziallobbyings. Wir wollen danach fragen, wie Soziallobbying als professionelles politisches Handeln zu gestalten ist, welche Kompetenzen und Ressourcen erforderlich sind, welche Schritte im Rahmen einer systematisch geplanten Lobbystrategie zu gehen sind und welche Tools zur Verfügung stehen, um unterschiedliche Phasen bzw. Herausforderungen des Lobbyings erfolgreich zu bewältigen. Da wir es bei der Vertretung organisierter Interessen mit kollektiven Akteuren zu tun haben, wird zunächst herausgearbeitet, welche Kapazitäten die jeweilige Organisation fördern und aufbauen sollte, um günstige Rahmenbedingungen für die Lobbyarbeit zu schaffen (Abschn. 8.1.). Erfolgreiche Lobbyarbeit setzt vielfältige organisationsbezogene Vorfeldarbeiten voraus. Das Leistungsvermögen der Organisationen muss in den Dimensionen fachliche Expertise, Policy-Wissen, Vernetzung und Öffentlichkeitsarbeit erweitert werden. Im politischen Prozess werden aber auch kollektive Akteure stets von politisch handelnden Einzelpersonen vertreten. Im nächsten Schritt wird deshalb geklärt, wer (in welchen Positionen) die Anliegen der Sozialen Arbeit und ihrer Klientel vertritt und welches Wissen und welche Kompetenzen der handelnden Personen dazu beitragen, ihre Lobbyfähigkeit zu steigern (Abschn. 8.2.). Schließlich wird gezeigt, wie Lobbyarbeit systematisch geplant und umgesetzt werden kann. Lobbying wird als Methode politischen Handelns entfaltet (Abschn. 8.3.). Hier geht es um Politikanalyse, Positionsentwicklung, Strategieentwicklung, Implementation und Evaluation. Das Kapitel schließt mit Hinweisen zur Erstellung einer Politikempfehlung.

8.1 Die organisationale Fähigkeit zum Soziallobbying entwickeln

Professionelles Lobbying funktioniert nicht als Ad-hoc-Intervention. Selbstverständlich ist die Praxis politischer Einflussnahme gekennzeichnet von zufälligen Begegnungen, Gesprächen zwischen Tür und Angel und den Notwendigkeiten, schnell auf politische Anfragen und Anforderungen zu reagieren. Professionelles Lobbying aber meint ein geplantes, systematisches, politisches Handeln, das als professioneller Auftrag eines jeden Sozialen Dienstes und Verbands verstanden wird. Wer sich erst politisch orientiert, wenn dringliche Anliegen in der Einrichtung oder beim Träger dazu zwingen, wenn Stellenstreichungen drohen, Sparmaßnahmen auf der Tagesordnung stehen oder neue bzw. veränderte Problemlagen der Klientel neue Interventionsformen, andere Maßnahmen oder schlicht mehr Mittel erfordern, kommt zu spät. Professionelles Lobbying ist als permanente Herausforderung zu begreifen, die erst auf der Basis und vor dem Hintergrund kontinuierlicher, organisationsbezogener Vorfeldarbeiten erfolgreich zu bewältigen ist. Es gilt die je eigene Organisation fit zu machen für politische Einflussnahme.

Die **Lobbyfähigkeit** einer Organisation hängt dabei von spezifischen Leistungsvermögen dieser Organisation ab. Entsprechende Kapazitäten müssen systematisch ausgebaut und gepflegt werden. Der professionelle Auftrag, politisch Einfluss zu nehmen, erfordert eine entsprechende strategische Ausrichtung der jeweiligen Organisation. Denn ggf. vorhandene individuelle Kompetenzen der handelnden Akteur*innen entfalten ihre Wirkung erst vor dem Hintergrund der Ressourcen und Kapazitäten der Organisation. Strategische Ausrichtung der Organisation meint, dass die Organisation Lobbying als permanente professionelle Herausforderung und Aufgabe begreift. Dies zeigt sich dann einerseits daran, wie viel Personal (Stellenanteile), Zeit (Stellenbeschreibung) und Geld (Haushaltsmittel) für Lobbying und die notwendigen Vorfeldarbeiten zur Verfügung stehen, und muss sich andererseits in der Beachtung und Anerkennung entsprechender Aktivitäten ausdrücken (Leitbild, Unternehmenskultur, Mitarbeitergespräche etc.).

Entsprechende Ressourcen müssen eingesetzt werden, um die Lobbykapazitäten der Organisation auszubauen. Fünf Leistungsvermögen sind hier ausschlaggebend: a) fachliche Expertise, b) politisches Wissen (Monitoring), c) Netzwerke, d) Kommunikationsfähigkeit, e) Strategiefähigkeit (vgl. Abb. 8.1):

a) **Expertise ausbauen.** Lobbying im Bereich der Sozialarbeitspolitik ist als interessengeleitete Politikberatung (vgl. Abschn. 7.1.) wesentlich Überzeugungsarbeit. Als Vertreter sog. schwacher Interessen liegt es für die Soziale Arbeit nahe, „ihren Mangel an Droh- und Konfliktpotentialen durch Priorisie-

8.1 Die organisationale Fähigkeit zum Soziallobbying entwickeln

Abb. 8.1 Dimensionen der Lobbyfähigkeit einer Organisation. (Eigene Darstellung)

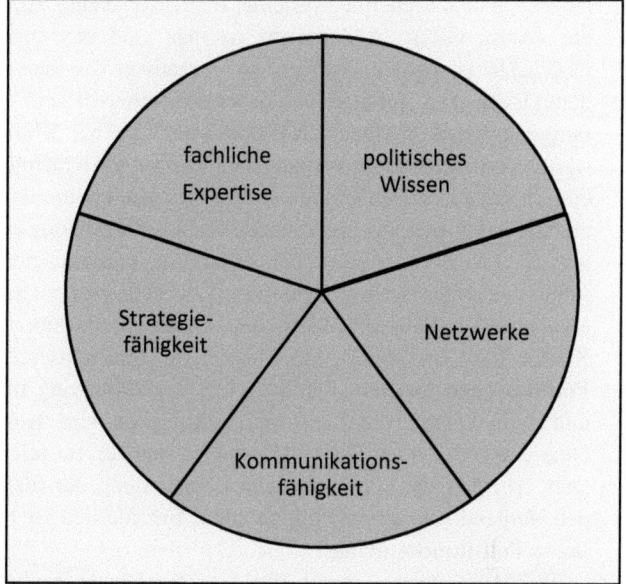

Eigene Darstellung

rung von kommunikativen und speziell argumentativen Strategien zu kompensieren … Der Versuch, mehr strategische Planung und eine Steigerung der Effizienz bei der Argumentationsentwicklung zu erreichen, ist für die innere politische Struktur deshalb von potentiell größerer Bedeutung" (Nullmeier 2000, S. 98). Im Prozess des Lobbyings müssen Interessenvertreter*innen gute Gründe parat haben, um ihre Positionen zu stärken und für ihre Vorhaben zu werben. Kollektive Akteure der Sozialen Arbeit müssen argumentationsfähig sein. „Argumentationsfähigkeit" meint „die Kompetenz eines kollektiven Akteurs …, in Schrift und Rede gute Gründe beibringen zu können" (ebd., S. 93) und auf diesem Wege „Argumentationsmacht" zu erlangen, sodass die „vorgetragenen und gestützten Argumentationsmuster hohe öffentliche Anerkennung genießen" (ebd., S. 94). Einrichtungen und Verbände der Sozialen Arbeit müssen jederzeit in der Lage sein, die Notwendigkeit und Wirksamkeit ihrer Dienstleistungen wissenschaftlich und fachlich zu begründen und die Legitimität ihrer Anliegen darzulegen („Rechtfertigungsfähigkeit" (ebd., S. 93)).

„Argumentationsfähigkeit" ist dabei in zweifacher Weise ressourcenabhängig. Es braucht einerseits „infrastrukturelle(.) und personale(.) Voraussetzungen zur Hervorbringung und Formung von Argumentationen (Dokumentation, Qualitätssicherungssysteme, Begleitforschung, Konzeptionsentwicklung etc. (Anm. GR))". Andererseits ist man „auf das vorhandene Potential an mobilisierbaren guten Gründen, an normativen Theorien, Wertbezügen und anderen Evidenzen" (ebd., S. 95) verwiesen. Ein in diesem Sinne argumentationsfähiger kollektiver Akteur muss über Daten, Fakten, Konzepte und Erklärungswissen verfügen und die vorhandene Expertise auch fachlich, praxisbezogen und ethisch argumentieren können. Dabei geht es nicht nur darum, wissenschaftlich abgesichertes und praxiserprobtes Wissen zur Verfügung zu haben, sondern auch um die Fähigkeit, Wissen und Erfahrung kommunizieren zu können. Also schlüssige kognitive Argumentationen zur Verfügung zu haben und diese auch in einprägsamen Fällen, Bildern und Geschichten (Storytelling (Nussbaumer Knaflic 2017; Sternberg 2022; Thier 2016)) transportieren zu können.

b) **Politikarenen kennen.** Erfolgreiches Soziallobbying muss wissen, was, wo und wann diskutiert und von wem entschieden wird. Kollektive Akteure brauchen entsprechendes **Policy-Wissen** zu den für sie relevanten Politikarenen. Dies erfordert die kontinuierliche Beobachtung der für die Einrichtung oder den Verband relevanten Politikarenen. Erforderlich ist hierzu ein kontinuierliches **Politikmonitoring**.

Politikmonitoring meint die kontinuierliche Beobachtung von Politikprozessen. Dabei gilt es Politik sowohl hinsichtlich ihrer Inhalte (Policy) als auch hinsichtlich der Entscheidungsstrukturen und Abläufe (Polity) sowie der machtpolitischen Auseinandersetzungen, Konfliktlinien und Mehrheitsverhältnisse im Blick zu haben. So kann man einerseits, frühzeitig auf Themenkonjunkturen, Programmüberlegungen, Reformvorhaben usw. aufmerksam werden und sich einen Informationsvorsprung sichern. Nur wer frühzeitig wahrnimmt, was in Rat und Verwaltung, in Gremien, Arbeitsgemeinschaften, Koordinierungskreisen oder der Öffentlichkeit gedacht und diskutiert wird, hat (1) überhaupt ausreichend Zeit, um zu reagieren, und kann (2) zu einem möglichst frühen und damit erfolgversprechenderen Zeitpunkt intervenieren.

Andererseits gilt es über das Entscheidungssystem (Polity) und die Politikprozesse (Politics) in relevanten Politikarenen informiert zu sein. Wer ist an welchen Stellen mit welchen Themen befasst? Wer hat welchen Einfluss auf die Behandlung des Themas und die zu treffenden Entscheidungen? Wie sind die Entscheidungswege? Wie gestaltet sich der politische Terminkalender (Wahlen, Haushaltsberatungen, Sitzungspläne usw.)? Wer sind potenzielle Verbündete oder Gegner in einem Themenfeld? Erst eine möglichst umfassende Kenntnis des jeweiligen Politikfeldes bzw. der jeweiligen Politikarena ermöglicht es, die eigenen Positionen und Anliegen in geeigneter Weise, rechtzeitig und am richtigen Ort bzw. bei der richtigen Ansprechpartner*in zu platzieren (die Kap. 4.–6.

8.1 Die organisationale Fähigkeit zum Soziallobbying entwickeln

bieten hier eine erste Orientierung und einen Überblick, ersetzen aber nicht das je eigene Politikmonitoring in relevanten Politikarenen). Welche Medien und Institutionen im Rahmen des Politikmonitorings zur Kenntnis genommen werden müssen, hängt natürlich davon ab, auf welcher politischen Ebene und auf welches Themenfeld (policy) versucht wird, Einfluss zu nehmen.

c) **Politische Netzwerke aufbauen.** Lobbying basiert auf **Netzwerkarbeit**. Netzwerkarbeit zielt auf den für ein erfolgreiches Lobbying unverzichtbaren Aufbau von Beziehungen. Denn erfolgreiche politische Einflussnahme benötigt (Insider-)Informationen, **Zugänge** zu Verwaltung und politischen Entscheidungsträger*innen sowie vertrauensvolle Beziehungen zu Schlüsselpersonen. Politische Netzwerke ermöglichen den für Lobbying unverzichtbaren Informationsfluss. Sie eröffnen Zugänge zu Stakeholdern aus der Verwaltung und politischen Entscheidungsträger*innen und sie schaffen die Basis, um gehört und ernst genommen zu werden. Die Pflege von Kontakten zu Bürokratie und Mandatsträger*innen ist deshalb ständige Aufgabe für die Organisation, ihre Führungskräfte und Mitarbeiter*innen.

Politische Netzwerkarbeit kann als **passives Lobbying** bezeichnet werden. Der Aufbau und die Pflege politischer Netzwerke zielt (noch) nicht auf konkrete Anliegen und Maßnahmen, sondern schafft Voraussetzungen, um, überhaupt politisch handlungsfähig zu sein. Nur wenn zwischen den Akteur*innen ein Verhältnis wechselseitigen Respekts und Vertrauens herrscht, ist gewährleistet, dass Informationen frühzeitig an die jeweilige Interessengruppe fließen, deren Stellungnahmen entsprechend zur Kenntnis genommen werden und ggf. gemeinsame Vorgehensweisen vereinbart werden können.

Dabei sind zwei, für die Lobbyarbeit wichtige Formen von Lobbynetzwerken zu unterscheiden. Zum einen müssen die jeweilige Organisation und ihre Repräsentant*innen vielfältige, stabile und vertrauensvolle Beziehungen zu den relevanten Stakeholdern in ihrem Feld aufbauen. Solch ein organisations-/bzw. personenbezogenes Netzwerk dient dazu, tragfähige Kontakte zu Stakeholdern im politischen Feld zu haben. Über diese Kontakte bleibt man informiert und findet wenn nötig Ansprechpartner*innen. Das Netzwerk gewährleistet Informationsaustausch und Zugang. Hier sucht man nicht in erster Linie Verbündete für die eigenen Anliegen. Zweck eines solchen Netzwerks ist es vielmehr, mit Schlüsselpersonen in allen Bereichen des politischen Feldes in Kontakt und Austausch zu stehen. Auch politische Gegner*innen verfügen über interessante Informationen und man schärft die eigene Position, wird herausgefordert oder inspiriert durch andere Standpunkte oder Gegenpositionen. Dabei gilt grundsätzlich: Das Netzwerk sollte stehen, bevor man es braucht (Prenzel 2019b, S. 95). Netzwerkarbeit ist Vorfeldarbeit und ständige Begleitung des Lobbyprozesses.

Zur Gestaltung eines organisationsbezogenen Netzwerks:
- Zunächst bedarf es einer **Stakeholder-Analyse**. Es muss herausgefunden werden, wer in einem bestimmten Bereich (einer bestimmten politischen Arena), welche Interessen verfolgt und welche Bedeutung der Person in politischen Auseinandersetzungen (Schlüsselpersonen) zukommt.
- Dann müssen **Anlässe für Begegnung, Kennenlernen und Austausch** geschaffen werden. Veranstaltungen (Weihnachtsfeier, Neujahrsempfang, Sommerfest etc.), Fachtagungen, Tage der offenen Tür, Projektvorstellungen und so weiter schaffen solche Zeit- und Begegnungsräume. Solche Veranstaltungen gilt es durchzuführen, aber auch zu besuchen.
- Solche Anlässe werden genutzt, um sich vorzustellen, sich bekannt zu machen, aber auch um mit ehrlichem Interesse andere kennenzulernen. Politische Netzwerkarbeit wie Lobbying insgesamt funktioniert nie als Einbahnstraße. Nur wer Interesse zeigt, wird Interesse wecken; nur wer Informationen gibt, wird Informationen erhalten.
- Schließlich müssen Kontakte gepflegt werden (**Netzwerkpflege**). Über persönliche Gespräche, Briefe, Mails und Telefonate muss Kontakt gehalten werden. Newsletter, Jahresberichte o. Ä. dienen dazu, in Erinnerung zu bleiben, vor allem aber sollte ein gegenseitig vorteilhafter, vertrauensfördernder (Informationen, Rat, Unterstützung) Austausch gefördert werden.
- Als Werkzeug kann die **Anfertigung von ego-zentrierten Netzwerkkarten** dienlich sein, um das eigene Netzwerk zu visualisieren, Stärken oder Schwächen des eigenen Netzwerks zu identifizieren und Netzwerkaufgaben präsent zu halten.

Lobbynetzwerke können aber auch an bestimmten Themen und Herausforderung kristallisieren. In diesem Fall wird von Interessenkoalitionen (Advocacy Coalitions vgl. Abschn. 7.2.3.) gesprochen. Hier geht es darum, ein mehr oder weniger stabiles Netzwerk zu schaffen, das gemeinsame Ziele, eine gemeinsame Politik verfolgt. Interessenkoalitionen ermöglichen es, Ressourcen zu bündeln, Arbeit aufzuteilen, eine gemeinsame Strategie zu verfolgen und Präsenz und Wahrnehmung zu erhöhen. Die Beteiligten teilen ähnliche politische Grundhaltungen und versuchen gemeinsame Lobbyziele zu verwirklichen. Erfolgreiche Lobbyarbeit versucht hier, ein gemeinsames Leitbild (Policy Vision) zu entwickeln, eine Netzwerkidentität auszubilden, je nach Größe des Netzwerks Netzwerkgremien zu schaffen und verantwortliche Netzwerk Regisseur*innen für die Netzwerkmoderation zu finden. Netzwerke, die langfristig als Interessenkoalitionen

in einem bestimmten Themenfeld (Politikarena) funktionieren sollen, brauchen einen gewissen Grad an Institutionalisierung.[1]
d) **Öffentlichkeit herstellen.** Professionelle **Öffentlichkeitsarbeit** liefert die Begleitmusik zum Lobbying. Als **indirektes Lobbying** unterstützt und ergänzt es die eigentliche Lobbyarbeit. Dabei geht es oft weniger um die Erzeugung von Druck durch die Mobilisierung von Öffentlichkeit. Den Druck auf die Politik über Medien und Öffentlichkeit zu erhöhen, wird in der Regel nur dann versucht, wenn Möglichkeiten **des direkten Lobbyings** (persönliches Gespräch, Stellungnahme, Gutachten, Anhörung usw.) erschöpft erscheinen oder um Aufmerksamkeit für neue Forschungsergebnisse und innovative Projekte zu erzeugen, oder neue bzw. veränderte Problemlagen zu skandalisieren. Wichtiger ist eine kontinuierliche, begleitende Öffentlichkeitsarbeit (Public Affairs Management) zur Schaffung eines für die jeweiligen Klient*innengruppen, sozialarbeiterischen Interventionen und Projekte förderlichen Meinungsklimas. Es gilt die Aufklärung der Öffentlichkeit oder von Teilöffentlichkeiten (Fachöffentlichkeit, lokale Öffentlichkeit) hinsichtlich Problemwahrnehmung und Wertorientierung voranzutreiben sowie die Reputation der eigenen Organisation und Dienstleistungen zu erhöhen.

Öffentlichkeitsarbeit ist eine eigenständige Form der politischen Einmischung (Puhl 2004) und kann hier insofern nicht umfassend behandelt werden.[2] Die Formen möglicher und notwendiger Öffentlichkeitsarbeit reichen aber vom einrichtungsbezogenen Marketing (exemplarisch am Beispiel Kita Kresnicka 2011) über die Beeinflussung und Mitgestaltung lokaler, fachlicher Öffentlichkeiten (Puhl 2004; Schürmann 2004) bis zur Kampagnenführung (Althaus 2007; Röttger et al. 2021). Für erfolgreiches Lobbying dient Öffentlichkeitsarbeit einerseits dazu, die Bekanntheit und das Ansehen der eigenen Organisation zu mehren, um als interessanter und kompetenter Gesprächspartner

---

[1] Inzwischen gibt es eine umfangreiche Ratgeberliteratur zur praktischen Umsetzung politischer, lobbyorientierter Netzwerkarbeit, wo Arbeitsschritte, Check-Listen und Netzwerktools (Stakeholder-Analyse, Netzwerkkarten usw.) zu Aufbau und Pflege politischer Netzwerkarbeit und Interessenvertretung bis ins Detail präsentiert und je nach Wissensstand hilfreiche, manchmal auch banale Tipps zu Kontaktanbahnungsgesprächen, Lobbygesprächen etc. gegeben werden (Prenzel 2019a, b). Einen hervorragenden Überblick zu wissenschaftlichen und fachlichen Diskursen der Netzwerkarbeit verschafft das Handbuch von Fischer und Koselleck (2019).

[2] Eine praxisorientierte Handreichung zur kommunalen Öffentlichkeitsarbeit freier Träger findet sich in DPWV 2022, S. 30–40.

wahrgenommen und in politischen Prozessen ernst genommen zu werden. Andererseits trägt Öffentlichkeitsarbeit dazu bei, eine den eigenen Anliegen und Interessen entgegenkommende Stimmung in relevanten Bereichen der Öffentlichkeit und in den Medien zu erzeugen. Ein direkter Zusammenhang zwischen Öffentlichkeitsarbeit und Lobbying entsteht, wenn angesichts der Bedeutung von Social Media zunehmend versucht wird, ein breiteres Publikum im Sinne von Grassroots-Lobbying (siehe Kasten 8) in die jeweilige Lobbystrategie einzubinden (Althaus 2007; Röttger et al. 2021; Voss 2010).

> **Kasten 8: Grassroots-Lobbying**
> „Grassroots-Lobbying *bezeichnet eine Strategie, bei der Unternehmen, Verbände oder sonstige Organisationen verstärkt versuchen ihre eigenen Mitarbeiter und teilweise Kunden für die Lobbyarbeit einzuspannen. Der Name leitet sich dabei vom Bürger als ‚Graswurzel' (engl.: grassroots) politischer Partizipation ab. Je breiter die Basis tatsächlicher oder potentieller Wähler ist, die ein Unternehmen oder Verband durch Lobbyarbeit ansprechen kann, desto größer ist der Druck auf die Politik. Dadurch sollen politische Entscheidungsträger zu spezifischen Handlungen (oder Nicht-Handlungen) bewogen werden"* (https://lobbypedia.de/wiki/Grassroots-Lobbying).

e) **Strategiefähig werden.** Strategiefähigkeit meint hier das Potenzial einer Organisation, Lobbyingstrategien zu entwickeln, umzusetzen und durchzuhalten. Sie bezeichnet die mehr oder weniger vorhandene „Fähigkeit zu strategischer Politik, das heißt einer besonderen Qualität der Zielverfolgung und der spezifischen Fähigkeit kollektiver Akteure zu situationsübergreifenden, erfolgsorientierten Ziel-Mittel-Umwelt-Verknüpfungen" (Raschke und Tils 2007, S. 274).

Konstitutive Elemente von Strategiefähigkeit sind Richtung, Führung und Strategiekompetenz (ebd., S. 281 ff.). Sinn, Zweck und Werte einer Organisation müssen über Leitbilder und Organisationsziele sichtbar sein und gelebt werden. Ein kollektives, wertgebundenes Selbstverständnis ist eine wichtige Voraussetzung für strategisches Handeln. Die nach innen kommunizierte und nach außen repräsentierte Identität einer Organisation bietet Orientierung und erlaubt Positionsbestimmungen. Darüber hinaus ist **Strategiefähigkeit** eine Führungsaufgabe. Es braucht ein strategisches Zentrum, das Strategien zielorientiert und partizipativ entwickelt und festlegen kann, wer die Organisation wann und in welchen Zusammenhängen (Gremienarbeit, Öffentlichkeitsarbeit, Netzwerkarbeit usw.) vertritt. Eine Lobbystrategie für eine Organisation als kollektivem Akteur ist nicht als isolierte Unternehmung einer Einzelperson (Geschäftsführer*in, Amtsleiter*in, Vorstände usw.) zu sehen, sondern als koordiniertes, arbeitsteiliges Unterfangen. Gerade in

Organisationen mit wenigen spezifischen Ressourcen zu politischer Arbeit (Geld, Zeit, Personal usw.) kommt es darauf an, möglichst viele Mitarbeiter*innen einzubeziehen, damit sie ihre Kontakte und Gelegenheiten zur politischen Einmischung arbeitsteilig und koordiniert nutzen. Schließlich beinhaltet Strategiekompetenz „Wissen und Managementfertigkeiten" (ebd., S. 320). „Managementfertigkeiten (Organisation, Koordinierung, Durchsetzung etc.)" (ebd.) ermöglichen die systematische Verfolgung strategischer Ziele. Zum für Strategiebildung notwendigen Wissen gehören die bereits angesprochenen Komponenten der Expertise, das über Politikmonitoring erworbene Policy-Wissen sowie Netzwerkkenntnisse und Wissen um die Public Affairs. Insofern fließen in der Strategiefähigkeit die vorher genannten Vorfeldarbeiten zusammen. Abhängig vom Grad der Strategiefähigkeit, also der in einer Organisation erarbeiteten und vorhandenen Selbstdefinition, ihrer Führungskultur und des gegebenen Strategiebewusstseins wie Strategiewissens ist ein kollektiver Akteur dann zur Strategiebildung und strategischen Steuerung in der Lage.

8.2 Lobbykompetenzen der Lobbyakteur*innen

Wenn bislang von Akteuren die Rede war, hatten wir vorrangig kollektive Akteure im Blick. Es ging wesentlich um Verbände und Einrichtungen der Sozialen Arbeit. Diese Verbände und Einrichtungen müssen im politischen Prozess aber von konkreten Personen vertreten werden. Diesen konkreten Akteur*innen obliegt es, Lobbystrategien zu entwickeln und umzusetzen. Diese individuellen Akteur*innen müssen über spezifisches Wissen, Kompetenzen und Methoden verfügen, um sich erfolgreich im Sinne ihrer Organisationen und (deren eigenen wie advokatorischen) Interessen einzumischen.

Grob können hier im Feld der Sozialarbeitspolitik zwei Gruppen von individuellen Akteur*innen unterschieden werden. Zum einen sind dies die (ehren- oder hauptamtlichen) **Vorstände und Geschäftsführer*innen** der Verbände und ihrer Zusammenschlüsse auf Landes- und Bundesebene (LIGA, BAG etc.), zum Teil aber auch auf kommunaler Ebene. Diese Vorstände und Geschäftsführer*innen vertreten die Verbände (Wohlfahrtsverbände, Fachverbände) nach außen und repräsentieren den Verband in der Öffentlichkeit und gegenüber der Politik. Je nach Größe und Ressourcenstärke der Verbände beschäftigen diese aber für spezifische Themenbereiche der Sozialen Arbeit hauptamtliche **Referent*innen**. Zu deren zentralen Aufgaben es gehört, Politik in den für sie relevanten Bereichen zu beobachten, politische Entwicklungen in den Verband hinein zu kommunizieren, die (fachlich-politische) Willensbildung im Verband zu fördern, um dann auf Tagungen, Gremiensitzungen und in Gesprächen die jeweilige verbandliche Position und Expertise in die politische Auseinandersetzung einzubringen.

Zum anderen sind es im weiteren Sinne die **Leitungen** Sozialer Dienste, zu deren Aufgabenportfolio auch die Vertretung der Einrichtungen nach außen, also insbesondere gegenüber Politik und Öffentlichkeit besteht. Dabei ist sowohl an freie als auch an öffentliche Träger zu denken (Dezernent*innen, Amtsleiter*innen, Geschäftsführer*innen, Abteilungsleiter*innen usw.). Grundsätzlich gilt, dass mit dem Umfang der Leitungsverantwortung auch die politischen Funktionen und Aufgaben zunehmen, Soziallobbying also zum Tagesgeschäft von **Sozialmanager*innen** gehört.

In seiner Untersuchung zu Wissen und Kompetenz von Führungskräften Sozialer Arbeit betont Langer: „Die Sozialmanagementakteure handeln aktiv im Sinne einer Kontextsteuerung in den komplexen sozialpolitischen Rahmenbedingungen. Sie beeinflussen und steuern kommunalpolitische Definitions- und Politik-Prozesse, können (Einfluss-)Macht erkennen und gewinnen, haben die Kenntnis und die Fähigkeit der Pflege und Aktivierung von wesentlichen politischen Akteuren, sie haben die Fähigkeit eines politikstrategischen Handelns, über die Kenntnis und Beeinflussung der Sozialmarktregeln bis hin zur Beherrschung von Öffentlichkeits- und Gremienarbeit" (Langer 2013, S. 117). Führungskräfte der Sozialen Arbeit sind sich ihrer politischen Funktionen und Aufgaben also durchaus bewusst und verfügen in der Regel über entsprechendes Wissen und entsprechende Kompetenzen.[3]

Soziallobbying braucht – dies wird hier deutlich – die persönlichen Ressourcen der individuellen Akteur*innen, die die jeweilige Organisation im politischen Prozess vertreten. Hilfreich sind dabei bestimmte Charaktereigenschaften (Zuverlässigkeit, Vertrauenswürdigkeit, Beharrlichkeit, Charisma …), aber auch spezifische Fähigkeiten, wie sie regelmäßig von Sozialarbeitenden erwartet werden. Dazu gehören Gesprächsführungskompetenzen (Prenzel 2019b, S. 129–157),

---

[3] Nach wie vor werden dieses Wissen und diese Kompetenzen aber wesentlich in der Praxis beruflichen Handelns (Learning by Doing) erworben. Während betriebswirtschaftlich orientierte Fortbildungen und Masterkurse seit den 2000er-Jahren Konjunktur haben, bleibt das politische Handeln von Führungskräften weitgehend auf Erfahrungswissen und dessen informelle Weitergabe verwiesen. Sozialmanagement- und Sozialwirtschaftsstudiengänge vernachlässigen konsequent die politischen Herausforderungen, denen sich Sozialmanager*innen zu stellen haben. Dies gilt auch für Führungskräfte der Wirtschaft. Auch dort weiß die Praxis, dass zum Aufgabenportfolio von Unternehmer*innen und Manager*innen in erheblichem Umfang politische Aufgaben gehören, wissenschaftliches Wissen ist aber auch hier kaum vorhanden und entsprechende Studieninhalte werden kaum gelehrt (Scheurer 2001). Gerade für die Governance Sozialer Einrichtungen und Verbände wäre es von entscheidender Bedeutung, ihr Führungspersonal in Richtung auf eine Professionalisierung ihres politischen Handelns zu entwickeln. Denn der rechtliche wie finanzielle Handlungsspielraum Sozialer Arbeit wird wesentlich durch die Politik bestimmt und politische Einmischung der Sozialen Arbeit muss stets das spezifische Element advokatorischer Verantwortlichkeit reflektieren und berücksichtigen.

Kommunikationskompetenz (vom Small Talk zum Interview bis zum Vortrag), Verhandlungsgeschick (Mediationskompetenzen, Gremienerfahrung (Rieger 2008b)) und die Fähigkeit, sich in die Lage anderer hineinzuversetzen (Empathiefähigkeit). Hinzu kommen Fachwissen und die Erfahrung im jeweiligen Handlungsfeld Sozialer Arbeit.

8.3 Professionelles Soziallobbying als methodisches Politikmachen

Lobbying und politische Einflussnahme passiert oft ungeplant und nebenbei. Auf Tagungen, sozialen Events, in Arbeitskreisen und bei zufälligen Begegnungen werden Probleme angesprochen, Anliegen vorgetragen und Positionen vertreten. Zum professionellen politischen Handeln wird Lobbying, wenn es systematisch geplant und strategisch ausgerichtet ist. Dann, wenn die politische Unterstützung für neue, innovative Projekte gesucht oder Einfluss auf umfangreichere bzw. einschneidendere politische Reformvorhaben genommen werden soll, gilt es Lobbying systematisch zu organisieren und umzusetzen. Idealtypisch beginnt ein professioneller Lobbyingprozess (vgl. Abb. 8.2) mit einer Politikanalyse (Abschn. 8.3.1.),

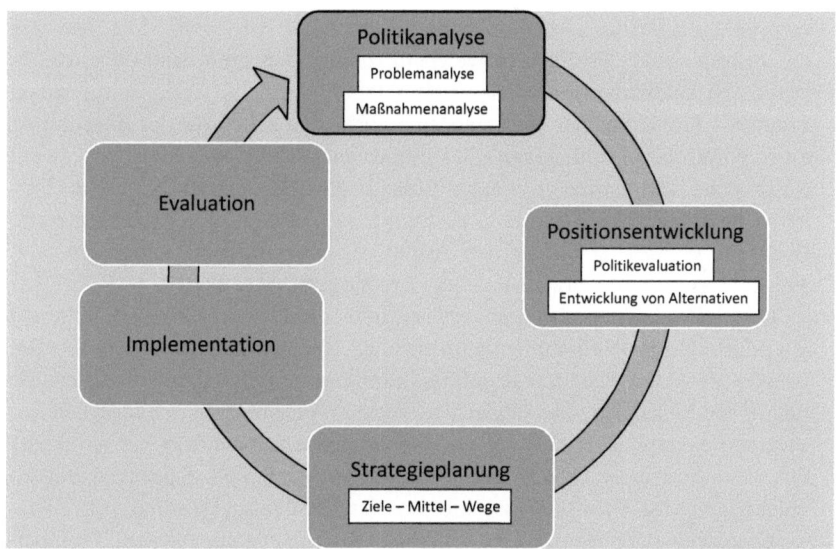

Abb. 8.2 Der idealtypische Prozess professionellen Lobbyings. (Eigene Darstellung)

um eine möglichst genaue Vorstellung vom zu lösenden politischen Problem und fundierte Kenntnisse der diskutierten Lösungen zu erlangen. Vor diesem Hintergrund muss die eigene Position entwickelt werden (Abschn. 8.3.2.). Im nächsten Schritt ist die Lobbystrategie zu planen (Abschn. 8.3.3.). Es folgt die Phase der Umsetzung (Abschn. 8.3.4). Und schließlich sollte das eigene Lobbying hinsichtlich seines Verlaufs und der erzielten Wirkungen evaluiert werden (Abschn. 8.3.5.).

8.3.1 Politikanalyse

Professionelles Lobbying beginnt mit der Erfassung des politischen Problemzusammenhangs. Um politische Entscheidungsprozesse in einem bestimmten Themenbereich erfolgreich beeinflussen zu können, muss man wissen, a) welches politische Problem hier eigentlich bearbeitet wird, b) welche Lösungen für dieses Problem bereits existieren bzw. erwogen werden.

a) **Politische Probleme.** Ein politisches Problem ist ein facettenreiches soziales Konstrukt. Die Definition politischer Probleme erfolgt in einem diskursiven Prozess in der Auseinandersetzung unterschiedlicher Interessen, Meinungen und Werthaltungen. Politische Probleme haben einerseits eine materielle, quantifizierbare Seite. Es wird damit argumentiert, wie viele Menschen von einem bestimmten Problem in welchem Ausmaß betroffen sind oder welche (volkswirtschaftlichen) Kosten ein Problem verursacht. Gleichzeitig haben politische Probleme aber auch stets eine normative Seite. Mit der Behauptung einer politischen Problemlage wird immer auch die Abweichung von einem Sollzustand kommuniziert. Wohnungslosigkeit ist nur dann ein politisches Problem, wenn mit diesem Zustand bestimmte gesellschaftlich akzeptierte Werte (Leben in Würde) verletzt werden. Armut ist nur ein politisches Problem, weil sie gegen elementare Grundsätze der Gerechtigkeit verstößt.

Gleichzeitig sind politische Probleme immer interessengebunden. Will man ein politisches Problem umfassend verstehen, gilt es immer zu fragen: Wer hat welches Problem? Schaut man auf das „Problem" von Bahnhofsvorplätzen, die häufig von Menschen ohne Obdach oder von drogenabhängigen Menschen frequentiert werden, stellt sich der gleiche Problemzusammenhang sicher anders dar, wenn Anwohner, Gewerbetreibende, Reisende, die Polizei oder die drogenabhängigen Menschen selbst zu ihrer Problemsicht befragt werden.

Ebenso wichtig ist die Frage, welche Kausalannahmen einem Problemzusammenhang zugrunde liegen. Welche Erklärungen werden herangezogen, um die Entstehung oder Ausdehnung eines Problems zu verstehen? Das jeweils zugrunde gelegte Kausalmodell präjudiziert immer schon die favorisierten Maßnahmen zur Lösung des Problems. Wer Arbeitslosigkeit als unvermeidliches Übel einer an Konkurrenz und Leistung orientierten Marktwirtschaft begreift, wird eher Maßnahmen des Fördern und Forderns befürworten als jemand, der Arbeitslosigkeit als Resultat ungerechter Formen des Wirtschaftens sieht. Letztere werden eher Modellen der Bürgerarbeit und Grundsicherung, Möglichkeiten eines zweiten Arbeitsmarktes oder der Gemeinwesenökonomie zuneigen.

b) **Politische Lösungsalternativen.** Die mit Blick auf ein politisches Problem diskutierten Lösungsalternativen sind Teil des Problems. Einerseits, weil im Problemverständnis schon mögliche Lösungen vorgezeichnet werden (s. o.). Andererseits, weil politische Problemlösungen stets sofort problematisiert werden. Alternativlosigkeit und Sachzwang sind gern verwandte Argumentationsstrategien in der politischen Auseinandersetzung, in dem Politik grundsätzlich kennzeichnenden Spannungsfeld der Interessengegensätze und des Wertepluralismus aber kein Wesensmerkmal politischer Probleme und ihrer Lösungen. Unzulänglichkeit und unbeabsichtigte Nebenwirkungen, die dann neue Probleme erzeugen, haften jeder politischen Lösung an. Wer sich erfolgreich mit eigenen Forderungen und Vorschlägen politisch einmischen will, braucht genaue Kenntnis der im Feld vorhandenen und diskutierten Alternativen. Folgende Fragen gilt es zu beantworten:
- Welche Ziele verfolgt eine bestimmte Maßnahme (Gesetzesänderung, Reformvorhaben, Plan, Projekt usw.)?
- In welchem historischen Kontext steht die Maßnahme?
- Wer ist von einer bestimmten Maßnahme betroffen (Adressaten, Leistungserbringer, indirekt Betroffene, weitere Beteiligte)?
- Welche Leistungen werden gewährt (Geld, Sachleistungen, Dienste, Rechte usw.)?
- Wie ist der Zugang zu diesen Leistungen geregelt (Subjektförderung vs. Objektförderung, Bedarfsprüfung vs. Rechtsanspruch usw.?
- Wie sollen die Leistungen (durch wen?) erbracht werden?
- Wie wird die Maßnahme finanziert (Umfang der zur Verfügung gestellten Ressourcen, Leistungsentgelte, Zuschüsse usw.)? (Benz und Rieger 2015, S. 83–98).

Ein möglichst umfassendes Verständnis des Problem-Lösungs-Komplexes ist Voraussetzung für die Entwicklung eigener, robuster, rechtfertigbarer Lösungsalternativen.

8.3.2 Positionsentwicklung

Der logisch nächste Schritt ist die Entwicklung einer eigenen **Position**. Wer lobbyiert, will Teile eines Gesetzes oder Programms in seinem/ihrem Sinne verändern oder eine eigene Maßnahme, ein eigenes Projekt gefördert bekommen. Lobbyakteure müssen also zunächst festlegen, was sie an einer gegebenen bzw. angestrebten Politik (Vorlage, Entwurf usw.) geändert haben wollen und wie eine mögliche Alternative aussehen müsste. Eine eigene Position wird entwickelt, indem man a) andere im Themenfeld vorhandene Positionen kritisch bewertet und b) eigene Alternativen (Änderungsvorschläge, Maßnahmen, Projekte) entwickelt.

a) **Politikevaluation** (Sager et al. 2021). Die kritische Bewertung anderer Positionen setzt einerseits die vorher skizzierte Politikanalyse voraus. Ein umfassendes Problemverständnis und eine detaillierte Kenntnis der gehandelten Lösungsalternativen bilden die Basis für deren Evaluation im Lichte der eigenen, zu vertretenden Interessen. Dabei ist im Soziallobbying zu berücksichtigen, dass **die eigenen zu vertretenden Interessen** sich ebenso auf die wirtschaftliche Existenz (ökonomische Perspektive), fachliche Reputation (sozialarbeiterische Professionalität) und normative Legitimation (Wertorientierung) der Organisation (des kollektiven Akteurs) wie auch auf die Interessen der mitvertretenen Klientel (advokatorische Perspektive) beziehen. Die an vorhandene oder diskutierte Politiken angelegten Maßstäbe müssen in ihrer Bedeutung für den kollektiven Akteur wie für die Statusgruppe der potenziellen Klientel eingeschätzt werden. Als Evaluationskriterien (Maßstäbe) für Politikprogramme werden generell genannt:
- Kosten – Nutzen (Cost – Benefit)
- Finanzierbarkeit (Possibility)
- Effektivität und Effizienz (Effectiveness and Efficiency)
- Rechtskonformität (Legality)
- Technische/fachliche Machbarkeit (Technical Feasability)
- Administrative Handhabbarkeit (Administrative Operability)
- Politische Durchsetzbarkeit (Political Viability)
- Fachliche Angemessenheit/Professionalität (State of the Art)
- Fairness/Gerechtigkeit (Equity)
- Nachhaltigkeit (Sustainability)

Die Evaluation bestehender Politiken oder diskutierter Politikoptionen (zur Optionsanalyse Benz und Rieger 2015, S. 96–98) hilft zu bestimmen, was aus der Perspektive des kollektiven Akteurs Sozialer Arbeit in die falsche Richtung läuft, welche unbeabsichtigten Nebenfolgen eine Maßnahme hat, welchen ethischen bzw. fachlichen Standards sie widerspricht oder warum sie so nicht umsetzbar ist. Sie ermöglicht Kritik. Erfolgversprechender ist Lobbying aber dann, wenn ein Akteur auch bessere, in den Augen anderer Stakeholder angemessenere, machbarere Alternativen vorzuschlagen hat. Dies trifft zumindest in all jenen Fällen zu, wo es nicht darum geht, Reformen zu verhindern, um den Status quo beizubehalten.[4]

b) **Alternativen entwickeln.** Die Entwicklung von Politikalternativen basiert wesentlich auf der vorhandenen fachlichen Expertise der eigenen Organisation. Wird aber unterstützt, indem:

- Fachliteratur zum infrage stehenden Thema (Issue) recherchiert und verarbeitet wird,
- eine Orientierung an vorhandenen Politik- bzw. Lösungstrends erfolgt (Bürgerbeteiligung, Begleitforschung, Projektfinanzierung, Sozialraumorientierung),
- vergleichend Modellprojekte, bereits vorliegende Erfahrungen anderer Akteure in anderen Kommunen oder Ländern (national wie international) herangezogen werden (Transfer; vgl. Kasten 7),
- Betroffene beteiligt werden (Partizipation),
- Methoden kreativer Lösungsfindung zum Einsatz kommen (Brainstorming, Design Thinking, Zukunftswerkstatt, Morphologischer Kasten usw.).

8.3.3 Strategieentwicklung/-planung

Strategien sind oftmals nicht das Resultat systematischer Planung. Sie entwickeln sich im Gehen, als Resultat eher kurzfristiger taktischer Entscheidungen. Raschke und Tils (2007) sprechen von „strategischer Emergenz" (ebd., S. 336 ff.), wenn erfahrungsgesättigtes, intuitives Vorgehen im Nachhinein als Strategie zu erkennen ist. Professionelles Lobbying erfordert aber strategisches Denken **und** eine ausgearbeitete Strategie. Eine „konzeptionelle Strategie" (ebd.) ist ein systematisch ausgearbeiteter Plan, um einzelne politische Aktionen (Gespräche, Stellungnahmen Gremienarbeit, Pressearbeit, Demonstrationen etc.) orientiert an den eigenen Ressourcen (Netzwerke, Mitarbeiter*innen, Expertise, Argumente) vor dem Hinter-

---

[4] Reformen sind nicht per se gut und nicht jede politische Intervention führt tatsächlich zu Verbesserungen. Die Möglichkeit nicht zu intervenieren, sollte stets mitbedacht werden. No Action ist die (Basis-)Alternative jeder Politik.

grund einer bestimmten politischen Lage (Inhalte, Akteure, Prozesse), abgestimmt und in ihrer Wirkung kalkuliert, so ein- und umzusetzen, dass ein bestimmtes Ziel erreicht wird. Strategische Planung erfasst, welche Ziele, auf welchen Wegen, mit welchen Mitteln, in welchem zeitlichen Ablauf erreicht werden sollen.

Konzeptionelle Strategiebildung beginnt mit der Bestimmung strategischer Ziele. Oberstes Ziel einer Lobbystrategie ist selbstverständlich die möglichst umfassende Durchsetzung der eigenen inhaltlichen Position (s. o.). Um dies zu erreichen, gilt es aber strategische Unterziele zu definieren. Unter- bzw. Arbeitsziele sind Zwischenziele, die vor dem Hintergrund einer gegebenen politischen Lage erreicht werden müssen, um die eigene Position erfolgreich in politische Prozesse einzuspeisen. Einerseits ergeben sich Arbeitsziele aus der Detaillierung der inhaltlichen Position. Im Rahmen der Strategiebildung ist es zur späteren Steuerung der politischen Interventionen unverzichtbar, operationalisierbare Teilziele zu formulieren (bspw. unter Zuhilfenahme der SMART-Methode) und in eine Rangfolge zu bringen. Mit Blick auf das Gesamtziel kann es bspw. taktisch sinnvoll sein, erst leichter vermittel- und durchsetzbare Ziele umzusetzen, um sich so Schritt für Schritt dem Gesamtziel zu nähern (Salami Tactics).

Strategische Ziele sind aber nicht einfach aus inhaltlichen Zielen abzuleiten. Der Prozess des Lobbyings dient dazu, eigene inhaltliche Positionen für politische Entscheidungsträger*innen und andere Stakeholder handlungsrelevant werden zu lassen. Strategische Lobbyziele legen fest, welche Wirkung man beim politischen Gegenüber erzielen will. Es geht wahlweise darum, a) Aufmerksamkeit für das infrage stehende Thema zu erregen, b) überzeugend Erkenntnisse und Wissen zu Problemen und Lösungen zu vermitteln oder c) andere Akteure für die eigene Position einzunehmen, sie für ein Engagement zu gewinnen. Selbstverständlich überlagern und ergänzen sich diese grundlegenden strategischen Ziele bei dem Versuch, die eigene Position im politischen Prozess entscheidungsrelevant werden zu lassen. Je nach politischer Lage wird aber die eine oder andere Zielrichtung schwerpunktmäßig verfolgt werden.

Diese für die Entwicklung strategischer Ziele ausschlaggebende politische Lage ist anhand der Phasen des Policy Cycles (vgl. Abschn. 7.2.1.) und einer daran orientierten Stakeholder- und Institutionenanalyse einzuschätzen. Denn es ist von erheblicher Bedeutung, ob sich das adressierte Politikproblem noch in der Phase der Problemdefinition und des Agenda Settings befindet, ob es schon das Stadium der Politikformulierung erreicht hat oder ob es um die Implementation einer bereits verabschiedeten oder die Evaluation einer bereits umgesetzten Politik geht. Je nach Bearbeitungsstadium sind ggf. andere Akteure entscheidend, sind andere Methoden zielführend und bewegt man sich in einem anderen Zeithorizont. In den Phasen der Problemdefinition und des Agenda Settings kommt es stärker darauf an,

Öffentlichkeit herzustellen, Aufmerksamkeit zu erregen und ein Thema langfristig in der Diskussion zu halten. Nicht zuletzt ist erfolgreiches Agenda Setting aber auch davon abhängig, bereits ausgearbeitete, machbare und durchsetzungsfähige Lösungsalternativen zu präsentieren. Ist dagegen die Politikformulierung weit fortgeschritten, steht die Detailkritik in Gremien (Arbeitskreise, Anhörungen etc.) im Vordergrund. Kritisch konstruktives Feedback und Verbesserungsvorschläge insbesondere mit Blick auf die Wirksamkeit und Umsetzbarkeit einer Politik können und sollten jetzt eingebracht werden. Jetzt ist man in seinem politischen Handeln eng an den Terminkalender (Sitzungsplan, Verwaltungsabläufe) der für den politischen Prozess entscheidenden Institutionen gebunden. In den Phasen der Implementation und Evaluation kommt es dann wesentlich darauf an, Praxiserfahrungen und methodisch abgesichertes Wissen zu Wirkung und Problematiken spezifischer Regelungen und Programme zu vermitteln.

Auf Basis der Lageanalyse können dann die eigenen Möglichkeiten eingeschätzt werden. Welches strategische Ziel ist wann zu verwirklichen? Wer kann/soll in die Lobbyarbeit (Mitarbeiter*innen, Klient*innen) eingebunden werden? Welche Zugänge zu politischen Entscheidungsträgern haben wir? Welche Verbindungen müssen wir herstellen oder reaktivieren? Welche Lobbyform (Lobbygespräch (Prenzel 2019b, S. 129–157) oder Stellungnahme (Testimony) usw.) ist angemessen und möglich? Ist begleitende Presse-/Öffentlichkeitsarbeit sinnvoll? Können politische Aktionen (Demonstrationen, Grassroots Lobbying usw.) unterstützend wirken? Kurz, was ist wann von wem zu tun? Im Prozess der Strategiebildung müssen Verantwortung und Arbeit verteilt sowie Aktivitäten zeitlich eingeplant, in ihren Wirkungen kalkuliert und aufeinander abgestimmt werden.

Die hier formulierten Überlegungen zur Strategiebildung sind idealtypisch und stellen lediglich Anregungen für die eigene Praxis der Strategiebildung dar. Umfang, Systematisierung und Detaillierung von Strategiebildung sollte sich pragmatisch an Umfang und Bedeutung der angestrebten politischen Ziele, den grundsätzlich zur Verfügung stehenden Mitteln und eigenen Praxiserfahrungen orientieren. Die geschilderte systematische Planung bzw. Vorgehensweise darf nicht daran hindern zu handeln, sonst droht „Paralysis by Analysis" (Raschke und Tils 2007, S. 345).

8.3.4 Implementation

Nun muss die Strategie in politisches Handeln umgesetzt werden. Stellungnahmen müssen verfasst, Lobbygespräche geführt, Tagungen veranstaltet, Pressearbeit muss gemacht werden. Zu berücksichtigen ist,

- dass die einmal eingeschlagene Strategie stets den sich wandelnden politischen Bedingungen anzupassen ist,
- wann und wo man Kompromisse anbieten will und muss,
- dass sich unerwartet Gelegenheitsfenster (Windows of Opportunity) öffnen könnten, die es zu nutzen gilt.

Umfangreiche Lobbyprozesse erfordern strategische Steuerung. Dies bedeutet nicht lediglich die Überwachung der Umsetzung einer einmal beschlossenen Strategie, sondern erfordert ein kontinuierliches Monitoring des Lobbyprozesses. Die eigenen Lobbyaktivitäten müssen eingeschätzt und in ihrer Wirkung beurteilt werden. Die politische Lage muss im Auge behalten, Veränderungen von Stimmungen, Mehrheitsverhältnissen oder der Problemlagen müssen einkalkuliert werden. Gegebenenfalls müssen Taktik oder Strategie angepasst bzw. geändert werden.

8.3.5 Evaluation

Für eine systematische Evaluation der Lobbyergebnisse und des Lobbyprozesses werden in der Regel bislang weder Geld noch Zeit investiert. Auch eine wissenschaftliche Evaluationsforschung zur Wirksamkeit von Lobbyarbeit ist im Bereich der Sozialarbeitspolitik bislang kaum vorhanden (in Ansätzen Dähnrich 2019; Malleier 2011). Dennoch lohnt es sich mit Blick auf die erzielten Ergebnisse und die eingesetzten Mittel, Bilanz zu ziehen, um daraus für zukünftiges politisches Handeln Erkenntnisse zu gewinnen. Was haben wir erreicht/nicht erreicht? Welche Kontakte waren entscheidend? Welche neuen Kontakte sind entstanden und lohnen sich aufrechterhalten zu werden? Welche Interventionen waren (besonders) hilfreich/kontraproduktiv? Wie lassen sich die gemachten Erfahrungen für zukünftige Aktionen verfügbar halten? Schließlich sollte nicht vergessen werden, jenen, die einen Beitrag zum Lobbyerfolg geleistet haben, zu danken und Rückmeldung zu geben. Das schafft eine gute Basis für das nächste Mal.

8.3.6 Die Politikempfehlung

Lobbying beruht wesentlich auf Kommunikation. Lobbying vollzieht sich im Modus des Gesprächs und in mündlichen wie schriftlichen Stellungnahmen. „Politik wird von Menschen gemacht. Wer Politik beeinflussen will, muss mit Menschen reden. Das wichtigste Instrument des Lobbyisten ist das direkte Gespräch" (Prenzel 2019b, S. 129), gefolgt vom Vortrag und der schriftlichen Stellungnahme.

8.3 Professionelles Soziallobbying als methodisches Politikmachen

Lobbygespräche (Prenzel 2019b, S. 129–157) finden ad hoc zwischen Tür und Angel statt, können aber auch terminiert und lange vorbereitet sein. Sie können der Kontaktaufnahme dienen, auf Probleme aufmerksam machen oder Lösungen präsentieren. In jedem Fall erfordern Lobbygespräche Wissen zur Gesprächsführung und Kommunikationskompetenz. Lobbygespräche sind zielorientiert und strukturiert. Es gilt einen Einstieg ins Gespräch zu finden, Interesse an der Gesprächspartner*in zu zeigen, die eigenen Anliegen zu vermitteln und einen gelungenen Abschluss des Gesprächs zu planen. Man muss sich auf die Gesprächspartner*in einstellen, das eigene Anliegen vermitteln und in Erinnerung bleiben (als Person, Institution und mit dem Thema). Authentisches Auftreten, Interesse an und Respekt vor der Gesprächspartner*in sind wesentliche Grundhaltungen. Denn einerseits geht es immer auch darum, gemeinsame Interessen und Anliegen zu identifizieren. Andererseits sollte die Lobbyist*in als zugewandte, kompetente Gesprächspartner*in wahrgenommen werden. Die Gesprächsatmosphäre sollte angenehm, die eigene Argumentation knapp, schlüssig, einfach nachzuvollziehen und sehr gut erinnerlich sein.

Mündliche oder schriftliche Stellungnahmen (Policy Report, Policy Research Paper, Policy Brief, Policy Memo, Fact Sheet etc. (ICPA 2017, S. 12) werden von Gremien (Parlamentsausschüsse, kommunale Ausschüsse, Beiräte, Expertenrunden usw.) ebenso wie von der Verwaltung (Arbeitsebene der Ministerien, Sozialverwaltung, Planungsabteilungen usw.) und für Veranstaltungen (Parteiveranstaltungen, Tagungen, Kongresse usw.) erbeten bzw. eingefordert. Sie können aber auch eigeninitiativ an politische Entscheidungsträger*innen und Gremien herangetragen werden.

Kasten 9: Storytelling und Framing
Ein Lobbying, das wesentlich als Politikberatung angelegt ist, muss darauf achten, dass im mündlichen wie schriftlichen Austausch rational und transparent argumentiert wird. Daten und Fakten, eigene Argumentationen und Schlüsse müssen nach bestem Wissen und Gewissen präsentiert werden. Unwahrheiten und Manipulation wenden sich mittel- und langfristig gegen die Lobbyist*in selbst. Lobbying braucht Glaubwürdigkeit. Allerdings gilt es auch zu berücksichtigen, dass der „zwanglose Zwang des besseren Arguments" (Habermas) in politischen Auseinandersetzungen/Prozessen, wo unterschiedliche Interessen, Werthaltungen und Machtkalküle aufeinanderstoßen, nicht umstandslos wirkt. Daten, Fakten und Argumente müssen entsprechend „verpackt" werden. Damit sie Aufmerksamkeit erregen, Gefühle auslösen, in Erinnerung bleiben, für die eigene Position einnehmen und damit schließlich handlungsrelevant werden. Gefragt sind hier rhetorische Kompetenzen und spezifische Kommunikationsmethoden. Storytelling und Framing sind solche Kommunikationswerkzeuge.

Storytelling ist eine Methode, um Problemzusammenhänge, Konzepte und Werte über das Erzählen einer Geschichte zu transportieren. Geschichten begeistern Hörer*innen und Leser*innen. Sie lösen Emotionen aus und bleiben im Gedächtnis. Storytelling wirkt, weil Geschichten dabei helfen, Informationen besser zu verarbeiten, weil wir die Informationen in Geschichten so verarbeiten, als würden wir sie selbst erleben, und weil Geschichten Bilder erzeugen, die Emotionen auslösen. Gut erzählt, sind sie leicht zu verstehen. Zum narrativen Konzept des Storytellings gehören Protagonisten, Probleme, Konflikte und Lösungen bzw. das Scheitern. Eine Geschichte steigert sich in einem Spannungsbogen von einer Ausgangssituation zum Höhepunkt, ggf. einer Verzögerung (retardierendes Moment) und endet in der Lösung des Problems (dramaturgisches Prinzip). Texte, aber auch Bilder können Geschichten erzählen. Einfache Regel für die Lobbyist*in: immer eine gute Geschichte parat haben – die Probleme fokussiert und das eigene Anliegen illustriert (Storytelling für Sozialunternehmer*innen (Stories about us: Storytelling für Sozialunternehmer*innen (siemens-stiftung.org)).

Framing zielt darauf, Informationen zu rahmen und damit eine bestimmte Richtung der Verstehens und der Beurteilung vorzugeben. Das eigene Anliegen soll in einem positiven Deutungsrahmen wahrgenommen werden, die vertretene Problemsicht in ihrer Dramatik deutlich werden. Dies kann dadurch erreicht werden, dass durch die Verwendung bestimmter Begriffe und Metaphern ein spezifischer Deutungshorizont eröffnet wird, der die weitere Interpretation von Informationen strukturiert und selektiert. „Gedankliche Deutungsrahmen, in den kognitiven Wissenschaften **Frames** genannt" (Wehling 2016, S. 17 (Herv. i. O.)), sind in der Politik mindestens genauso wichtig wie die rohen Fakten. Denn „Fakten ohne Frames sind bedeutungslos" (ebd., S. 47) „Frames führen also dazu, dass sich einzelne Worte über das aufgerufene singuläre Konzept hinaus auf unsere Wahrnehmung der Welt auswirken" (ebd., S. 33 (Herv. i. O.)). Sie führen dazu, dass wir bestimmte Fakten grundsätzlich positiv oder negativ, wünschenswert oder bedrohlich beurteilen. Sie lassen bestimmte Zusammenhänge selektiv hervortreten und blenden andere aus. Indem also Sachverhalte in ein anderes Bedeutungsumfeld eingebettet werden, werden unser Denken über diese Sachverhalte und damit mögliche Entscheidungen und Handlungen beeinflusst.

In der politischen Auseinandersetzung sind es oft Metaphern (Sprachbilder), die eingesetzt werden, um bestimmte Frames zu aktivieren. Wer in der Präsentation von Flüchtlingszahlen die Begriffe Welle oder Flut einstreut, vermittelt Dramatik und Unkontrollierbarkeit des Migrationsgeschehens. Wer in der Diskussion um das soziale Sicherungssystem von sozialer Hängematte, Sozialhilfeadel oder Sozialschmarotzern spricht, macht den Abbau sozialstaatlicher Leistungen, mehr Fordern als Fördern und mehr Kontrolle salonfähig. Steuern werden in unseren politischen Debatten stets mit Last (Steuerlast) assoziiert. Da tappt die Bürger*in in Steuerfallen, unbedingt muss sie ein Steuerschlupfloch finden, sonst bleibt nur die Steuerflucht ins Steuerparadies. Stets wird so die negative Seite von Steuern betont. Dass Steuern unverzichtbar für unseren Wohlstand, eine funktionierende Infrastruktur, Bildung und soziale Sicherheit sind, wird so in den Hintergrund gedrängt. Der Begriff des Steuerstolzes, also eines Stolzes darauf, als Bürger*in einen Beitrag zum Gedeihen des Gemeinwesens zu leisten, ist dagegen kaum in Gebrauch.

Praktische Konsequenz für die Lobbyist*in:

- Die Interpretation von Daten nicht anderen überlassen
- Auf die positive Formulierung des eigenen Anliegens achten
- Nach Metaphern suchen, die positive Deutungsraster aktivieren
- Schon im Titel des eigenen Projekts oder der Überschrift des Policy Briefs auf die mit den verwendeten Begriffen ausgelösten Assoziationen achten
- Wissen, dass wer in Auseinandersetzungen immer nur dagegen ist und sich verteidigt, seiner Sache keinen guten Dienst erweist. „Denn wann immer man eine Idee verneint, aktiviert man sie in den Köpfen seiner Zuhörer und Leser. Einen Frame zu negieren bedeutet immer, ihn zu aktivieren" (ebd., S. 52).

Weiterführende Literatur
Babara Börner et al. (2018). *Stories About Us*. Developing your own social enterprise Story. A self-study book. München: Siemens-Stiftung.
Wehling, Elisabeth (2016). *Politisches Framing*. Wie eine Nation sich ihr Denken einredet – und daraus Politik macht. Köln: Herbert von Halem Verlag.

Ob ergänzend zum Lobbygespräch oder Vortrag, ob als Kurzfassung ausführlicher Forschungsberichte oder Evaluationsstudien oder als eigenständiges Lobbytool, es lohnt sich immer, die eigene Politikempfehlung in einem knappen, aussagekräftigen, einprägsamen **Policy Brief** (politisches Kurzdossier) zu formulieren.

Die Kunst, eine knappe wissenschaftlich fundierte **Politikempfehlung** zu formulieren, wird an deutschen Hochschulen kaum gelehrt. Gerade Absolvent*innen der Sozialwissenschaften und Sozialen Arbeit sind vielmehr darauf trainiert, wissenschaftliche Texte größeren Umfangs, akademischen Stils, mit ausführlichem Anmerkungsapparat zu produzieren. Allein solche Texte werden bestenfalls von einem engen Kreis von Fachexperten rezipiert. Als Instrument, um von politischen

Entscheidungsträger*innen oder Planer*innen und Expert*innen in den Verwaltungen zur Kenntnis genommen und verarbeitet zu werden, sind sie kaum geeignet. Die Fülle an Informationen, die auf diesen Personenkreis einströmt, permanenter Zeitdruck, entsprechend kurze Aufmerksamkeitsspannen und Verwertungsinteressen verlangen nach aussagekräftigen, komprimierten Texten. Das haben in der Interessenvertretung engagierte NGO und auf Politikberatung ausgerichtete Stiftungen (vgl. hier beispielhaft die Policy Briefs der Bertelsmann Stiftung (https://www.bertelsmann-stiftung.de/de/unsere-projekte/in-vielfalt-besser-lernen/policy-briefs) oder der gewerkschaftsnahen Hans Böckler Stiftung (https://www.boeckler.de/de/policy-briefs-2768.htm)) längst erkannt. Entsprechend finden sich im Internet bereits bestens geeignete, frei verfügbare, praxisorientierte Ratgeber zur Erstellung von Policy Briefs (ICPA 2017). Hier finden sich auch nützliche Checklisten zur Überprüfung eigener Policy Briefs (vgl. Abb. 8.3).

Im Policy Briefs sollen mögliche Adressat*innen von der Relevanz und Dringlichkeit des in Frage stehenden politischen Problems sowie von der empfohlenen Vorgehensweise und möglichen Lösungsansätzen überzeugen. Ein Policy Brief umfasst nicht mehr als drei bis acht Seiten. Solche Angaben können aber immer nur Richtwerte sein. Gerade die oben erwähnten politikberatenden Organisationen formulieren oft umfangreichere Policy Briefs. Anzustreben ist eine Balance zwischen dem Umfang und der Relevanz des Themas und den beschränkten Zeit- und Aufmerksamkeitskapazitäten von Entscheidungsträger*innen. Informationen sind so aufzubereiten, dass sie unmittelbar entscheidungs- und handlungsrelevant werden können.

Um dies zu leisten, muss ein Policy Brief klar gegliedert sein. Er braucht:

- einen Titel (der ansprechend, informativ und packend ist),
- ein (vorangestelltes) Abstract (das nochmals komprimiert das Wichtigste zusammenfasst),
- eine Problemdarstellung (die fundiert ist und die Dringlichkeit zu handeln deutlich macht),
- die empfohlenen Lösungsansätze (aussagekräftig und überzeugend),
- Verweise auf weiterführende Literatur und Links,
- die Kontaktdaten der Verfasser*innen.

Der Policy Brief braucht darüber hinaus eine bestimmte sprachliche Form:

- **Packend/fesselnd** (insbesondere Titel und Abstract müssen so gestaltet sein, dass sie Interesse wecken und zum Weiterlesen einladen; mit dem Titel kann bereits ein Framing (siehe Kasten 9) vorgenommen werden)
- **Professionell** (nicht akademisch) (logisch, schlussfolgernd, begründet in der Argumentation, in sachlicher Sprache, fakten-/datenbasiert und exakt)

8.3 Professionelles Soziallobbying als methodisches Politikmachen

7. Checklist to Plan your Brief

Key focusing questions to engage your audience (Chapter 2, Page ?)

- Who is/are the informed non-specialist target audience(s) for your brief? List them by type and write down names to help you keep this audience in mind as you write.
- How does your audience talk about this problem? What is their narrative and what are their positions?
- What surprising or striking facts or insights from your analysis would have the best chance of interesting, surprising or engaging the target audience?
- What overall message will you send in the brief? Write it down in two sentences.

Planning the elements of your policy brief (Chapter 4, Page ?)

1. TITLE
- Is your title the same as the one used in the longer paper or analysis?
- Try to make it more 'sticky' or memorable and engaging for this audience.

2. EXECUTIVE SUMMARY
- What key elements of the rationale/problem will you include in your summary?
- How will you summarise your proposal/recommendation in one or two sentences?
- Does your summary convince the reader to read further?

3. RATIONALE FOR ACTION ON THE PROBLEM
- What elements of the problem/policy failure will you focus on to illustrate its importance and urgency to the target audience?
- What evidence can you use to demonstrate the impact or magnitude of the problem?
- Are there any 'striking' (i.e. dramatic) facts, graphs, photos, stories or maps that you could include to support your points?

4. PROPOSED POLICY OPTION(S)
- Are you going to develop this part with multiple options or just focus on your proposed option?
- Which policy option(s) are you arguing for/against?
- What arguments and evidence will you provide to demonstrate the strengths/weaknesses of the option(s) included?

5. POLICY RECOMMENDATIONS
- Which specific steps or measures should be taken (and by whom) to realistically and feasibly implement the chosen option?
- Are you going to close the paper with a closing call to action?

7. SOURCES CONSULTED OR RECOMMENDED
- Are you going to include some references to support points made in the brief? (the sources consulted approach)
- Or will you include documents (that you are viously wrote) that also support the position you are putting forward? (the sources recommended approach)

8. LINK TO ORIGINAL RESEARCH/ANALYSIS
- Have your got a full reference and links to the longer supporting paper or analysis that are the basis for the brief? (especially the more expert-oriented paper?

9. CONTACT DETAILS
- Are you going to include all details? Name, address, phone, website, email etc

Abb. 8.3 Checkliste Policy Brief (Diese Checkliste ist dem Essential Guide to Policy Brief Writing des International Centre for Policy Advocacy (2017) entnommen und wird mit Erlaubnis des ICPA veröffentlicht. (ICPA 2017, S. 21))

- **Einfach und prägnant** (kurze Sätze, gut verständlich und lesbar, übersichtlich durch Abätze gegliedert, nicht mit Fachtermini überfrachtet)
- **Einprägsam** (Hervorhebung prägnanter, fokussierter Formulierungen, die die Sachverhalte auf den Punkt bringen, gut memoriert werden und deshalb dazu einladen, in zukünftigen Diskussionen von den Adressat*innen wiederverwendet zu werden)
- **Transparent und fair** (Policy Briefs werden in der Absicht geschrieben, von der eigenen Sichtweise und Position zu überzeugen, sollten dabei aber transparent bleiben; gesichertes wissenschaftliches Wissen und eigene Einschätzungen sind zu unterscheiden)
- **Bebildert** (Grafiken, Tabellen, Bilder verdeutlichen Sachverhalte oft knapper und prägnanter als Text, lockern den Text auf und fesseln über das Layout; sie steigern die Attraktivität des Textes)

Policy Briefs zu schreiben erfordert Übung. Schreiben lernt man nur durch Schreiben. Und Entwürfe sollten ausführlich mit Kolleg*innen hinsichtlich der oben erwähnten Kriterien diskutiert werden, um sie auf ihre Lobbytauglichkeit zu überprüfen und zu verbessern. Eine Checkliste, wie in Abb. 8.3 präsentiert, hilft bei der Erstellung und Überprüfung eigener Policy Briefs.

Aufgaben und Fragen zur Kontrolle des Lernerfolgs
1. Worauf ist bei der Entwicklung einer Lobbystrategie zu achten?
2. Wie gestaltet sich die Praxis des Lobbyings in Ihrer Einrichtung/Ihrem Verband?
3. Worauf kommt es bei einer schriftlichen Politikempfehlung (Policy Brief) an?
4. Versuchen sie sich am Verfassen einer Politikempfehlung für ein in Ihrem Feld diskutiertes Politikproblem.

Weiterführende Literatur

Benz, Benjamin & Rieger Günter (2015). *Politikwissenschaft für die Soziale Arbeit.* Eine Einführung. Wiesbaden: Springer VS.
Clemons, Randy S. & McBeth, Mark K. (2016). *Public Policy Praxis.* A Case Approach for Understanding Policy and Analysis (2. Aufl.). London, New York: Routledge
Patton, Carl V., Sawicki, David S. & Clark, Jennifer J. (2012). *Basic Methods of Policy Analysis and Planning* (3. Aufl.). London, New York: Routledge.

Webseiten zur Vertiefung

Policy Briefs der Bertelsmann Stiftung (https://www.bertelsmann-stiftung.de/de/unsere-projekte/zukunft-soziale-marktwirtschaft/uebersicht-policy-briefs)
Policy Briefs der Hans-Böckler-Stiftung (https://www.boeckler.de/de/policy-briefs-2768.htm)

Verwendete Literatur

Althaus, Marco (Hrsg.) (2007). *Kampagne! 3.* Neue Strategien im Grassroots Lobbying für Unternehmen und Verbände. Münster: LIT Verlag.
Benz, Benjamin & Rieger, Günter (2015). *Politikwissenschaft für die Soziale Arbeit.* Eine Einführung. Wiesbaden: Springer VS.
Börner, Barbara et al. (2018). *Stories About Us.* Developing your own social enterprise Story. A self-study book. München: Siemens-Stiftung.
Clemons, Randy S. & McBeth, Mark K. (2016). *Public Policy Praxis.* A Case Approach for Understanding Policy and Analysis (2. Aufl.). London, New York: Routledge.
Dähnrich, Wolf-Rüdiger (2019). *Eine Hand wäscht die andere?* Lobbyismus in der Jugendsozialarbeit als innovative Form partizipationsorientierter Kommunikation. Münster, New York: Waxmann.
Fischer, Jörg & Kosellek, Tobias (Hrsg.) (2019). *Netzwerke und Soziale Arbeit.* Theorien, Methoden, Anwendungen (2. Aufl.). Weinheim, Basel: Beltz Juventa.
International Centre for Policy Advocacy (ICPA) (2017). *An Essential Guide to Writing a Policy Brief.* Berlin: Eigenverlag. (www.icpolicyadvocacy.org/sites/icpa/files/downloads/icpa_policy_briefs_essential_guide.pdf).
Kresnicka, Tina (2011). *Marketing und Öffentlichkeitsarbeit in Kindertagesstätten.* Wiesbaden: Kommunal- und Schulverlag.
Langer, Andreas (2013). *Professionell managen.* Kompetenz, Wissen und Governance im Sozialen Management. Wiesbaden: Springer VS.
Malleier, Joachim (2011). *Lobbying für Behinderte.* Interessenvermittlung am Beispiel des europäischen Behindertenforums in der Europäischen Union. Wien: Peter Lang.
Nullmeier, Frank (2000). *Argumentationsmacht und Rechtfertigungsfähigkeit schwacher Interessen.* In Ulrich Willems & Thomas von Winter (Hrsg.), *Politische Repräsentation schwacher Interessen* (S. 93–109). Opladen: Leske & Budrich.
Nussbaumer Knaflic, Cole (2017). *Storytelling mit Daten.* Die Grundlagen der effektiven Kommunikation und Visualisierung mit Daten. München: Franz Vahlen.
Patton, Carl V., Sawicki, David S. & Clark, Jennifer J. (2012). *Basic Methods of Policy Analysis and Planning* (3. Aufl.). London, New York: Routledge.
Prenzel, Thorben (2019a). *Lobbyarbeit für Einsteiger.* Strategien für die Arbeit vor Ort (Band 1). Frankfurt/M.: Wochenschau.
Prenzel, Thorben (2019b). *Lobbyarbeit für Profis.* Ein Handbuch für die Landes- und Bundespolitik (Band 2). Frankfurt/M.: Wochenschau.
Puhl, Ria (2004). *Klappern gehört zum Handwerk.* Funktion und Perspektiven von Öffentlichkeitsarbeit in der Sozialen Arbeit. Weinheim: Juventa.
Raschke, Joachim & Tils, Ralf (2007). *Politische Strategie.* Eine Grundlegung. Wiesbaden: VS Verlag.
Rieger, Günter (2008b). *Gremienarbeit.* In Bernd Maelicke (Hrsg.), *Lexikon der Sozialwirtschaft* (S. 462–464), Baden-Baden: Nomos.
Röttger, Ulrike, Donges, Patrick & Zerfaß, Ansgar (Hrsg.) (2021). *Handbuch Public Affairs.* Politische Kommunikation für Unternehmen und Organisationen. Wiesbaden: Springer Gabler.
Röttger, Ulrike, Ecklebe, Sarah & Dudenhausen, Anna (2021). *Grassroots Lobbying und Grassroots Campaigning als Public-Affairs-Strategie.* In Ulrike Röttger, Patrick Donges & Ansgar Zerfaß (Hrsg.), *Handbuch Public Affairs.* Politische Kommunikation für Unternehmen und Organisationen (S. 479–496). Wiesbaden: Springer Gabler.

Sager, Fritz, Hadorn, Susanne, Balthasar, Andreas & Mavrot, Céline (2021). *Politikevaluation. Eine Einführung.* Wiesbaden: Springer VS.

Scheurer, Axel (2001). *Repräsentationsaufgaben von Führungskräften.* Eine empirische Analyse. Wiesbaden: Deutscher Universitäts-Verlag.

Schürmann, Ewald (2004). *Öffentlichkeitsarbeit für soziale Organisationen.* Praxishandbuch für Strategien und Aktionen. Weinheim: Juventa.

Sternberg, Tabea (2022). *Durch Storytelling neue Realitäten der Sozialplanung schaffen.* In Jörg Fischer, Theresa Hilse-Carstensen & Stefan Huber (Hrsg.), *Handbuch kommunale Planung und Steuerung. Planung. Gestaltung. Beteiligung* (S. 620–631). Weinheim, Basel: Beltz Juventa.

Thier, Karin (2016). *Storytelling.* Eine Methode für das Change-, Marken-, Projekt- und Wissensmanagement (3. überarb. Aufl.). Berlin: Springer.

Voss, Kathrin (2010). *Grassrootscampaigning und Chancen durch neue Medien.* APuZ (S. 28–33), 19/2010. Bonn: Bundeszentrale für politische Bildung.

Wehling, Elisabeth (2016). *Politisches Framing.* Wie eine Nation sich ihr Denken einredet – und daraus Politik macht. Köln: Herbert von Halem.

Literatur

Adamek, Sascha & Otto, Kim (2013). *Der gekaufte Staat.* Wie Konzernvertreter in deutschen Ministerien sich ihre Gesetze selbst schreiben. Köln: Kiepenheuer & Witsch.

Althammer, Jörg, Lampert, Heinz & Sommer, Maximilian (2021). *Lehrbuch Sozialpolitik* (10. Aufl.). Berlin: Springer Gabler.

Althaus, Marco (Hrsg.) (2007). *Kampagne! 3.* Neue Strategien im Grassroots Lobbying für Unternehmen und Verbände. Münster: LIT Verlag.

Auth, Diana (2019). *Politikfeld „Pflege".* APuZ (S. 4–11) Jg. 69, H. 33–34. Bonn: Bundeszentrale für politische Bildung.

Backes, Gertrud M. & Amrhein, Ludwig (2011). *Kommunale Alten- und Seniorenpolitik.* In Heinz-Jürgen Dahme & Norbert Wohlfahrt (Hrsg.), *Handbuch kommunale Sozialpolitik* (S. 243–253). Wiesbaden: VS Verlag für Sozialwissenschaften.

Backhaus-Maul, Holger (2000/2002). *Wohlfahrtsverbände als korporative Akteure.* Über eine traditionsreiche sozialpolitische Institution und ihre Zukunftschancen. In APuZ (S. 22–30), B 26–27. Bonn: Bundeszentrale für Politische Bildung (download 2002: https://www.bpb.de/shop/zeitschriften/apuz/25545/wohlfahrtsverbaende-als-korporative-akteure/).

Bandelow, Nils C. (2015). *Advocacy Coalition Framework.* In Georg Wenzelburger & Reimut Zolnhöfer (Hrsg.), *Handbuch Policy-Forschung* (S. 305–324). Wiesbaden: Springer VS.

Bandelow, Nils C. (2009). *Politisches Lernen.* Begriffe und Ansätze im Vergleich. In Schubert, Klaus & Bandelow, Nils C. (Hrsg.), *Lehrbuch der Politikfeldanalyse 2.0* (2. überarb. Aufl., S. 313–341). München: Oldenbourg.

Bandelow, Nils C. (2004). *Akteure und Interessen in der Gesundheitspolitik: Vom Korporatismus zum Pluralismus?* Politische Bildung (S. 49–63), 37 (2) (download).

Baruth, Stephanie & Schnapp, Kai-Uwe (2015). *Ministerialbürokratien als Lobbyadressaten.* In Rudolf Speth & Annette Zimmer (Hrsg.), *Lobby Work* (S. 245–260). Wiesbaden: Springer VS.

Benz, Arthur & Dose, Nicolai (Hrsg.) (2010). *Governance.* Regieren in komplexen Regelsystemen. Eine Einführung (2. Aufl.). Wiesbaden: VS Verlag für Sozialwissenschaften.

Benz, Benjamin & Rieger, Günter (2015). *Politikwissenschaft für die Soziale Arbeit.* Eine Einführung. Wiesbaden: Springer VS.

Benz, Benjamin, Rieger, Günter, Schönig Werner & Többe-Schukalla, Monika (Hrsg.) (2013/2014). *Politik Sozialer Arbeit*. Grundlagen, theoretische Perspektiven und Diskurse (Bd. 1 und Bd. 2). Weinheim, Basel: Beltz Juventa.

Bieker, Rudolf (2020). Kommunale Selbstverwaltung. socialnet Lexikon. (https://www.socialnet.de/lexikon/Kommunale-Selbstverwaltung).

Bieker, Rudolf (2006). *Kommunale Sozialverwaltung*. Grundriss für das Studium der angewandten Sozialwissenschaften. München: Oldenbourg.

Blum, Sonja & Schubert, Klaus (2009). *Politikfeldanalyse* (2011, 2. aktualisierte Aufl.). Wiesbaden: Springer VS.

Bödege-Wolf, Johanna & Schellberg, Klaus (2005). *Organisationen der Sozialwirtschaft* (2010, 2. Aufl.). Baden-Baden: Nomos.

Bödeker, Sebastian (2012). *Soziale Ungleichheit und politische Partizipation in Deutschland*. Grenzen politischer Gleichheit in der Bürgergesellschaft (OBS Arbeitspapier Nr. 1). Otto Brenner Stiftung: Frankfurt/M. (download).

Börner, Barbara et al. (2018). *Stories About Us*. Developing your own social enterprise Story. A self-study book. München: Siemens-Stiftung.

Boeßenecker, Karl-Heinz & Vilain, Michael (2013). *Spitzenverbände der freien Wohlfahrtspflege*. Eine Einführung in Organisationsstrukturen und Handlungsfelder sozialwirtschaftlicher Akteure in Deutschland (2. überarb. Aufl.). Weinheim, München: Beltz Juventa.

Bogumil, Jörg & Holtkamp, Lars (2006). *Kommunalpolitik und Kommunalverwaltung*. Eine policyorientierte Einführung. Grundwissen Politik Bd. 42. Wiesbaden: VS Verlag für Sozialwissenschaften.

Bossong, Horst (2004). *Sozialverwaltung*. Ein Grundkurs für soziale Berufe (2009, 2. überarb. Aufl.). Weinheim: Beltz Juventa.

Brandl, Uwe, Huber, Thomas & Walchshöfer Jürgen (Hrsg.) (2020). *Praxiswissen für Kommunalpolitiker*. Erfolgreich handeln als Gemeinde-, Stadt-, Kreis- und Bezirksrat in Bayern (5. Aufl.). Heidelberg: Rehm.

Buestrich, Michael (2011). *Kommunale Arbeitsmarktpolitik: Zwischen lokaler Autonomie und zentralistischer Steuerung*. In Heinz-Jürgen Dahme & Norbert Wohlfahrt (Hrsg.), *Handbuch kommunale Sozialpolitik* (S. 143–161). Wiesbaden: VS Verlag für Sozialwissenschaften.

Bundesarbeitsgemeinschaft der Freien Wohlfahrtspflege (BAGFW) (Hrsg.) (2018). *Gesamtstatistik 2016*. Einrichtungen und Dienste der Freien Wohlfahrtspflege. Berlin (download).

Busch-Geertsema, Volker (2012). *Wohnungslosenpolitik in Europa*. Nationale und europäische Strategien gegen Wohnungslosigkeit. In Stefan Gillich & Rolf Kreicher (Hrsg.), *Bürger oder Bettler* (S. 233–247). Wiesbaden: VS Verlag für Sozialwissenschaften.

Busse, Volker & Hofmann, Hans (2022). *Bundeskanzleramt und Bundesregierung* (8. überarb. Aufl.). Baden-Baden: Nomos.

Cairney, Paul (2016). *The Politics of Evidence-Based Policy Making*. London: Macmillan Publishers.

Castel, Robert (2000). *Die Metamorphosen der sozialen Frage*. Eine Chronik der Lohnarbeit. Konstanz: Universitätsverlag.

Classen, Alexander (2014). *Interessenvertretung in der Europäischen Union*. Zur Rechtmäßigkeit politischer Einflussnahme. Wiesbaden: Springer VS.

Clemons, Randy S. & McBeth, Mark K. (2016). *Public Policy Praxis*. A Case Approach for Understanding Policy and Analysis (2. Aufl.). London, New York: Routledge.

Dahme, Hans-Jürgen & Wohlfahrt, Norbert (2015). *Soziale Dienstleistungspolitik.* Eine kritische Bestandsaufnahme. Wiesbaden: Springer VS.

Dahme, Heinz-Jürgen & Wohlfahrt, Norbert (2013). *Lehrbuch Kommunale Sozialverwaltung und Soziale Dienste.* Grundlagen, aktuelle Praxis und Entwicklungsperspektiven (2. überarb. Aufl.). Weinheim, München: Beltz Juventa.

Dahme, Heinz-Jürgen & Wohlfahrt, Norbert (2010). *Die Kommunalisierung und ihre sozialwirtschaftliche Antwort. SOZIALwirtschaft* (S. 13–16), Jg. 20, H. 4.

Dahme, Hans-Jürgen & Wohlfahrt, Norbert (Hrsg.) (2011). *Handbuch kommunale Sozialpolitik.* Wiesbaden: Springer VS.

Dähnrich, Wolf-Rüdiger (2019). *Eine Hand wäscht die andere?* Lobbyismus in der Jugendsozialarbeit als innovative Form partizipationsorientierter Kommunikation. Münster, New York: Waxmann.

Däubler, Wolfgang (2004). *Die Europäische Union als Wirtschafts- und Sozialunion.* In Werner Weidenfeld (Hrsg.), *Die Europäische Union.* Politisches System und Politikbereiche (S. 273–288). Bonn: Bundeszentrale für politische Bildung.

Davis, Huw T. O., Nutley, Sandra M. & Smith, Peter C. (2000). *What Works?* Evidencebased policy and practice in public service. Bristol: The Policy Press.

Demirović, Alex (Hrsg.) (2018). *Wirtschaftsdemokratie neu denken.* Münster: Westfälisches Dampfboot (https://www.rosalux.de/fileadmin/rls_uploads/pdfs/sonst_publikationen/Wirtschaftsdemokratie_Demirovic.pdf).

Deutscher Bundestag (Hrsg.) (2019). *Stichwort Gesetzgebung.* Von der Idee zum Gesetz. Berlin: Deutscher Bundestag (download).

Deutscher Paritätischer Wohlfahrtsverband (Hrsg.) (2022). *Überzeugend sozial!* Paritätische Arbeitshilfe zur kommunalen Lobbyarbeit. Berlin: Eigenverlag (download).

Deutscher Verein für öffentliche und private Fürsorge (DV) & Ministerium für Arbeit, Soziales und Gesundheit des Landes Nordrhein-Westfalen (Hrsg.) (2021). *Netzwerke der Sozialen Arbeit in Europa.* Sozialpolitisch relevante Organisationen auf europäischer Ebene unter Berücksichtigung der deutschen Verbandslandschaft. Düsseldorf: Eigenverlag (www.mags.nrw).

Dialer, Doris & Richter, Margarete (Hrsg.) (2014). *Lobbying in der Europäischen Union.* Zwischen Professionalisierung und Regulierung. Wiesbaden: Springer VS.

Dingeldey, Irene (2006). *Aktivierender Wohlfahrtsstaat und sozialpolitische Steuerung.* In APuZ (S. 3–9), Jg. 56, Heft 8/9. Bonn: Bundeszentrale für Politische Bildung.

Döhler, Marian (2015). *Das Politikfeld als analytische Kategorie. dms – der moderne staat* (S. 51–69), Jg. 8, H 1.

Dolowitz, David & Marsh, David (1996). *Who Learns from Whom: a Review of the Policy Transfer Literature. Political Studies* (S. 343–357), Jg. 44.

Elsässer, Lea, Hense, Svenja & Schäfer, Armin (2016). *Systematisch verzerrte Entscheidungen?* Die Responsivität der deutschen Politik von 1998–2015. Endbericht (Forschungsvorhaben im Auftrag des Bundesministeriums für Arbeit und Soziales). Bonn (download).

Erath, Peter (2011). *Sozialarbeit in Europa.* Fachliche Dialoge und transnationale Entwicklungen. Stuttgart: Kohlhammer.

Esping-Anderson, Gøsta (1998). *Die drei Welten des Wohlfahrtskapitalismus.* In Stephan Lessenich & Ilona Ostner (Hrsg.), *Welten des Wohlfahrtskapitalismus.* Der Sozialstaat in vergleichender Perspektive (S. 19–58). Frankfurt/M., New York: Campus.

Europäische Kommission (Hrsg.) (2001). *Europäisches Regieren.* Ein Weißbuch. KOM (2001) 428. Brüssel.

Falk, Svenja, Glaab, Manuela, Römmele Andrea, Schober, Hendrik & Thunert, Martin (Hrsg.) (2020). *Handbuch Politikberatung* (2. überarb. Aufl.). Wiesbaden: Springer VS.
Fehmel, Thilo (2019). *Sozialpolitik für die Soziale Arbeit* (2022; 2. aktualisierte und erw. Aufl.) Baden-Baden: Nomos.
Fischer, Jörg & Kosellek, Tobias (Hrsg.) (2019). *Netzwerke und Soziale Arbeit*. Theorien, Methoden, Anwendungen (2. Aufl.). Weinheim, Basel: Beltz Juventa.
Fischer, Patrick & Hörmann, Rafael (2022). *Lobbyregister*. socialnet Lexikon. Bonn: socialnet (https://www.socialnet.de/lexikon/Lobbyregister).
Geiger, Andreas (2007). *EU Lobbying Handbook* (2012, 2. Aufl.). Berlin: Helios Media.
Gemeinsamer Bundesausschuss (G-BA) (Hrsg.) (2018). *Entscheidungen zum Nutzen für Patienten und Versicherte*. Berlin (download).
Gerlinger, Thomas (2017). *Pflegepolitik*. In Renate Reiter (Hrsg.), *Sozialpolitik aus politikfeldanalytischer Perspektive. Eine Einführung* (S. 275–296). Wiesbaden: Springer VS.
Gerlinger, Thomas (2002). *Zwischen Korporatismus und Wettbewerb: Gesundheitspolitische Steuerung im Wandel*. WZB Discussion Paper, No. P 02-204, Wissenschaftszentrum Berlin für Sozialforschung (WZB). Berlin.
Golbeck, Christoph (2012). *Soziale Dienste in Europa zwischen Kooperation und Konkurrenz*. Deutsche und englische NPOs als Governance-Akteure. Berlin: Eigenverlag des Deutschen Vereins.
Grohs, Stephan & Reiter, Renate (2014). *Kommunale Sozialpolitik*. Handlungsoptionen bei engen Spielräumen. WISO-Diskurs. Bonn: Friedrich-Ebert-Stiftung (https://library.fes.de/pdf-files/wiso/11017.pdf).
Grunwald, Klaus (2014). *Sozialwirtschaft*. In Ulrich Arnold, Klaus Grunwald & Berns Maelicke (Hrsg.), *Lehrbuch der Sozialwirtschaft* (4. Aufl.). Baden-Baden: Nomos.
Grunwald, Klaus & Roß, Paul-Stefan (2014). *Governance Sozialer Arbeit*. Versuch einer theoriebasierten Handlungsorientierung für die Sozialwirtschaft. In Andrea Tabatt-Hirschfeldt (Hrsg.), *Öffentliche und Soziale Steuerung* – Public Management und Sozialmanagement im Diskurs (S. 17–64). Baden-Baden: Nomos.
Güntner, Simon & Langer, Andreas (2014). *Sozialarbeitspolitik zwischen Professionspolitik und Gesellschaftsgestaltung*. In Benz, Benjamin et al. (Hrsg.), *Politik Sozialer Arbeit*. Akteure, Handlungsfelder und Methoden (Bd. 2, S. 238–254). Weinheim, Basel: Beltz Juventa.
Habermas, Jürgen (1969). *Verwissenschaftlichte Politik und öffentliche Meinung*. In Jürgen Habermas (Hrsg.), *Technik und Wissenschaft als Ideologie* (S. 120–145). Frankfurt/M.: Suhrkamp.
Hamburger, Franz et al. (2002). *Strickwerk oder Strategie*. Netzwerke der Sozialen Arbeit in Europa. Arbeitspapier Nr. 9. Frankfurt/M.: Observatorium für die Entwicklung der Sozialen Dienste in Europa (ISS).
Hans, Anne (2016). *Die Europäische Dienstleistungsrichtlinie*. Eine Gefahr für den Sozialsektor in Deutschland? In Peter Hammerschmidt, Ute Kötter & Juliane Sagebiel (Hrsg.), *Die Europäische Union und Soziale Arbeit* (S. 119–140). Neu-Ulm: AG SPAK.
Häußermann, Silja (2015). *Sozialpolitik*. In Georg Wenzelburger & Reimut Zolnhöfer (Hrsg.), *Handbuch Policy-Forschung* (S. 591–613). Wiesbaden: Springer VS.
Heinelt, Hubert (2009). *Politikfelder*. Machen Besonderheiten von Policies einen Unterschied? In Klaus Schubert & Nils C. Bandelow (Hrsg.), *Lehrbuch der Politikfeldanalyse 2.0* (2. Aufl., S. 115–130). München: Oldenbourg.

Heinelt, Hubert (2004). *Governance auf lokaler Ebene*. In Arthur Benz & Nicolai Dose (Hrsg.), *Governance – Regieren in komplexen Regelsystemen. Eine Einführung* (S. 29–44). Wiesbaden: VS Verlag für Sozialwissenschaften.

Heinze, Rudolf G. (1985). *Verbandlichung der Sozialpolitik*. Zur Neuen Diskussion des Subsidiaritätsprinzips. In Jürgen Krüger & Eckart Pankoke (Hrsg.), *Kommunale Sozialpolitik* (S. 196–221). München, Wien: Oldenbourg.

Heinze, Rudolf G. & Voelzkow, Helmut (1993). *Verbände und Neokorporatismus*. In Roland Roth & Hellmuth Wollmann (Hrsg.), *Kommunalpolitik. Politisches Handeln in den Gemeinden* (S. 245–255). Bonn: Bundeszentrale für politische Bildung.

Herweg, Nicole (2015). *Multiple Streams Ansatz*. In Georg Wenzelburger & Reimut Zolnhöfer (Hrsg.), *Handbuch Policy-Forschung* (S. 325–353). Wiesbaden: Springer VS.

Holtkamp, Lars (2011): *Kommunale Entscheidungsstrukturen im Wandel*. In Heinz-Jürgen Dahme & Norbert Wohlfahrt (Hrsg.), *Handbuch kommunale Sozialpolitik* (S. 53–64). Wiesbaden: VS Verlag für Sozialwissenschaften.

Honneth, Axel (2023). *Der arbeitende Souverän*. Berlin: Suhrkamp.

Illing, Falk (2022). *Gesundheitspolitik in Deutschland*. Eine Chronologie der Gesundheitsreformen der Bundesrepublik Deutschland (2. Aufl.). Wiesbaden: Springer VS.

International Centre for Policy Advocacy (ICPA) (2017). *An Essential Guide to Writing a Policy Brief*. Berlin: Eigenverlag. (www.icpolicyadvocacy.org/sites/icpa/files/downloads/icpa_policy_briefs_essential_guide.pdf).

Ismayr, Wolfgang (2012). *Der Deutsche Bundestag* (3. überarb. und aktualisierte Aufl.). Wiesbaden: Springer VS.

Jachtenfuchs, Markus & Kohler-Koch, Beate (2004). *Governance in der Europäischen Union*. In Arthur Benz (Hrsg.), *Governance. Regieren in komplexen Regelsystemen. Eine Einführung* (S. 77–102). Wiesbaden: VS Verlag.

Jahn, Detlef (2015). *Diffusion*. In Georg Wenzelburger & Reimut Zolnhöfer (Hrsg.), *Handbuch Policy-Forschung* (S. 247–276). Wiesbaden: Springer VS.

Jun, Uwe & Grabow, Karsten (2008). *Mehr Expertise in der deutschen Politik?* Zur Übertragbarkeit des „Evidence-based policy approach". Zukunft Regieren. Beiträge für eine gestaltungsfähige Politik (1/2008). Gütersloh: Bertelsmann Stiftung.

Kessl, Fabian, Lorenz, Walter, Otto, Hans-Uwe & White, Sue (Hrsg.) (2019). *European Social Work*. A Compendium. Opladen, Berlin, Toronto: Barbara Budrich.

Kingdon, John W. (1984). *Agendas, Alternatives, and Public Policies*. Boston, Toronto: Little & Brown.

Kitzeder, Peter (1997). *Gemeinde – Landkreis – Kommune*. Bürger und Kommunen in Bayern (3. Aufl.; neu 2010) München: Bayerische Landeszentrale für Politische Bildungsarbeit.

Klammer, Ute & Brettschneider, Antonio (Hrsg.) (2021). *Vorbeugende Sozialpolitik*. Ergebnisse und Impulse. Schwalbach: Wochenschau.

Kleinfeld, Ralf, Zimmer, Annette & Willems, Ulrich (Hrsg.) (2007). *Lobbying*. Strukturen, Akteure, Strategien. Wiesbaden: VS-Verlag.

Knuth, Nicole (2008). *Fremdplatzierungspolitiken*. Das System der stationären Jugendhilfe im deutsch-englischen Vergleich. Weinheim: Beltz Juventa.

Kotzian, Peter & Quittkat, Christine (2014). *Konsultationsprozess der Kommission: Steuerung von EU-Lobbying?* In Doris Dialer & Margarethe Richter (Hrsg.), *Lobbying in der Europäischen Union*. Zwischen Professionalisierung und Regulierung (S. 73–89). Wiesbaden: Springer VS

Kresnicka, Tina (2011). *Marketing und Öffentlichkeitsarbeit in Kindertagesstätten*. Wiesbaden: Kommunal- und Schulverlag.

Krüger, Jürgen & Pankoke, Eckart (Hrsg.) (1985). *Kommunale Sozialpolitik*. München, Wien: Oldenbourg.

Krummacher, Michael (2011): *Kommunale Integrationspolitik*. In Heinz-Jürgen Dahme & Norbert Wohlfahrt (Hrsg.), *Handbuch kommunale Sozialpolitik* (S. 189–200). Wiesbaden: VS Verlag für Sozialwissenschaften.

Kühl, Stefan (2015). *Gesellschaft der Organisationen, organisierte Gesellschaft, Organisationsgesellschaft*. In Maja Apelt & Uwe Willkesmann (Hrsg.), *Zur Zukunft der Organisationssoziologie* (S. 73–91). Wiesbaden: Springer VS.

Kühnlein, Gertrud & Birgit Klein (2011). *Kommunale Bildungslandschaften*. In Heinz-Jürgen Dahme & Norbert Wohlfahrt (Hrsg.), *Handbuch kommunale Sozialpolitik* (S. 175–187). Wiesbaden: VS Verlag für Sozialwissenschaften.

Langer, Andreas (2013). *Professionell managen*. Kompetenz, Wissen und Governance im Sozialen Management. Wiesbaden: Springer VS.

Leibfried, Stephan & Tennstedt, Florian (Hrsg.) (1985). *Politik der Armut und Die Spaltung des Sozialstaats*. Frankfurt/M.: Suhrkamp.

Leibfried, Stephan & Tennstedt, Florian (1985). *Armenpolitik und Arbeiterpolitik*. Zur Entwicklung und Krise der traditionellen Sozialpolitik der Verteilungsformen. In Stephan Leibfried & Florian Tennstedt (Hrsg.), *Politik der Armut und Die Spaltung des Sozialstaats* (S. 64–93). Frankfurt/M.: Suhrkamp.

Leif, Thomas (2010). *Von der Symbiose zur Systemkrise*. APuZ (S. 3–9), 19. Bonn: Bundeszentrale für politische Bildung.

Leif, Thomas & Speth, Rudolf (Hrsg.) (2006). *Die fünfte Gewalt*. Lobbyismus in Deutschland. Wiesbaden: VS Verlag.

Leif, Thomas & Speth, Rudolf (Hrsg.) (2003). *Die stille Macht*. Lobbyismus in Deutschland. Wiesbaden: Westdeutscher Verlag.

Leitner, Sigrid (2023a). *Politische Einmischung Sozialer Arbeit in der Phase der Politikformulierung*. In Simone Leiber, Sigrid Leitner & Stefan Schäfer (Hrsg.), *Politische Einmischung in der Sozialen Arbeit*. Analyse und Handlungsansätze (S. 76–90). Stuttgart: Kohlhammer.

Leitner, Sigrid (2023b). *Wohlfahrtskorporatismus: Beteiligung im Gesetzgebungsprozess auf Bundesebene*. In Simone Leiber, Sigrid Leitner & Stefan Schäfer (Hrsg.), *Politische Einmischung in der Sozialen Arbeit*. Analyse und Handlungsansätze (S. 148–165). Stuttgart: Kohlhammer.

Lindner, Werner & Pletzer, Winfried (Hrsg.) (2017). *Kommunale Jugendpolitik*. Weinheim, Basel: Beltz Juventa.

Loer, Kathrin (2022). *Gesundheitspolitik*. Eine Einführung. Wiesbaden: Springer VS.

Loer, Kathrin, Reiter, Renate & Töller, Annette E. (2015). *Was ist ein Politikfeld und wie entsteht es?* dms – der moderne staat (S. 7–28), Jg. 8, H. 1.

Lösche, Peter (2007). *Verbände und Lobbyismus in Deutschland*. Stuttgart: Kohlhammer.

Lösche, Peter (2006a). *Demokratie braucht Lobbying*. In Thomas Leif & Rudolf Speth (Hrsg.), *Die fünfte Gewalt*. Lobbyismus in Deutschland (S. 53–68). Wiesbaden: VS Verlag.

Lösche, Peter (2006b). *Lobbyismus als spezifische Form der Politikberatung*. In Falk, Svenja et al. (Hrsg.), *Handbuch Politikberatung* (S. 334–342). Wiesbaden: VS Verlag.

Lompe, Klaus (2006). *Traditionelle Modelle der Politikberatung*. In Svenja Falk, Manuela Glaab, Andrea Römmele, Hendrik Schober & Martin Thunert (Hrsg.), *Handbuch Politikberatung* (S. 25–34). Wiesbaden: Springer VS.

Lompe, Klaus (1966/1972). *Wissenschaftliche Beratung der Politik*. Ein Beitrag zur Theorie anwendender Sozialwissenschaften. Göttingen: Otto Schwartz & Co.

Lowi, Theodore J. (1972). *Four Systems of Policy, Politics, and Choice*. Public Administration Review (S. 298–310), Vol. 32, No. 4.

Lütz, Susanne (2007). *Policy-Transfer and Policy Diffusion*. In Arthur Benz, Susanne Lütz, Uwe Schimank & Georg Simonis (Hrsg.), *Handbuch Governance* (S. 132–143). Wiesbaden: Springer VS.

Luhmann, Niklas (2002). *Die Politik der Gesellschaft*. Frankfurt/M.: Suhrkamp.

Maelzer, Dennis (2014). *Politik gut beraten?* Lernprozesse in deutschen Gesundheitsreformen. Baden-Baden: Nomos.

Maier, Matthias L., Nullmeier, Frank, Pritzlaff, Tanja & Wiesner, Achim (Hrsg.) (2003). *Politik als Lernprozess*. Wissensbasierte Ansätze in der Politikanalyse. Wiesbaden: Springer.

Malleier, Joachim (2011). *Lobbying für Behinderte*. Interessenvermittlung am Beispiel des europäischen Behindertenforums in der Europäischen Union. Wien: Peter Lang.

Manderscheid, Hejo (2008). *Integration, Support, Kommunikation*. Die Dachverbände der Freien Wohlfahrtspflege sichern die Zukunftsfähigkeit ihrer Mitglieder. *Blätter der Wohlfahrtspflege* (S. 87–89), Jg. 155, H. 3.

Marston, Greg & Watts, Rob (2003). *Tampering with the Evidence: A Critical Appraisal of Evidence-Based Policy Making* (www.researchgate.net/publication/241578701_Tampering_With_the_Evidence_A_Critical_Appraisal_of_Evidence-Based_PolicyMaking).

Messan, Martina (2019). *Die Anwaltsfunktion der freien Wohlfahrtspflege*. Weinheim, Basel: Beltz Juventa.

Möhle, Marion (2020). *Europäische Sozialpolitik*. Eine Einführung. Wiesbaden: Springer VS.

Münch, Ursula (2023). *Sozialpolitik der deutschen Länder*. In Peter Hammerschmidt, Jutta Schröten & Gerd Stecklina (Hrsg.), *Sozialpolitik und Soziale Arbeit im Mehrebenensystem von Kommune, Staat und Suprastaat* (S. 88–104). Weinheim, Basel: Beltz Juventa.

Naegele, Gerhard (2014). *20 Jahre Verabschiedung der Gesetzlichen Pflegeversicherung*. Eine Bewertung aus sozialpolitischer Sicht. WISO Diskurs der Friedrich-Ebert-Stiftung. Godesberg: Eigenverlag (download).

Naßmacher, Hiltrud & Naßmacher, Karl-Heinz (1999). *Kommunalpolitik in Deutschland* (2007, 2. Aufl.). Opladen: Westdeutscher Verlag (utb).

Nullmeier, Frank (2000). *Argumentationsmacht und Rechtfertigungsfähigkeit schwacher Interessen*. In Ulrich Willems & Thomas von Winter (Hrsg.), *Politische Repräsentation schwacher Interessen* (S. 93–109). Opladen: Leske & Budrich.

Nussbaumer Knaflic, Cole (2017). *Storytelling mit Daten*. Die Grundlagen der effektiven Kommunikation und Visualisierung mit Daten. München: Franz Vahlen.

Obinger, Herbert & Schmidt, Manfred G. (Hrsg.) (2019). *Handbuch Sozialpolitik*. Wiesbaden: Springer VS.

Oelschlägel, Dieter (2013). *Gemeinwesenarbeit und Lobbyismus*. In Alexander Dietz & Stefan Gillich (Hrsg.), *Barmherzigkeit drängt auf Gerechtigkeit*. Anwaltschaft, Parteilichkeit und Lobbyarbeit als Herausforderung für Soziale Arbeit und Verbände (S. 207–219). Leipzig: Evangelische Verlagsanstalt.

Olk, Thomas, Klein, Ansgar & Hartnuß, Birger (Hrsg.) (2010). *Engagementpolitik*. Die Entwicklung der Zivilgesellschaft als politische Aufgabe. Wiesbaden: VS Verlag für Sozialwissenschaften.

Pabst, Stefan (1996). *Sozialanwälte*. Wohlfahrtsverbände zwischen Interessen und Ideen. Augsburg: Maro.

Patton, Carl V., Sawicki, David S. & Clark, Jennifer J. (2012). *Basic Methods of Policy Analysis and Planning* (3. Aufl.). London, New York: Routledge.

Pawson, Ray (2002): *Evidence-based Policy*. The Promise of ‚Realist Synthesis'. (www.researchgate.net/publication/238659520_Evidence-based_Policy_The_Promise_of_Realist_Synthesis%27).

Pilz, Frank (2004). *Der Sozialstaat*. Ausbau – Kontroversen – Umbau. Bonn: Bundeszentrale für politische Bildung.

Platzer, Hans-Wolfgang (2004). *Interessenverbände und europäischer Lobbyismus*. In Werner Weidenfeld (Hrsg.), Die Europäische Union. Politisches System und Politikbereiche (S. 186–202). Bonn: Bundeszentrale für politische Bildung.

Plehwe, Dieter (2015). *Europäisierung der Interessenvertretung*. In Rudolf Speth & Annette Zimmer (Hrsg.), *Lobby Work*. Interessenvertretung als Politikgestaltung (S. 121–142). Wiesbaden: Springer VS.

Prenzel, Thorben (2019a). *Lobbyarbeit für Einsteiger*. Strategien für die Arbeit vor Ort (Band 1). Frankfurt/M.: Wochenschau.

Prenzel, Thorben (2019b). *Lobbyarbeit für Profis*. Ein Handbuch für die Landes- und Bundespolitik (Band 2). Frankfurt/M.: Wochenschau.

Puhl, Ria (2004). *Klappern gehört zum Handwerk*. Funktion und Perspektiven von Öffentlichkeitsarbeit in der Sozialen Arbeit. Weinheim: Juventa.

Puhl, Ria (Hrsg.) (1997). *Soziale Arbeit in Europa*. Organisationsstrukturen, Arbeitsfelder und Methoden im Vergleich. Weinheim: Juventa.

Rada, Alejandro & Stahlmann, Anne (2017). *Freie Wohlfahrtspflege und Sozialstaat*. Profil und zivilgesellschaftlicher Mehrwert am Beispiel der Flüchtlingshilfe in Hessen. Sozialwirtschaftsstudie Hessen (Teil I). Frankfurt/M.: Institut für Sozialarbeit und Sozialpädagogik.

Raiser, Peter (2018). *Alkoholpolitik in Deutschland an der Schwelle zum Politikfeld*. Eine Untersuchung der hemmenden und förderlichen Faktoren bei der Entstehung von Politikfeldern. Berlin: LIT-Verlag.

Raschke, Joachim & Tils, Ralf (2007). *Politische Strategie*. Eine Grundlegung. Wiesbaden: VS Verlag.

Rieger, Günter (2022a). *Möglichkeiten und Grenzen des „Evidence Based Policy Making"*. In Jörg Fischer, Theresa Hilse-Carstensen, Stefan Huber (Hrsg.), *Handbuch kommunale Planung und Steuerung*. Planung. Gestaltung. Beteiligung (S. 620–631). Weinheim, Basel: Beltz Juventa.

Rieger, Günter (2022b). Politikwissenschaft. *socialnet Lexikon* (https://www.socialnet.de/lexikon/Politikwissenschaft).

Rieger, Günter (2021). *Sozialarbeitspolitik – revisited*. In Andrea Dischler & Dieter Kulke (Hrsg.), *Politische Praxis und Soziale Arbeit*. Theorie, Empirie und Praxis politischer Sozialer Arbeit (S. 49–67). Opladen, Berlin, Toronto: Barbara Budrich.

Rieger, Günter (2020). *Politikanalyse im Bachelorstudium*. Das Policy-Arena-Konzept (PAKo). In Günter Rieger & Jens Wurtzbacher (Hrsg.), *Tatort Sozialarbeitspolitik*. Fallbezogene Politiklehre für die Soziale Arbeit (S. 230–245). Weinheim, Basel: Beltz Juventa.

Rieger, Günter (2018). *Sozialarbeitspolitik und Soziallobbying*. In Klaus Grunwald & Andreas Langer (Hrsg.), *Sozialwirtschaft*. Handbuch für Wissenschaft und Praxis (S. 769–780). Baden-Baden: Nomos.
Rieger, Günter (2014a). *Die lokale Ebene der Sozialpolitik*. In Ulrich Arnold, Klaus Grunwald & Bernd Maelicke (Hrsg.), *Lehrbuch der Sozialwirtschaft* (4. erw. Aufl.) (S. 131–156). Baden-Baden: Nomos.
Rieger, Günter (2014b). *Soziallobbying und Politikberatung*. In Benz, Benjamin et al. (Hrsg.), *Politik Sozialer Arbeit* (Bd. 2, S. 329–350), Weinheim, Basel: Beltz Juventa.
Rieger, Günter (2013). *Das Politikfeld Sozialarbeitspolitik*. In Benjamin Benz et al. (Hrsg.), *Politik Sozialer Arbeit*. Grundlagen, theoretische Perspektiven und Diskurse (Bd. 1, S. 54–69). Weinheim, Basel: Beltz Juventa.
Rieger, Günter (2012). *Schwache Interessen in Governanceprozessen*. In Herbert Effinger et al. (Hrsg.), *Diversität und soziale Ungleichheit* (S. 193–203). Opladen, Berlin, Toronto: Barbara Budrich.
Rieger, Günter (2008a). *Herausforderung Europa*. Professionell und vernetzt. Die wohlfahrtsstaatliche Soziallobby. *Blätter der Wohlfahrtspflege* (S. 107–111), Jg. 155, H. 3 (abrufbar auch bei der Deutschen Gesellschaft für Verhaltenstherapie: www.dgvt.de/aktuelles/details/?tx_ttnews%5Btt_news%5D=1836&cHash=b54252bfb9e53e1a6e54d73cb67ce8de).
Rieger, Günter (2008b). *Gremienarbeit*. In Bernd Maelicke (Hrsg.), *Lexikon der Sozialwirtschaft* (S. 462–464), Baden-Baden: Nomos.
Rieger, Günter (2006). *Weniger Staat, mehr Politik*. Soziale Arbeit als politischer Unternehmer. *Blätter der Wohlfahrtspflege* (S. 90–93). Jg. 153, H. 3.
Röttger, Ulrike, Donges, Patrick & Zerfaß, Ansgar (Hrsg.) (2021). *Handbuch Public Affairs*. Politische Kommunikation für Unternehmen und Organisationen. Wiesbaden: Springer Gabler.
Röttger, Ulrike, Ecklebe, Sarah & Dudenhausen, Anna (2021). *Grassroots Lobbying und Grassroots Campaigning als Public-Affairs-Strategie*. In Ulrike Röttger, Patrick Donges & Ansgar Zerfaß (Hrsg.), *Handbuch Public Affairs*. Politische Kommunikation für Unternehmen und Organisationen (S. 479–496). Wiesbaden: Springer Gabler.
Rose, Richard (1993). *Lesson-Drawing in Public Policy*. A Guide to Learning across Time and Space. Chatham/NJ: Chatham House Publishers.
Rosenbrock, Rolf & Gerlinger, Thomas (2023). *Gesundheitspolitik*. Eine systematische Einführung (4. überarb. Aufl.). München: Beck.
Roß, Paul-Stefan & Rieger, Günter (2018). *Governance*. In Hans-Uwe Otto et al. (Hrsg.), *Handbuch Soziale Arbeit* (6. Aufl.) (S. 644–657). München, Basel: Ernst Reinhardt.
Roth, Roland & Wollmann, Hellmut (Hrsg.) (1993). *Kommunalpolitik*. Politisches Handeln in den Gemeinden. Bonn: Bundeszentrale für politische Bildung.
Rüb, Friedbert W. (2009). *Multiple-Streams-Ansatz: Grundlagen Probleme und Kritik*. In Klaus Schubert & Nils C. Bandelow (Hrsg.), *Lehrbuch der Politikfeldanalyse 2.0* (2. überarb. Aufl., S. 348–376). München: Oldenbourg.
Rudzio, Wolfgang (2019). *Das politische System der Bundesrepublik Deutschland* (10. aktualisierte und erw. Aufl.). Wiesbaden: Springer VS.
Sabatier, Paul A. (2007). *Theories of the Policy Process*. Cambridge/MA: Westview Press (download).
Sachße, Christoph & Tennstedt, Florian (1991). *Armenfürsorge, soziale Fürsorge, Sozialarbeit*. In *Handbuch der deutschen Bildungsgeschichte* (Bd. 4, S. 411–440). München: C. H. Beck.

Sager, Fritz, Hadorn, Susanne, Balthasar, Andreas & Mavrot, Céline (2021). *Politikevaluation. Eine Einführung*. Wiesbaden: Springer VS.
Schäfer-Walkmann, Susanne & Traub, Franziska (Hrsg.) (2017). *Evolution durch Vernetzung. Beiträge zur Interdisziplinären Versorgungsforschung*. Wiesbaden: Springer VS.
Schammann, Hannes & Kühn, Boris (2016). *Kommunale Flüchtlingspolitik in Deutschland*. Godesberg: Friedrich-Ebert-Stiftung (download).
Schendelen, Rinus van (2013). *The Art of Lobbying the EU. Machiavelli in Brussels*. Amsterdam: Amsterdam University Press
Schendelen, Rinus van (2007). *Trends im EU-Lobbying und in der EU-Forschung*. In Ralf Kleinfeld, Annette Zimmer & Ulrich Willems (Hrsg.), *Lobbying. Strukturen – Akteure – Strategien* (S. 65–91). Wiesbaden: VS Verlag.
Schendelen, Rinus van (2006). *Die Champions League des Lobbying*. In Thomas Leif, & Rudolf Speth (Hrsg.), *Die fünfte Gewalt*. Lobbyismus in Deutschland (S. 132–162). Wiesbaden: VS Verlag.
Scheurer, Axel (2001). *Repräsentationsaufgaben von Führungskräften*. Eine empirische Analyse. Wiesbaden: Deutscher Universitäts-Verlag.
Schmid, Josef (2010). *Wohlfahrtstaaten im Vergleich*. Soziale Sicherung in Europa: Organisation, Finanzierung, Leistungen und Probleme (3. Aufl.). Wiesbaden: Springer VS.
Schmidt, Bettina (2011). *Kommunale Gesundheitsförderungspolitik*. In Heinz-Jürgen Dahme & Norbert Wohlfahrt (Hrsg.), *Handbuch kommunale Sozialpolitik* (S. 215–226). Wiesbaden: VS Verlag für Sozialwissenschaften.
Schneider, Armin, Kathinka Beckmann & Roth, Daniel (2011). *Jugendhilfe. Ausschuss?* Ein Gremium zwischen uneingelösten Versprechen und abgebremsten Möglichkeiten. Opladen: Barbara Budrich.
Schneider, Volker & Janning, Frank (2006). *Politikfeldanalyse*. Akteure, Diskurse und Netzwerke in der öffentlichen Politik. Wiesbaden: Springer VS.
Schönig, Werner (2020). *Neustart wird Optionskommune – Eine unterschätzte Zäsur für die Soziale Arbeit*. In Günter Rieger & Jens Wurtzbacher (Hrsg.), *Tatort Sozialarbeitspolitik*. Fallbezogene Politiklehre für die Soziale Arbeit (S. 182–192). Weinheim, Basel: Beltz Juventa.
Schönig, Werner (2015). *Koopkurrenz in der Sozialwirtschaft*. Zur sozialpolitischen Nutzung von Kooperation und Konkurrenz. Weinheim, Basel: Beltz Juventa.
Schroeder, Wolfgang et al. (2018). *Vorbeugende Sozialpolitik als Antwort auf soziale Ungleichheiten und neue soziale Risiken*. Kommunikation und Steuerung vorbeugender Sozialpolitik in den Bundesländern. Düsseldorf: Forschungsinstitut für gesellschaftliche Weiterentwicklung (download).
Schubert, Klaus (1995). *Pluralismus versus Korporatismus*. In Dieter Nohlen & Rainer-Olaf Schultze (Hrsg.), *Lexikon der Politik*. Band 1. Politische Theorien (S. 407–423). München: C. H. Beck.
Schubert, Klaus & Bandelow, Nils C. (Hrsg.) (2009). *Lehrbuch der Politikfeldanalyse 2.0* (2. Aufl.). München: Oldenbourg.
Schürmann, Ewald (2004). *Öffentlichkeitsarbeit für soziale Organisationen*. Praxishandbuch für Strategien und Aktionen. Weinheim: Juventa.
Schwaneck, Stefan (2019). *Lobbyismus und Transparenz*. Eine vergleichende Studie einer komplexen Beziehung. Wiesbaden: Springer VS.
Schwarz, Friedhelm (1999). *Das gekaufte Parlament*. Die Lobby und ihr Bundestag. München: Piper.

Sell, Stefan (2008). *Projekt Sisyphos*. Die Wohlfahrtsverbände in Deutschland stehen vor großen Herausforderungen. *Blätter der Wohlfahrtspflege* (S. 83–86), H. 3 (https://www.nomos-elibrary.de/10.5771/0340-8574-2008-3-83.pdf).

Simon, Michael (2015). *Lobbyismus in der Gesundheitspolitik* (12 S.). (www.bpb.de/politik/innenpolitik/gesundheitspolitik/200658/lobbyismus-in-der-gesundheitspolitik).

Speth, Rudolf (2010). *Das Bezugssystem Politik – Lobby – Öffentlichkeit*. APuZ (S. 9–15), 19. Bonn: Bundeszentrale für politische Bildung.

Speth, Rudolf (2006). *Die Ministerialbürokratie: erste Adresse für Lobbyisten*. In Thomas Leif & Rudolf Speth (Hrsg.), *Die fünfte Gewalt*. Lobbyismus in Deutschland (S. 99–110). Wiesbaden: VS Verlag.

Speth, Rudolf & Zimmer, Annette (Hrsg.) (2015). *Lobby Work*. Interessenvertretung als Politikgestaltung. Wiesbaden: Springer VS.

Spohr, Florian (2023). *Lobbyismus*. Klare Antworten aus erster Hand. München: UVK (utb).

Sternberg, Tabea (2022). *Durch Storytelling neue Realitäten der Sozialplanung schaffen*. In Jörg Fischer, Theresa Hilse-Carstensen & Stefan Huber (Hrsg.), *Handbuch kommunale Planung und Steuerung*. Planung. Gestaltung. Beteiligung (S. 620–631). Weinheim, Basel: Beltz Juventa.

Strässer, Christoph & Meerkamp, Frank (2015). *Lobbying im parlamentarischen Bereich – Politik im Lobbyfokus*. In Rudolf Speth & Annette Zimmer (Hrsg.), *Lobby Work* (S. 219–244). Wiesbaden: Springer VS.

Tabatt-Hirschfeldt, Andrea (2017). *Öffentliche Steuerung und Gestaltung der kommunalen Sozialverwaltung im Wandel*. Eine Einführung. Wiesbaden: Springer VS.

Thielking, Kai O. (2005). *Die Kirche als politischer Akteur*. Kirchlicher Einfluss auf die Schul- und Bildungspolitik in Deutschland. Baden-Baden: Nomos.

Thier, Karin (2016). *Storytelling*. Eine Methode für das Change-, Marken-, Projekt- und Wissensmanagement (3. überarb. Aufl.). Berlin: Springer.

Toens, Katrin & Benz, Benjamin (Hrsg.) (2019). *Schwache Interessen?* Politische Beteiligung in der Sozialen Arbeit. Weinheim, Basel: Beltz Juventa.

Toens, Katrin & Klute, Jürgen (2020). *Basiskonto für alle! Soziale Arbeit erzielt europapolitische Erfolge*. In Günter Rieger & Jens Wurtzbacher (Hrsg.), *Tatort Sozialarbeitspolitik*. Fallbezogene Politiklehre für die Soziale Arbeit (S. 101–111). Wiesbaden: Springer VS.

Voss, Kathrin (2010). *Grassrootscampaigning und Chancen durch neue Medien*. In APuZ (S. 28–33), 19/2010. Bonn: Bundeszentrale für politische Bildung.

Walter, Andrea (2017). *Administrative Governance*. Kommunalverwaltung in lokaler Politikgestaltung mit Zivilgesellschaft. Wiesbaden: Springer VS.

Weber, Georg & Hillebrandt, Frank (1999). *Soziale Hilfe – Ein Teilsystem der Gesellschaft*. Wiesbaden: Springer VS.

Weber, Max (1919). Politik als Beruf. München, Leipzig: Duncker & Humblot.

Wehling, Elisabeth (2016). *Politisches Framing*. Wie eine Nation sich ihr Denken einredet – und daraus Politik macht. Köln: Herbert von Halem.

Wehrmann, Iris (2007). *Lobbying in Deutschland – Begriff und Trends*. In Ralf Kleinfeld, Annette Zimmer & Ulrich Willems (Hrsg.), *Lobbying*. Strukturen, Akteure, Strategien. (S. 36–64). Wiesbaden: VS Verlag.

Weidenfeld, Werner (Hrsg.) (2004). *Die Europäische Union*. Politisches System und Politikbereiche. Bonn: Bundeszentrale für politische Bildung.

Weingart, Peter & Lentsch, Justus (2008). *Wissen – Beraten – Entscheiden*. Form und Funktion wissenschaftlicher Politikberatung in Deutschland. Weilerswist: Velbrück.

Weiß, Wolfgang W. (2011). *Kommunale Bildungslandschaften*. Chancen, Risiken und Perspektiven. Weinheim, München: Beltz Juventa.

Wenger, Jonas, Suber, Michael, Lanzi, Nina, Gantenbein, Fionn & Kübler, Daniel (2014). *Politikfeldanalyse Sucht: Advocacy-Koalitionen in der Schweizer Alkohol-, Tabak- und Drogenpolitik*. Zürich: Institut für Politikwissenschaft (download).

Wenzelburger, Georg & Zolnhöfer, Reimut (Hrsg.) (2015). *Handbuch Policy-Forschung*. Wiesbaden: Springer VS.

Wessels, Wolfgang (2018). *Das Politische System der Europäischen Union* (2020 Neuauflage). Wiesbaden: Springer VS.

Wessels, Wolfgang (2004). *Das politische System der EU*. In Werner Weidenfeld (Hrsg.), *Die Europäische Union*. Politisches System und Politikbereiche (S. 83–104). Bonn: Bundeszentrale für politische Bildung.

Willems, Ulrich & Winter, Thomas von (Hrsg.) (2000). Politische Repräsentation schwacher Interessen. Opladen: Leske & Budrich.

Winter, Thomas von (1997). *Sozialpolitische Interessen*. Konstituierung, politische Repräsentation und Beteiligung an Entscheidungsprozessen. Baden-Baden: Nomos.

Winter, Thomas von (1992). *Die Sozialpolitik als Interessenssphäre. Politische Vierteljahresschrift* (PVS) (S. 399–426), Jg. 33, Nr. 3.

Zühlke, Werner (2011). *Die Gestaltung kommunaler Politik: Welche Rolle spielt das Soziale in der Ratspolitik?* In Heinz-Jürgen Dahme & Norbert Wohlfahrt (Hrsg.), *Handbuch kommunale Sozialpolitik* (S. 41–52). Wiesbaden: VS Verlag für Sozialwissenschaften.

MIX
Papier aus verantwortungsvollen Quellen
Paper from responsible sources
FSC® C105338

If you have any concerns about our products,
you can contact us on
ProductSafety@springernature.com

In case Publisher is established outside the EU,
the EU authorized representative is:
**Springer Nature Customer Service Center GmbH
Europaplatz 3, 69115 Heidelberg, Germany**

Printed by Libri Plureos GmbH
in Hamburg, Germany